LE LIVRE DU PAPIER

EDITIONS FLEURUS

www.editionsfleurus.com

Sommaire

Objets déco

Côté bureau

Jeux et jouets

Jolis cadeaux

C'est la fête !

Introduction

Ce livre propose aux enfants de 6 à 12 ans, plus de 100 idées de bricolage en papier à réaliser facilement entre amis, à l'école ou en centre aéré.

Il est divisé en 5 chapitres : objets déco, côté bureau, jeux et jouets, jolis cadeaux, c'est la fête. Chaque chapitre est identifiable par une couleur reprise en page de gauche.

Les modèles sont réalisés à base de papiers et cartons variés : carton d'emballage, carton mousse, papier fort, papier crépon, etc., et ne demandent pas un budget élevé.
Sur chaque page, le matériel utilisé est présenté dans un encadré de couleur, dans un caractère très lisible : ainsi, il se détache bien et il est facilement repérable. Pour toutes les réalisations, un crayon à papier, une gomme, des ciseaux, une règle graduée et une équerre sont systématiquement nécessaires : ils ne sont donc pas chaque fois mentionnés.
Certaines activités nécessitent l'utilisation d'un cutter, d'un compas, d'une pince coupante ou d'une vrille. Dans ces cas, l'intervention de l'adulte est requise.
Pour plus de facilité, s'installer confortablement en protégeant le plan de travail avec du papier journal ou une toile cirée. Pour les activités de peinture, il est conseillé de porter de vieux vêtements ou un tablier.

Les repères

Sur chaque page, le niveau de difficulté, la durée et le coût de l'activité sont représentés par un, deux ou trois pictogrammes. Les niveaux de difficulté et de durée sont donnés à titre indicatif et dépendent de la maturité et de la dextérité de l'enfant.

MOINS D' 1/2 HEURE

1/2 HEURE À 1 HEURE

PLUS D' 1 HEURE

TRÈS FACILE

FACILE

ÇA SE COMPLIQUE

PAS CHER DU TOUT

PAS CHER

UN PEU PLUS CHER

Matériel et conseils

Le matériel des réalisations proposées dans ce livre est facile à se procurer. Il se trouve aisément dans les magasins de loisirs créatifs, les papeteries ou les grandes surfaces.

Les papiers et cartons

Les papiers utilisés sont principalement des papiers fins (type papier machine) ou des papiers forts (type papier Canson ou bristol).
Les cartons se distinguent également par leur épaisseur : le carton fin est très souple, le carton fort a une épaisseur d'1,5 mm, et le carton d'emballage a une épaisseur de 3 mm. Les papiers et cartons spéciaux sont mentionnés dans la liste du matériel.

La « récup »

Plusieurs réalisations de ce livre proposent d'utiliser des matériaux de récupération. Penser à mettre de côté du carton et des papiers d'emballage, des rouleaux d'essuie-tout, des boîtes d'allumettes, des papiers cadeaux à motifs, des pochettes à documents etc., pour créer des bricolages à moindre coût.

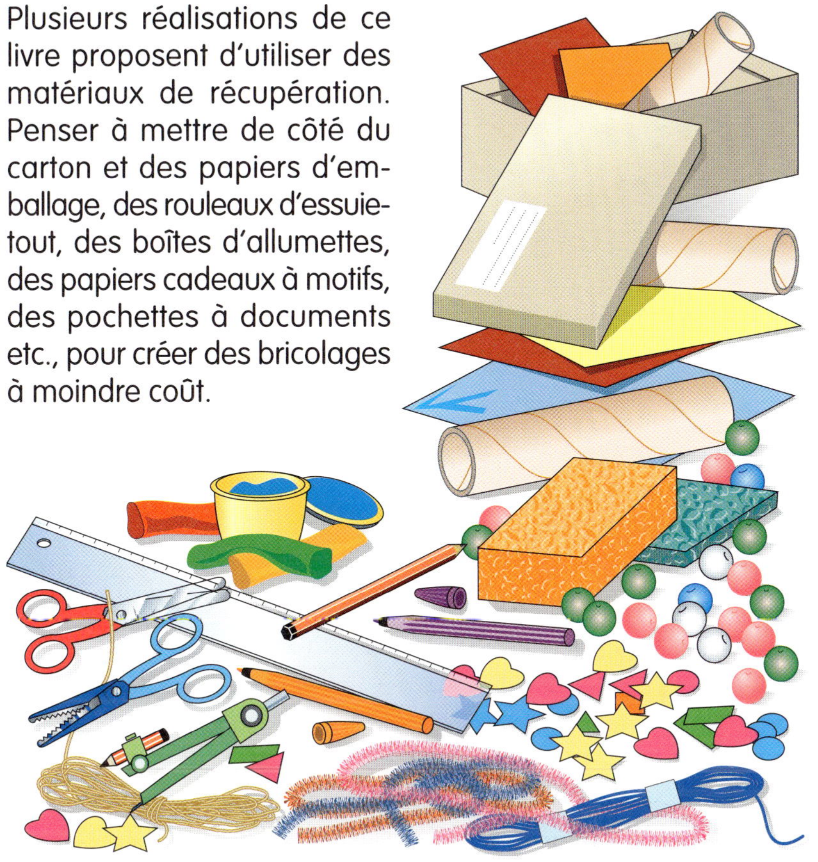

Conditionnement

Le papier kraft et le papier crépon sont vendus en rouleau. Le carton ondulé existe en feuille ou en rouleau. Le papier de soie, le papier calque, le papier vitrail et tous les papiers forts de couleurs sont vendus à la feuille ou en pochette.

Peinture et adhésifs

Les peintures

La gouache, facilement lavable, est particulièrement adaptée aux enfants.
Cependant, sur certains cartons et papiers, l'acrylique ou la peinture tous supports sont plus faciles à appliquer et donnent de meilleurs résultats.
Conserver des bouteilles en plastique et des pots de yaourts. Couper les bouteilles pour transformer le fond en pots à eau. Mélanger les grandes quantités de peinture dans les pots de yaourts. Pour les mélanges en petites quantités, prévoir des assiettes blanches en carton. Ces palettes jetables évitent les pénibles séances de nettoyage après l'activité.

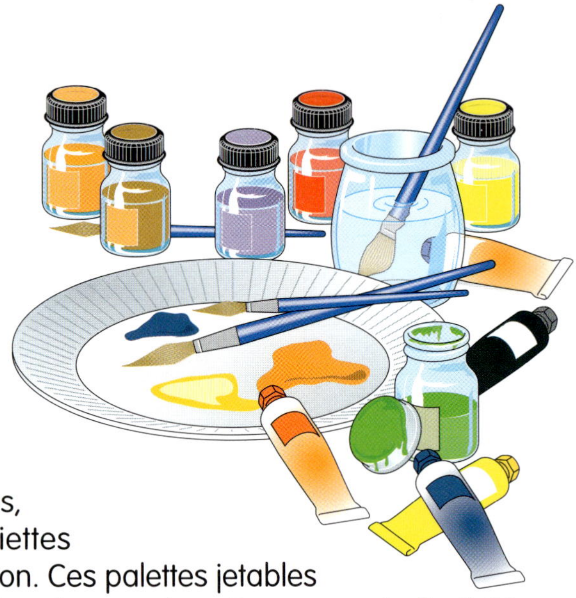

Les pinceaux

Prévoir un assortiment comprenant une brosse large pour peindre les fonds, et des pinceaux plus fins pour les détails.
Pour que l'enfant évite de placer ses doigts trop près des poils du pinceau, entourer un élastique qui lui servira de repère.

Les colles

La plupart des bricolages ont été réalisés avec de la colle universelle ou de la colle vinylique en bidon. Ces deux colles se nettoient facilement à l'eau et au savon.
Pour les collages les plus simples, une colle d'écolier en bâton convient parfaitement.
Lorsqu'une colle spéciale est nécessaire, elle est mentionnée dans la liste du matériel : colle en bombe, colle pour papier peint…

Les adhésifs

Adapter le ruban adhésif au support. Le ruban adhésif ordinaire convient au papier. Pour le carton, utiliser du ruban large toilé. Le ruban adhésif double face permet de fixer un élément sans être visible. Le ruban de couleur est plutôt décoratif.

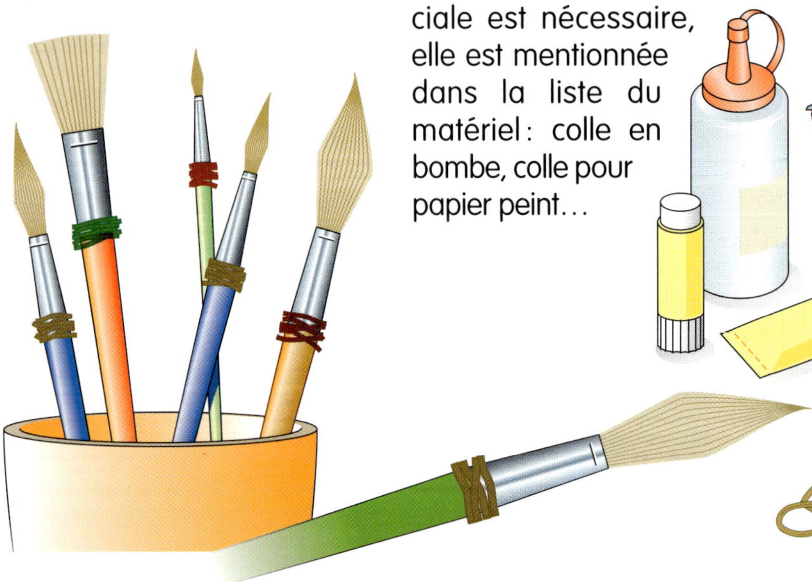

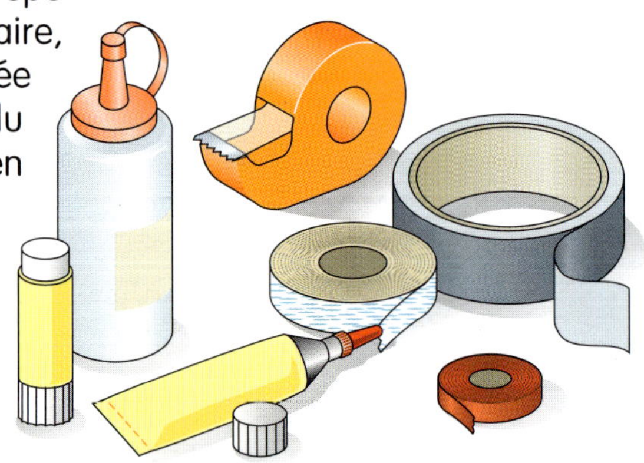

Comment reporter un patron

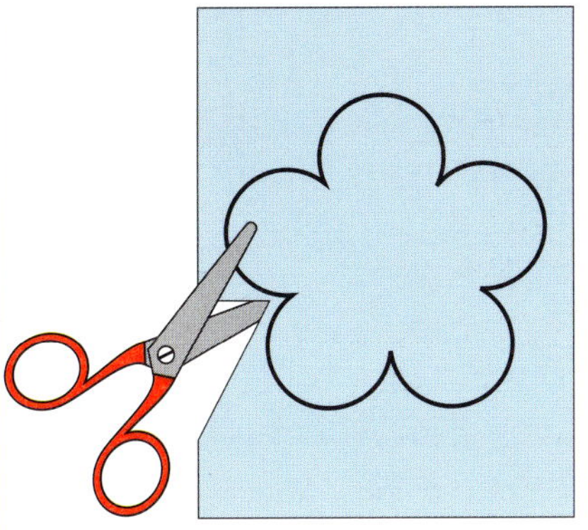

(1) Poser une feuille de papier calque ou de papier très fin sur le modèle à reproduire. Au besoin, le fixer avec du ruban adhésif repositionnable. Tracer le contour par transparence au crayon ou au feutre fin.

(2) Découper le patron aux ciseaux en procédant très délicatement pour les détails. Si certaines parties doivent être évidées, utiliser des ciseaux ou au besoin, demander à un adulte de les découper au cutter.

(3) Poser le patron en papier calque ou en papier fin sur le support choisi (carton, papier de couleur, etc.). Dessiner le contour avec un crayon à papier ou un feutre fin et découper aux ciseaux ou au cutter selon le tracé.

Demi-patron

Certains modèles présentent des demi-patrons : le milieu est représenté en pointillés.

(1) Plier en deux une feuille de papier calque ou de papier très fin. La poser sur le modèle à décalquer en superposant la pliure et les pointillés du patron. Tracer le contour du modèle par transparence au crayon à papier ou au feutre fin noir.

(2) Découper les 2 épaisseurs de calque ou de papier en même temps. Déplier. Poser le patron sur le support choisi et tracer ses contours.

Les patrons sont regroupés en fin d'ouvrage pages 174 à 191.
Si l'activité nécessite un patron, son utilisation et la page où il apparaît sont clairement mentionnées en fin de liste de matériel.
On peut agrandir ou réduire les patrons à la photocopieuse si l'on souhaite adapter les modèles.

Découpage

Les ciseaux

Pour les jeunes enfants, choisir des ciseaux à bouts ronds, avec lesquels ils ne risqueront pas de se blesser. Pour certaines activités, on peut remplacer les ciseaux droits par des ciseaux cranteurs ou fantaisie qui créent des découpes en forme de vagues, de festons, de dents…

Papier déchiré

Cette technique permet de découper du papier sans ciseaux et de créer de jolis bords irréguliers.

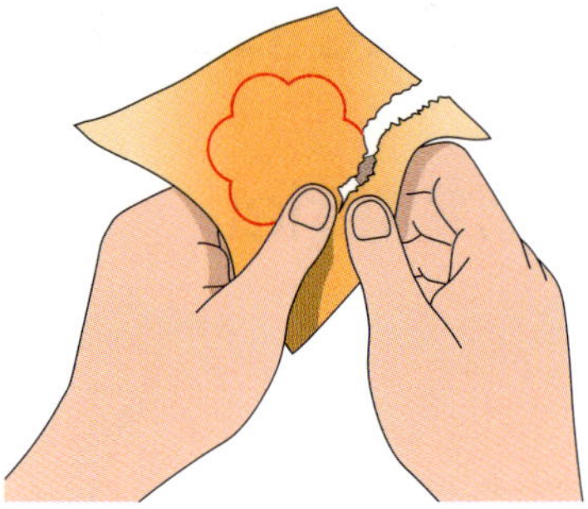

(1) Sur un morceau de papier pas trop épais, dessiner un motif simple au crayon à papier en appuyant très légèrement.

(2) Placer le papier entre le pouce et l'index des 2 mains. Déchirer délicatement le papier en le pinçant, tout en suivant le tracé.

Comment évider une forme sans cutter

Aux ciseaux
Cette méthode est possible avec des matériaux très souples comme le papier.

(1) Dessiner la découpe. Plier en deux la forme à évider, sans marquer le pli. Découper une petite entaille aux ciseaux.

(2) Déplier. Passer le bout des ciseaux dans l'entaille. Découper normalement en suivant le tracé pour évider la forme.

Avec une aiguille à laine

(1) Dessiner la découpe au crayon. Poser le papier sur un torchon plié en quatre.

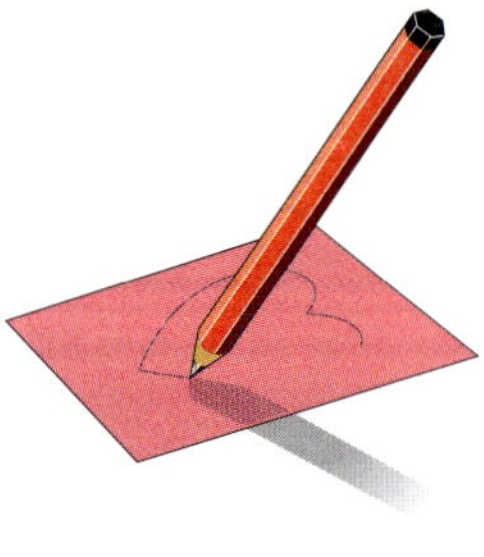

(2) Avec une aiguille à laine, faire des petits trous très rapprochés tout le long du tracé.

(3) Pousser doucement avec le doigt au milieu de la forme à évider pour détacher le papier.

Recette du papier mâché

Le matériel

Pour commencer, déchirer des bandes ou des morceaux de papier journal. Ne pas utiliser de magazines.

La colle

Préparer la colle à papier peint selon la notice, ou mélanger 2 vol. de colle à bois et 1 vol. d'eau.

La vaseline

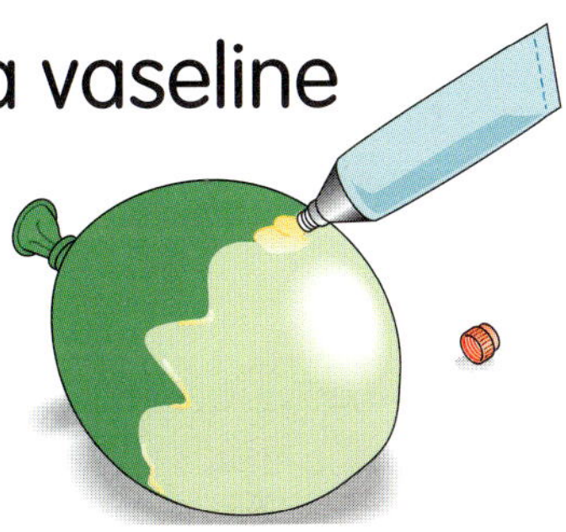

Pour fabriquer un moule, enduire un ballon ou une coupelle de vaseline avant de le recouvrir de papier mâché. Ainsi, le démoulage s'effectue sans difficulté !

Recouvrir une forme

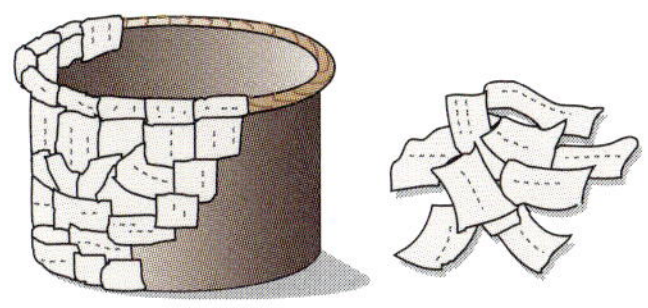

Tremper des bandelettes ou des petits morceaux de papier journal dans la colle à papier peint. Les appliquer sur le support choisi en les faisant se chevaucher. Appliquer 3 couches. Laisser sécher.

La sous-couche

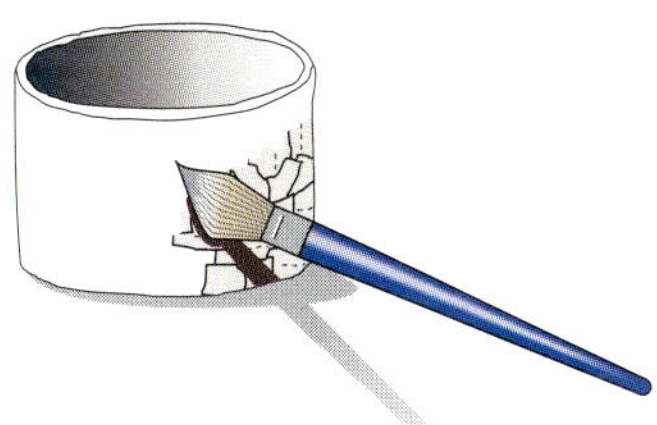

Une fois le papier mâché sec, appliquer une couche de peinture blanche.

Le ponçage

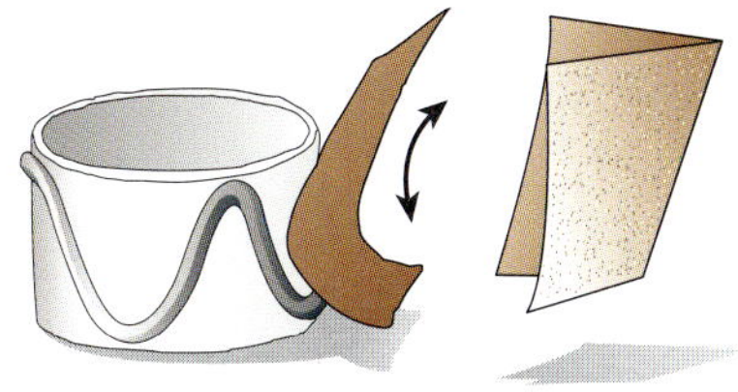

Pour une finition parfaite, poncer très légèrement le modèle pour éliminer les petites irrégularités. Cette opération peut s'effectuer avant la sous-couche.

La peinture

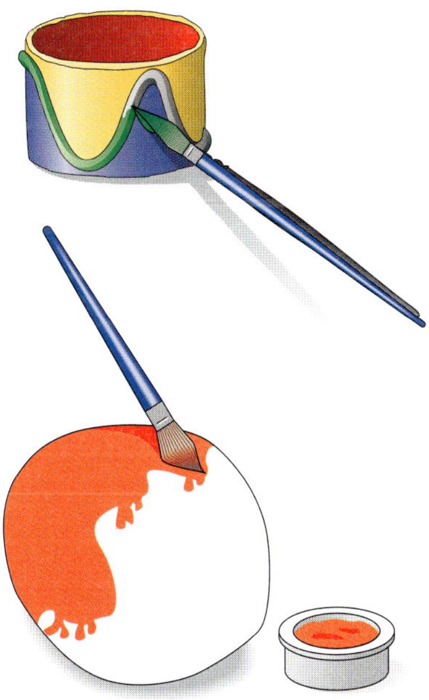

Appliquer une à deux couches de gouache en réalisant les détails au pinceau fin. Bien laisser sécher. Pour une finition parfaite, on peut aussi vernir le modèle.

février
janvier
mars
décembre
avril
novembre
mai
octobre
juin
vendredi
jeudi
samedi
dimanche
mercredi
mardi
lundi
3
juillet

Objets déco

Pour transformer le décor, il suffit de quelques objets ! Des lampes et des guirlandes pour égayer la chambre, des horloges et un calendrier pour rythmer l'année en beauté, des cadres tout légers, des fleurs multicolores, des papillons translucides... Et pour ranger en s'amusant, voici des boîtes pas comme les autres !

Cochon-tirelire

Matériel : ballon de baudruche, grosse boule de cotillon, papier mâché : voir page 9, bristol, rouleaux de papier toilette, peinture et pinceaux, chenille rose, ruban adhésif, colle forte, patron page 174.

① Gonfler le ballon et faire 3 nœuds. Demander à un adulte de couper une boule de cotillon en deux, à l'aide d'un cutter.

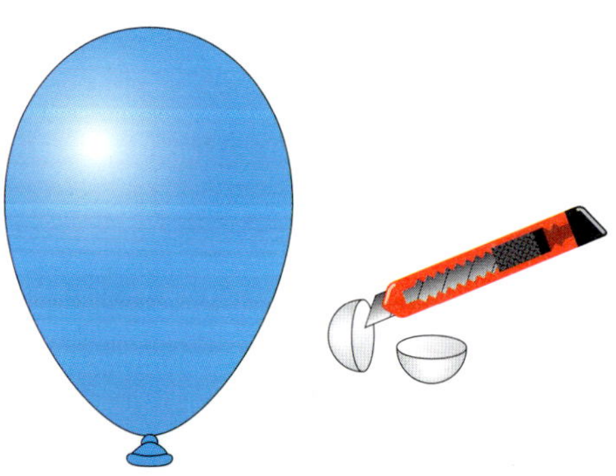

② Reporter le patron des oreilles du cochon sur du bristol. Les découper, entailler la fente et former la pince à la base des oreilles. La fixer avec du ruban adhésif.

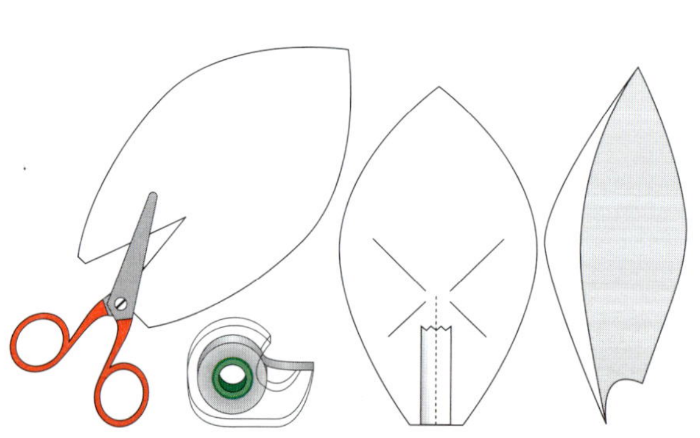

③ Pour les pattes et le groin, demander à un adulte de couper les rouleaux au cutter pour obtenir 5 morceaux de 3 cm de large.

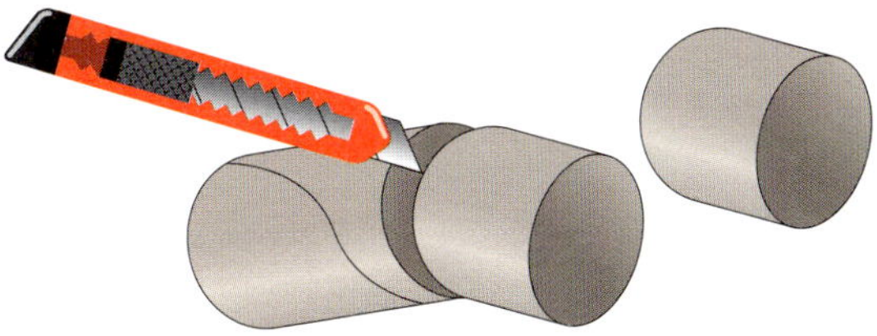

④ Avec du ruban adhésif, fixer sur le ballon les oreilles, les yeux, les pattes et le groin.

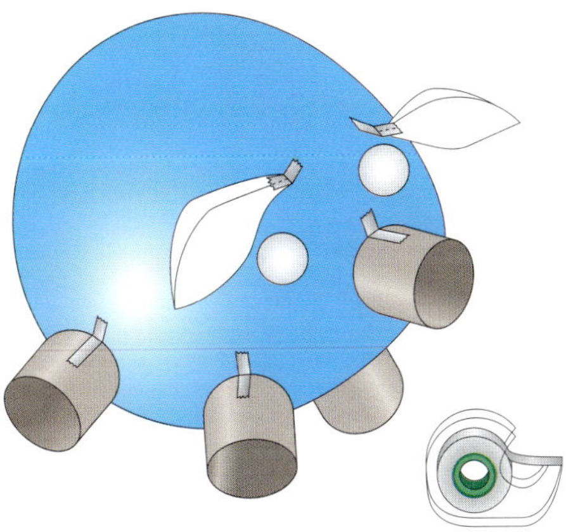

⑤ Encoller des bandelettes de papier journal (voir p. 9) et recouvrir le cochon avec 3 couches.

⑥ Bien laisser sécher. Demander à un adulte d'entailler le dos du cochon au cutter pour former la fente de la tirelire.

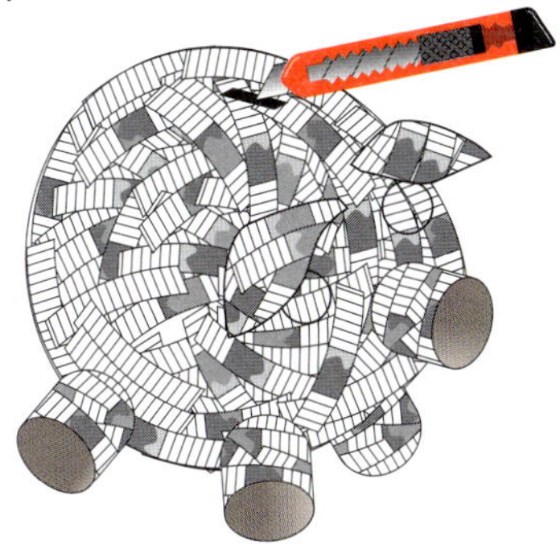

⑦ Peindre le cochon en rose, laisser sécher et passer une seconde couche. Avec un pinceau fin, peindre les yeux en blanc et noir, puis les pattes, le groin et les oreilles en rose foncé.

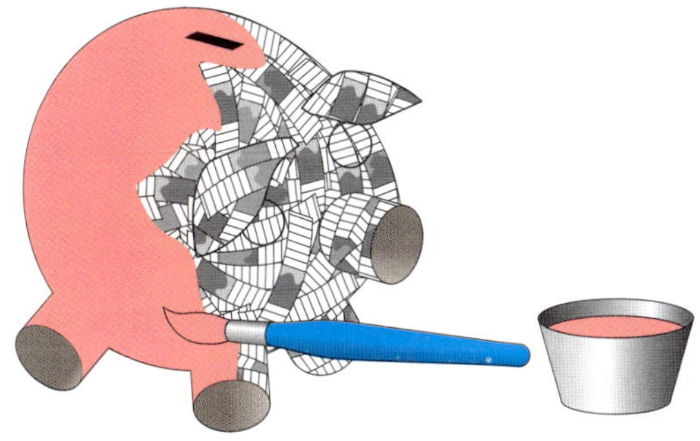

⑧ Entortiller la chenille autour d'un crayon et la coller au-dessus des pattes arrière avec de la colle forte.

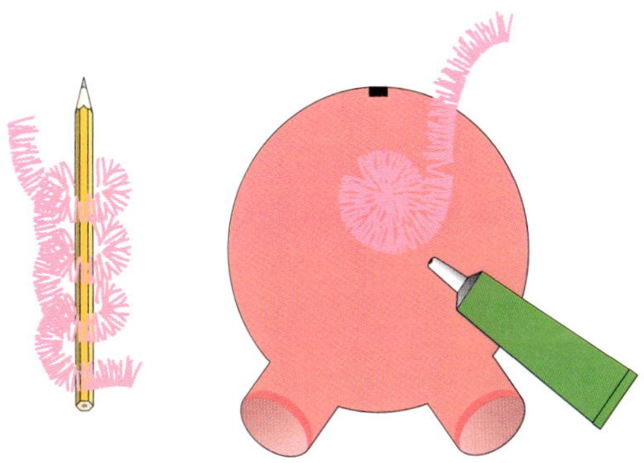

Anima-boîtes

1 Reporter les 2 patrons du nounours sur le carton fort, l'un est légèrement plus petit que l'autre. Demander à un adulte de les découper au cutter.

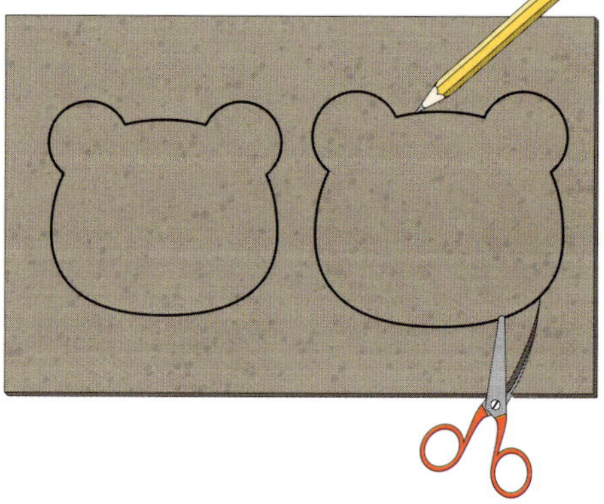

Matériel : carton fort, carton ondulé fin, papier kraft gommé, papier mâché : voir p. 9, légumes secs (lentilles ou riz), ruban adhésif, peinture et pinceaux, éponge, cutter, patrons p. 174.

② Sur le carton ondulé, tracer des bandes de 4 cm et des bandes de 2 cm, en plaçant les ondulations dans le sens de la largeur. Les découper.

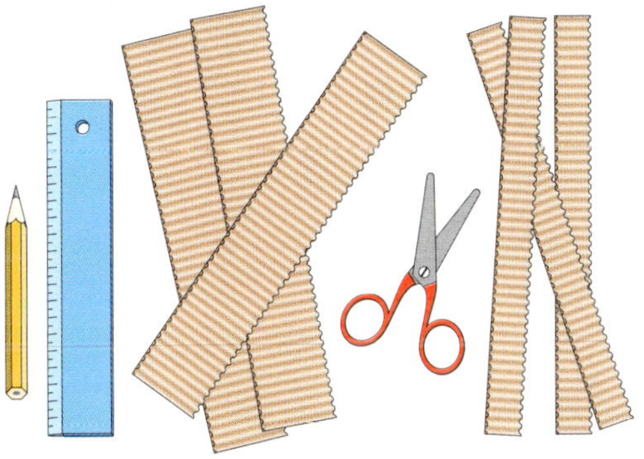

③ En plaçant les cannelures vers l'intérieur, fixer les bandes de 4 cm sur la tranche du nounours le plus petit (le fond de la boîte). De la même façon, fixer les bandes de 2 cm sur la tranche du nounours le plus gros (le couvercle).

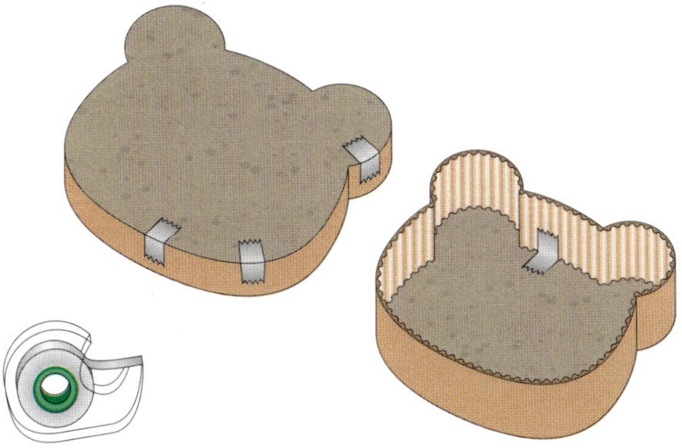

④ Découper des bandes de papier kraft de 5 cm de large. Humidifier leur face brillante et les appliquer en les faisant se chevaucher. Recouvrir ainsi tout l'objet.

⑤ Laisser sécher et peindre. La boîte poisson se construit de la même façon.

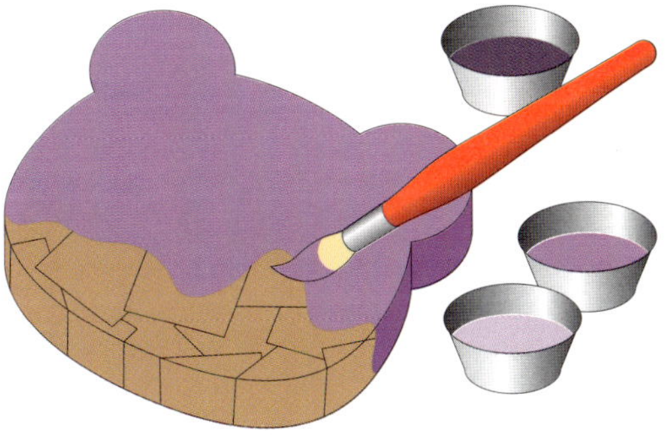

Abat-jour en fête

Petites souris

① Reporter les patrons des têtes et des museaux sur du papier de couleur sans oublier les pointillés. Les découper. Coller les museaux sur les têtes.

Matériel : papiers forts de couleur, boules de cotillon, petites gommettes rondes, feutres (doré et argenté), œillets blancs, bolduc, colle liquide, patrons p.175.

(2) Plier suivant les pointillés. Retourner la languette au dos. Coller les œillets et les gommettes pour les yeux.

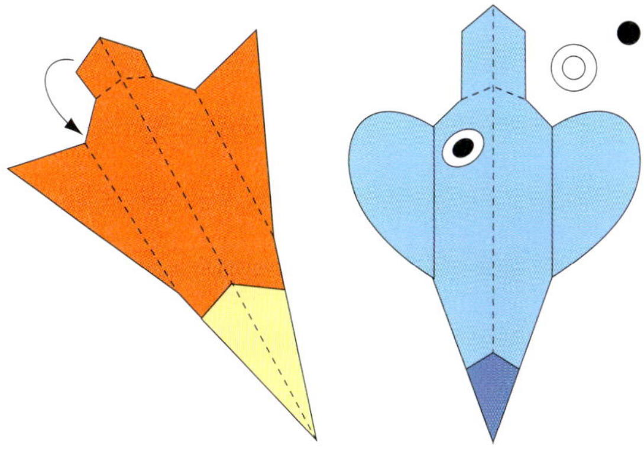

(3) Couper des rubans de bolduc de 60 cm. Faire une boucle à l'extrémité. Coller 3 souris par ruban, au niveau de la languette. Ajouter des boules de cotillon entre les souris.

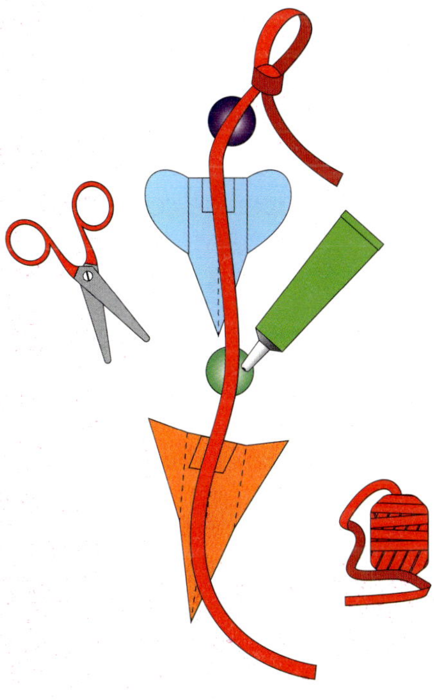

Étoiles filantes

(1) Reporter le patron de l'étoile sur des papiers de couleur. Découper et décorer avec les feutres.

(5) Coller les étoiles sur des rubans de bolduc comme indiqué à l'étape 3 ci-dessus. Colorier des boules de cotillon avec les feutres et les coller en bas des rubans.

Lampes japonaises

Matériel : lampes en papier, serviettes en papier imprimé, ciseaux fins, colle à papier peint et pinceau plat.

① Découper des motifs dans les serviettes en papier avec des ciseaux fins.

② Les dédoubler et ne conserver que la partie imprimée.

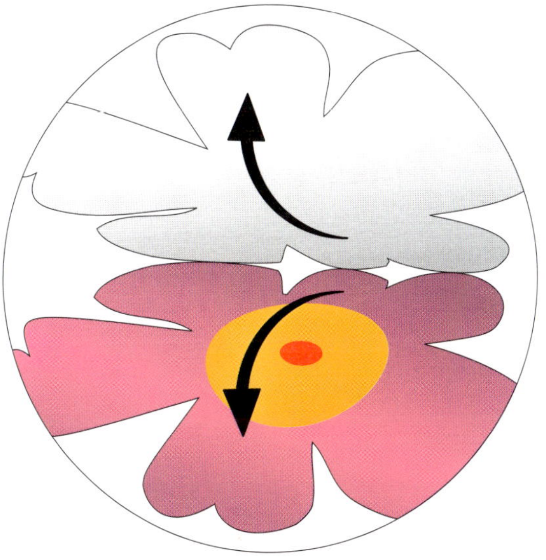

③ Encoller le papier de la lampe aux endroits choisis et appliquer les motifs. Placer les motifs les plus gros en bas de la lampe et les plus petits en haut.

④ Lisser avec le pinceau enduit de colle.

Poupées russes

① Gonfler 3 ballons à des tailles différentes, nouer avec 3 nœuds.

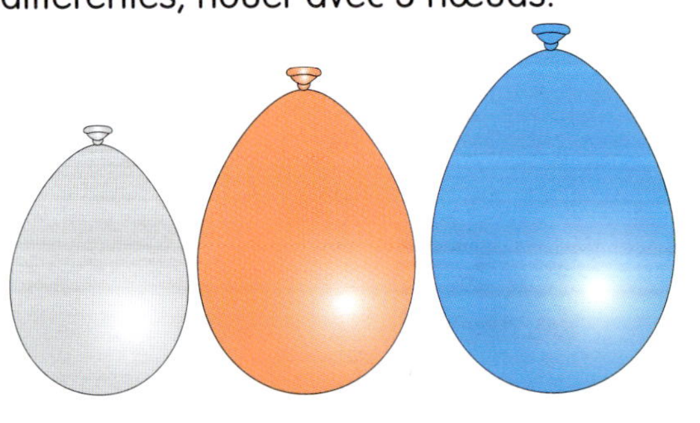

Matériel : ballons de baudruche, papier fort blanc, papier de soie blanc et de couleur, technique du papier mâché : voir p. 9, feutre noir, pinces à linge.

② Encoller des bandelettes de papier journal et recouvrir les ballons avec 3 couches, en laissant dépasser le nœud.

③ Laisser sécher. Percer le ballon, le retirer et boucher le trou avec quelques morceaux de papier. Tasser la forme pour qu'elle tienne debout.

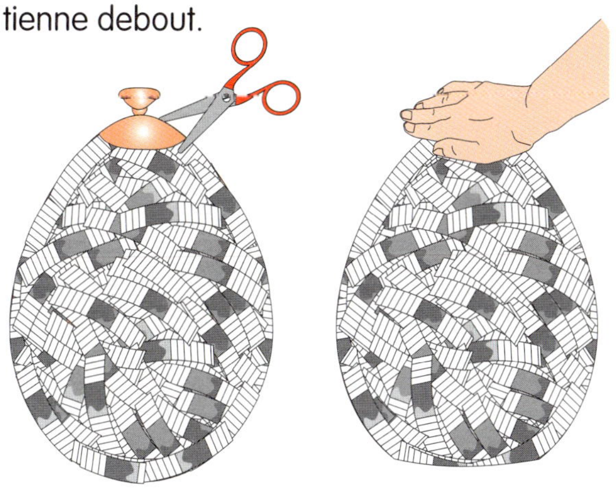

④ Tracer la ligne de séparation entre le corps et la tête. Découper suivant cette ligne.

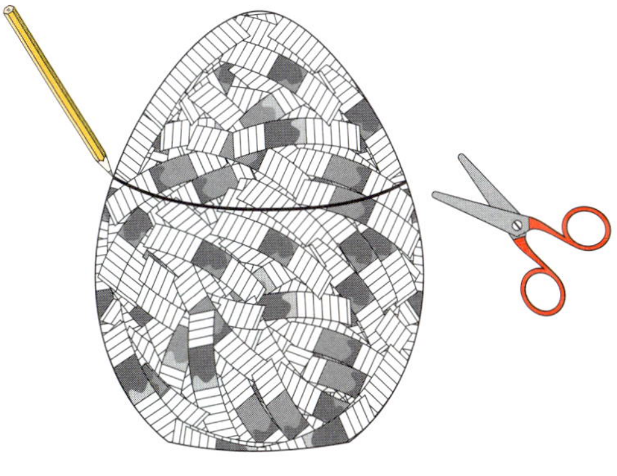

⑤ Recouvrir les 2 parties avec du papier de soie blanc. Poser des bandes à cheval sur la ligne de découpe.

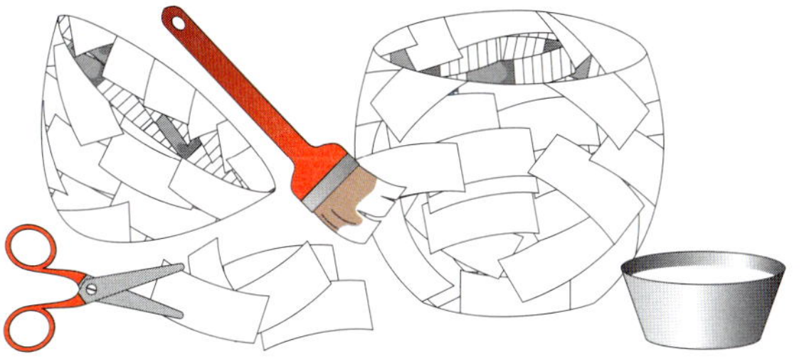

⑥ Découper des bandes de papier fort, les coller l'intérieur du corps. Maintenir avec des pinces à linge pour le séchage.

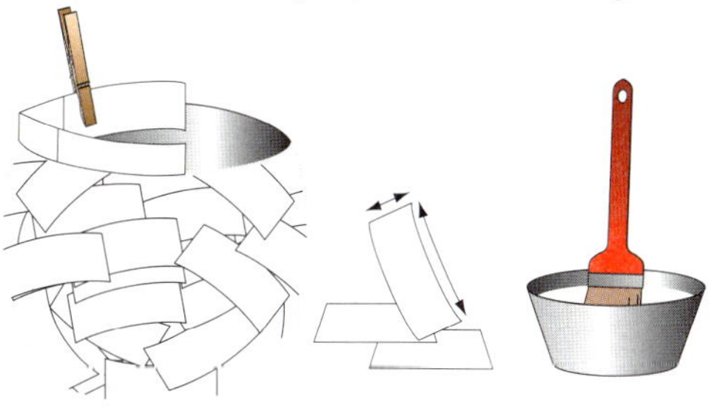

⑦ Dessiner la forme du visage sur la tête, recouvrir le reste de morceaux de papier de soie déchirés. Coller 2 morceaux de papier rose pour les joues.

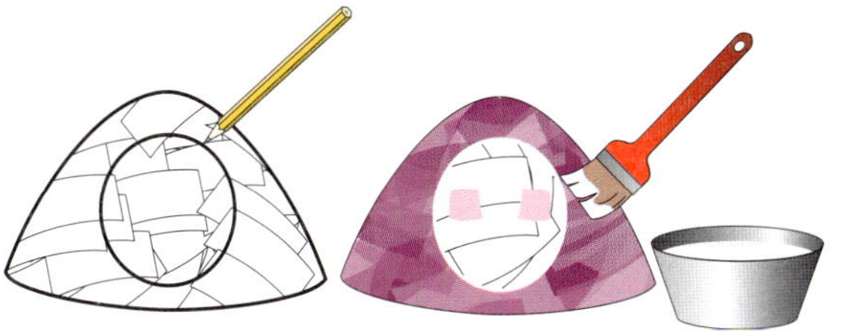

⑧ Recouvrir le corps de papier de soie de couleur. Laisser sécher, puis dessiner les détails du visage et des fleurs sur le corps.

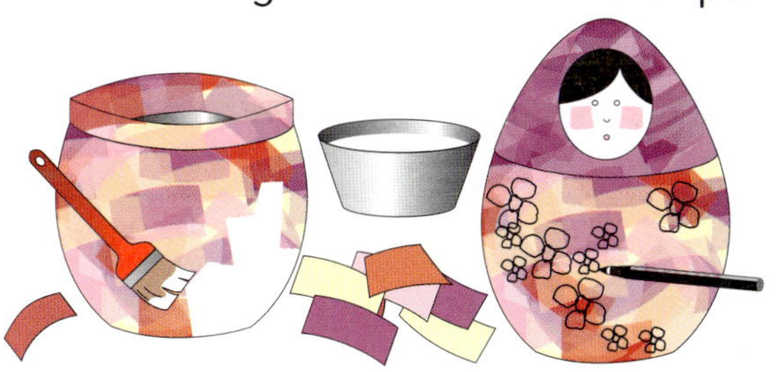

Horloges

Horloge soleil

(1) Retourner l'assiette sur le carton mousse. Demander à un adulte de découper le contour au cutter et de percer un trou de 8 mm de large au centre du disque. Peindre en jaune.

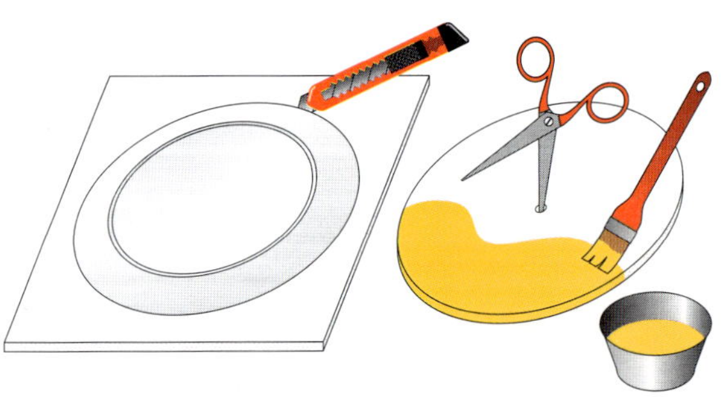

Matériel : carton mousse, papiers fins de couleur, boules de cotillon, gommettes rondes, stickers étoiles, strass adhésifs, pochoirs chiffres (facultatif), piques en bois, peinture acrylique et pinceau, colle liquide, colle en bâton, mécanisme d'horloge et aiguilles, assiette (Ø = 24 cm), cutter, compas.

② Tracer sur des papiers de couleur des disques de 13, 10 et 7 cm de diamètre. Les découper et les coller au centre du disque en les décalant.

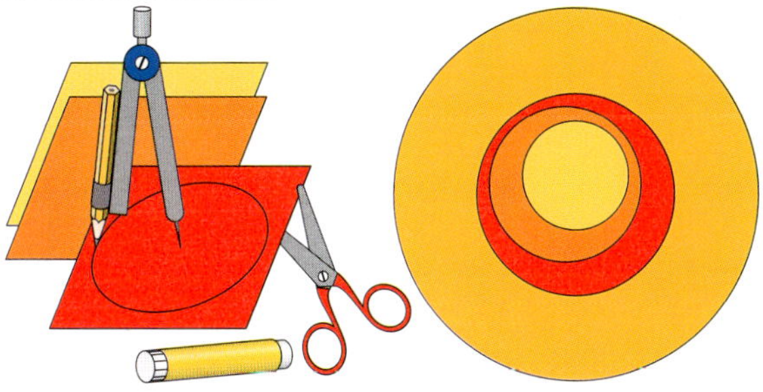

③ Peindre au pochoir (ou à la main) les chiffres 3, 6, 9 et 12 sur des gommettes rouges et les autres chiffres sur des gommettes orange. Diviser le cercle en douze en faisant une petite marque au crayon. Coller les gommettes sur les repères.

④ Couper 12 piques en bois à 15 cm. Y piquer 4 grosses boules de cotillon et 8 petites. Peindre les baguettes en orange, les petites boules en jaune et les grosses en rouge.

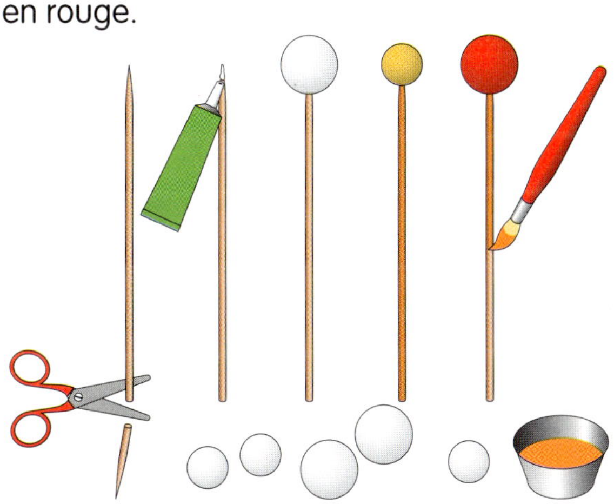

⑤ Encoller l'extrémité des piques et les planter sur la tranche du carton, au niveau des chiffres. Placer les boules rouges en face des gommettes rouges, etc.

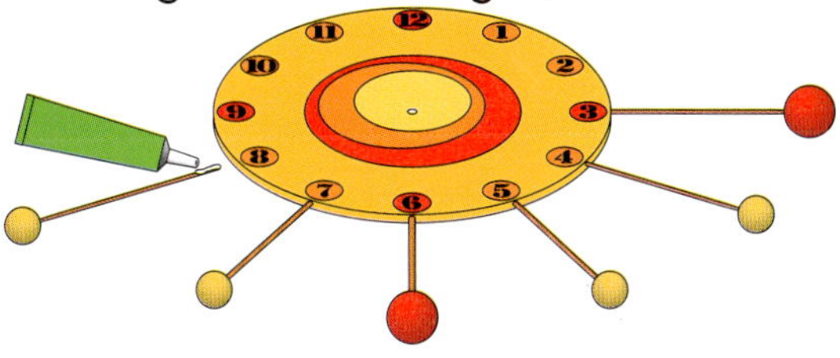

⑥ Demander à un adulte de fixer le mécanisme de l'horloge. Décorer les aiguilles avec des stickers étoiles.

Horloge étoile

① Agrandir 3 fois la photo de la p.22 et reporter le contour sur le carton mousse. Demander à un adulte de le découper au cutter. Peindre en rose.

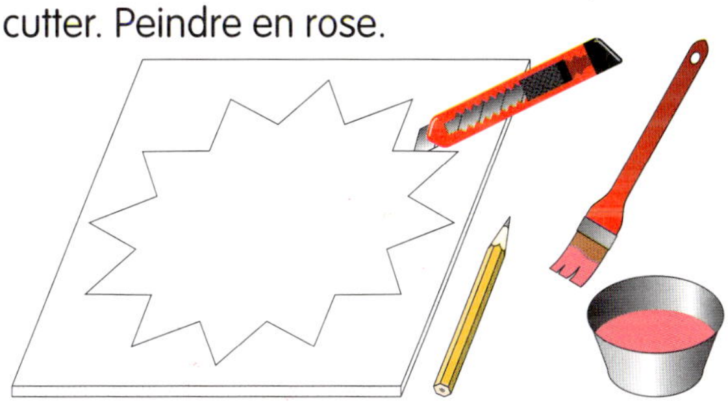

② Agrandir de même les étoiles et les reporter sur des papiers rose foncé et clair. Les découper et les coller en les superposant.

③ Inscrire les chiffres sur chaque branche de l'étoile (voir horloge soleil), puis décorer avec des strass autocollants.

Boîtes à messages

① Reporter 2 fois le patron de la maison sur le papier blanc. Découper et demander à un adulte d'évider les fenêtres au cutter. Plier suivant les pointillés.

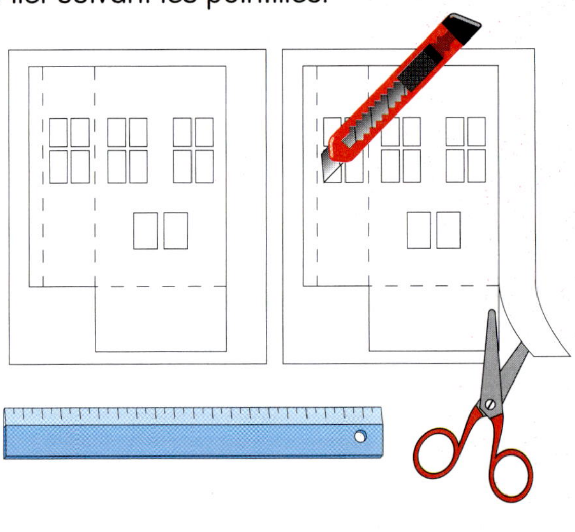

Matériel : papier fort blanc, papiers de couleur, papier vitrail, 30 cm de fil de fer plastifié, cutter, patrons p. 180.

(2) Former la maison en collant les languettes. Coller les 2 parties du fond l'une sur l'autre.

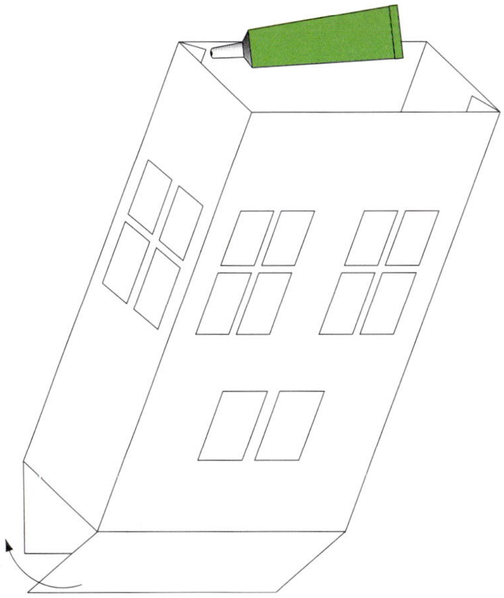

(3) Reporter les encadrements des fenêtres et les décors sur les papiers de couleur. Demander l'aide d'un adulte pour les évider. Coller les éléments.

(4) Pour l'arc-en-ciel, superposer les morceaux du plus grand au plus petit. Coller des carrés de papier vitrail de couleur au dos des fenêtres.

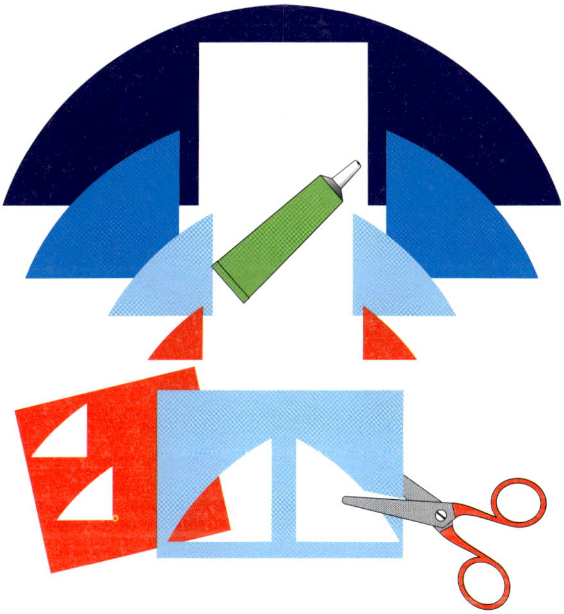

(5) Percer des trous avec la pointe des ciseaux en haut de la maison et y faire passer le fil de fer. L'entortiller sur lui-même pour le fixer.

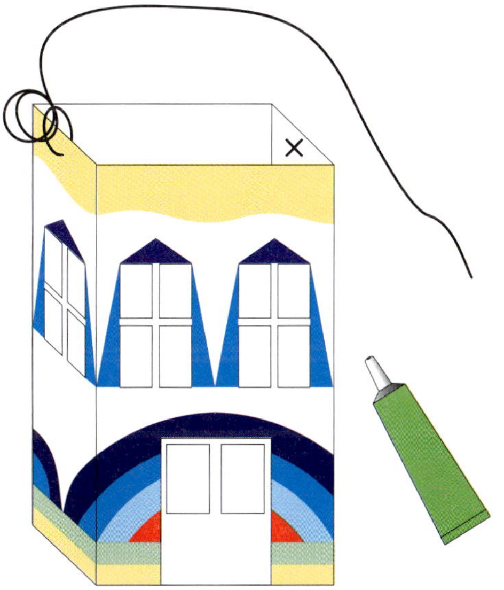

Tulipes lumineuses

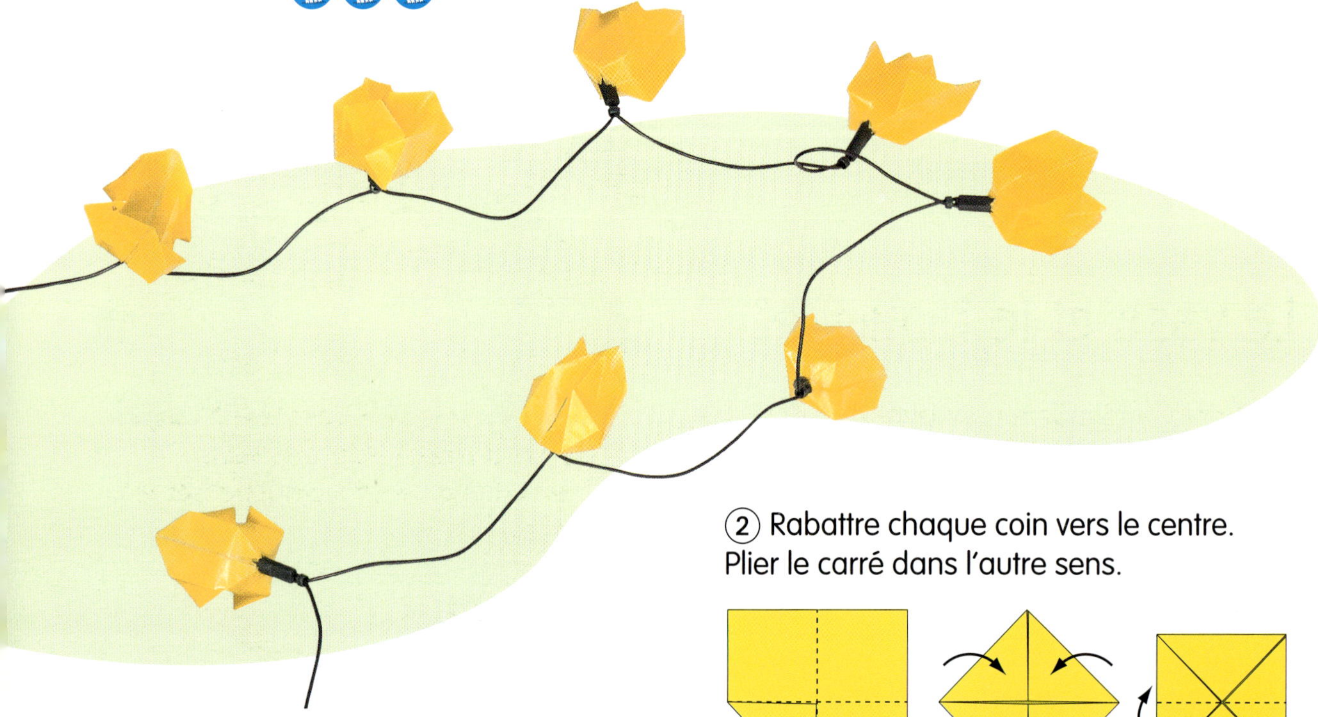

Matériel : 2 guirlandes lumineuses, papier cristal de couleur, fil de fer vert fin, peinture acrylique et pinceau, papier mâché : voir p. 9.

Les tulipes

① Découper pour chaque tulipe un carré de 15 cm de côté. Marquer 2 plis perpendiculaires au milieu et déplier.

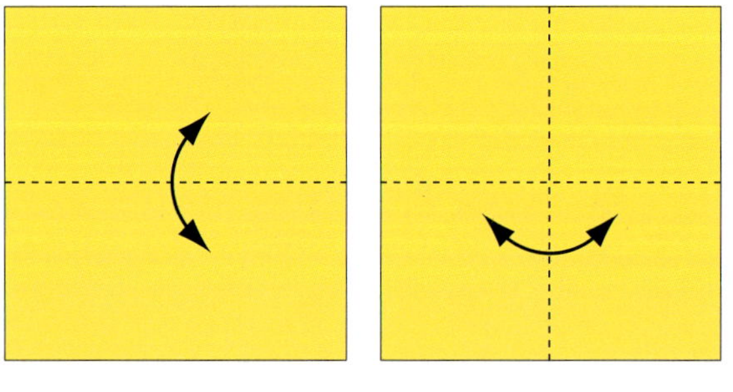

② Rabattre chaque coin vers le centre. Plier le carré dans l'autre sens.

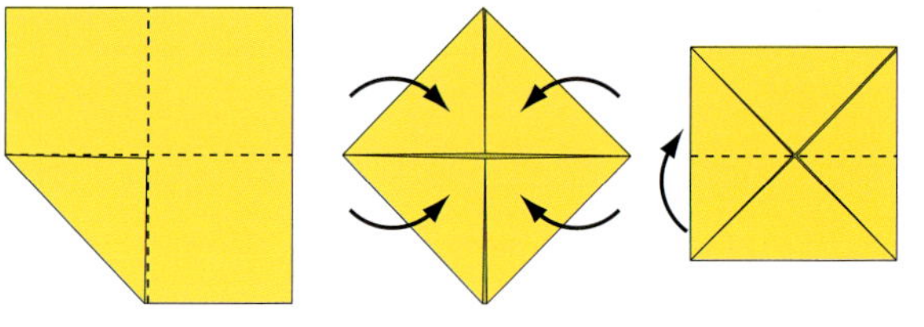

③ Resserrer pour que a et b se rejoignent. Marquer les plis.

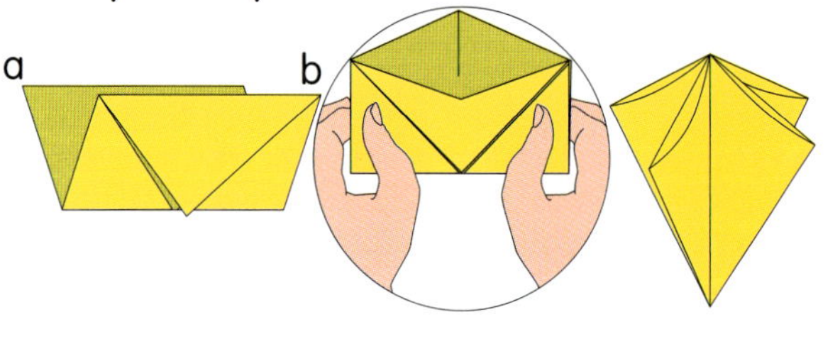

④ Rabattre les pointes vers le centre, sur une face puis sur l'autre. Couper la pointe.

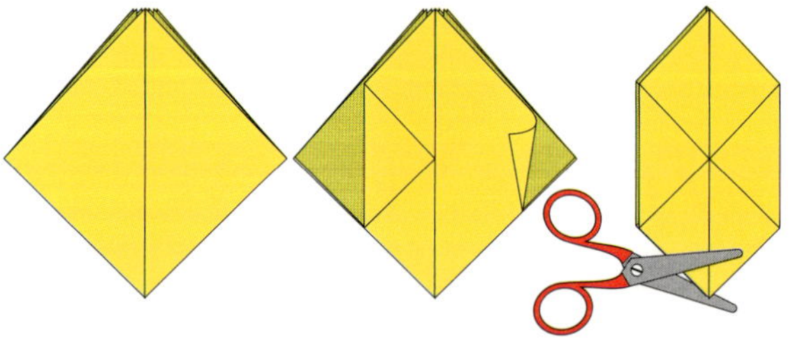

⑤ Écarter la tulipe en modelant délicatement avec les doigts.

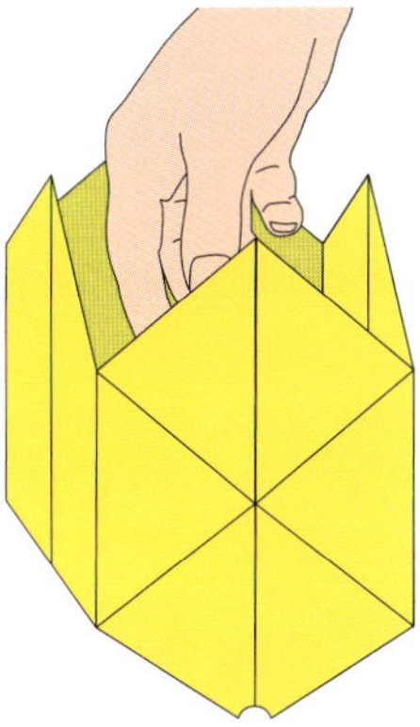

Le vase et le bouquet

① Plier la guirlande en bouquet et fixer l'ensemble avec un fil de fer. Entortiller du fil de fer autour de chaque tige.

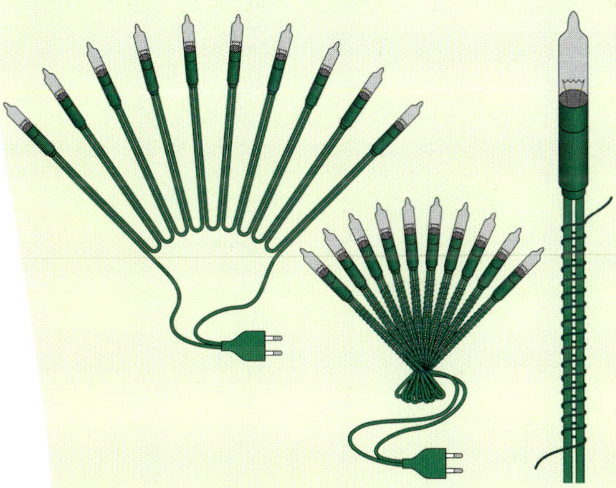

② Insérer une tulipe en papier sur chaque ampoule et la fixer en collant de petits morceaux de papier cristal découpés. Laisser sécher tête en bas.

③ Envelopper un bol de papier aluminium, le recouvrir de 4 couches de papier mâché (voir p. 9). Laisser sécher, démouler, retirer le papier aluminium et passer une dernière couche de papier mâché sur les bords.

④ Laisser sécher, découper une entaille sur le bas du vase. Peindre en vert. Disposer le bouquet en faisant passer le fil en premier.

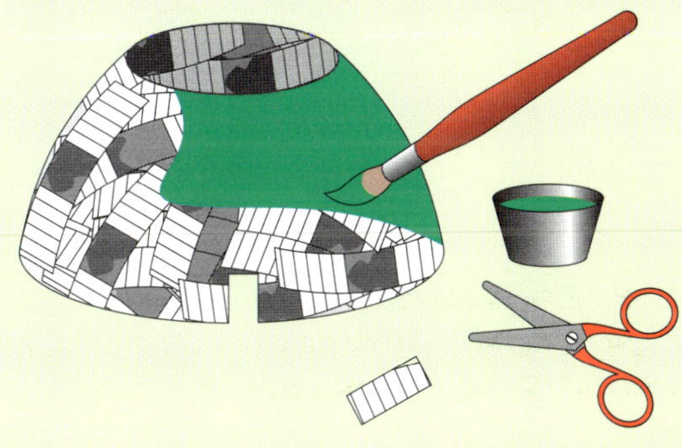

Ribambelle de cadres

Matériel : feuilles de carton ondulé de couleur, fils à scoubidous, perforatrice, cutter.

① Au dos du carton, tracer un trait dans la largeur de la feuille, à 5,5 cm du bord. Découper le rectangle ainsi obtenu.

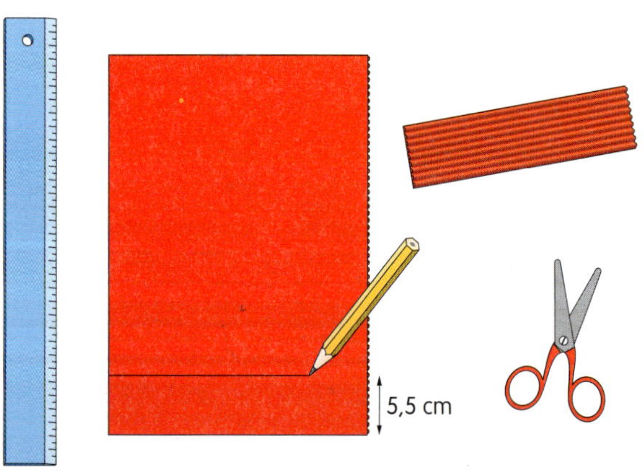

② Au dos du rectangle, tracer des traits tous les 1,8 cm sur la longueur et 2 traits à 6 mm des bords.

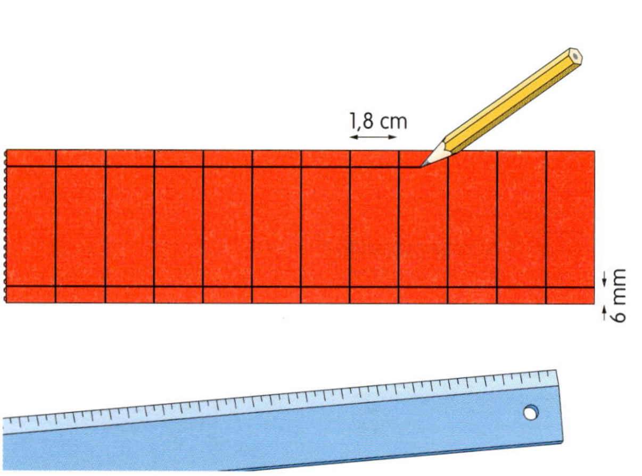

③ Percer un trou à chaque intersection des traits, sur toute la longueur.

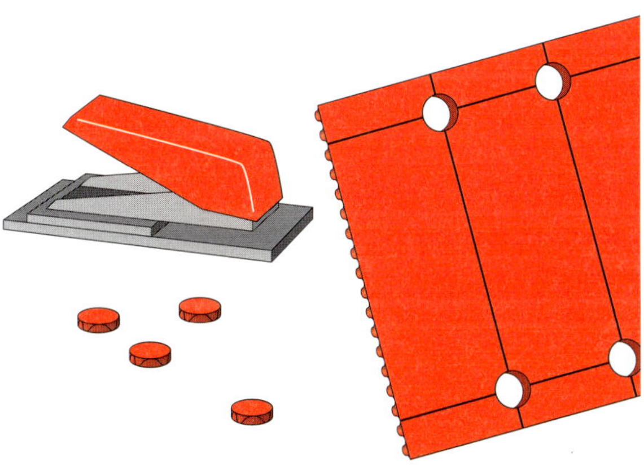

④ Tracer 2 lignes de 15 cm à 2 cm des bords, dans le creux d'une ondulation. Demander à un adulte de les découper au cutter pour créer des fentes.

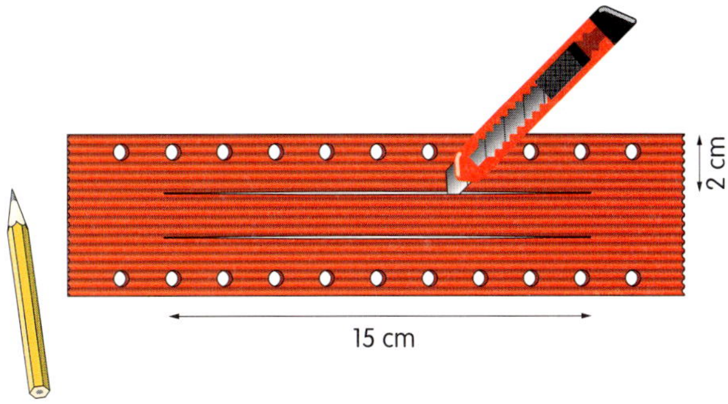

⑤ Avec un fil à scoubidou, lacer le rectangle pour en faire un tube. Terminer par un nœud.

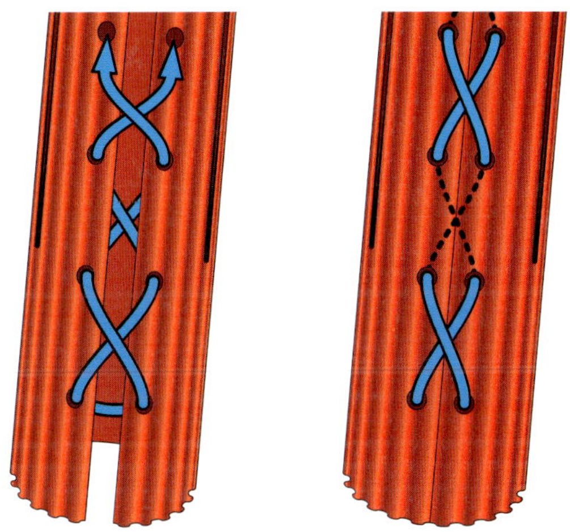

⑥ Réaliser 6 tubes identiques, en variant les couleurs. Insérer 5 photos dans les fentes pour créer une ribambelle de cadres.

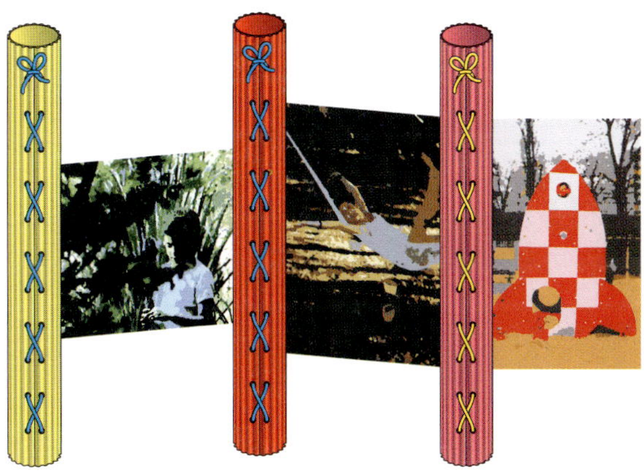

Serre-livres

Matériel : carton fort, papier kraft gommé, carton ondulé, légumes secs (lentilles ou riz), ruban adhésif, peinture et pinceaux, éponge.

① Dessiner ou agrandir 2 fois le gabarit d'une lettre d'un magazine sur le carton fort. Demander à un adulte de découper au cutter.

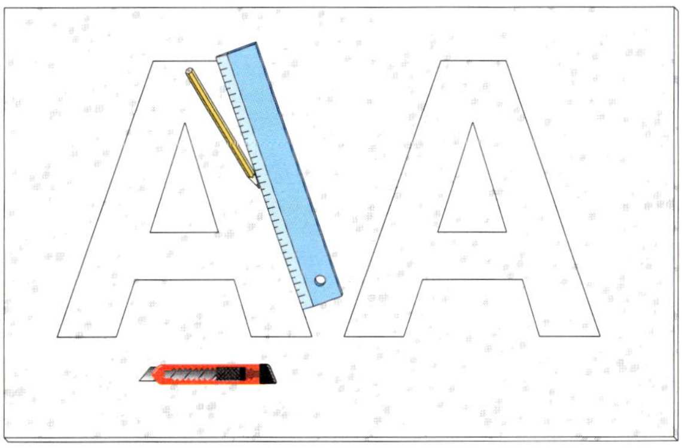

② Sur le carton ondulé, tracer des bandes de 4 cm de large et les découper. Les fixer sur la tranche d'une des lettres avec du ruban adhésif.

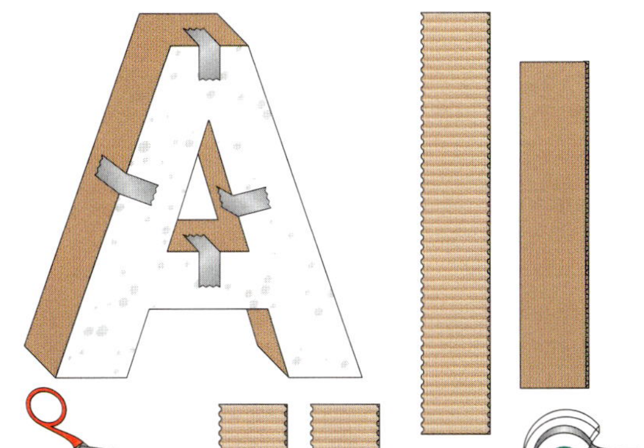

③ Verser des légumes secs pour alourdir la lettre. Fixer ensuite l'autre face de la lettre en fermant bien.

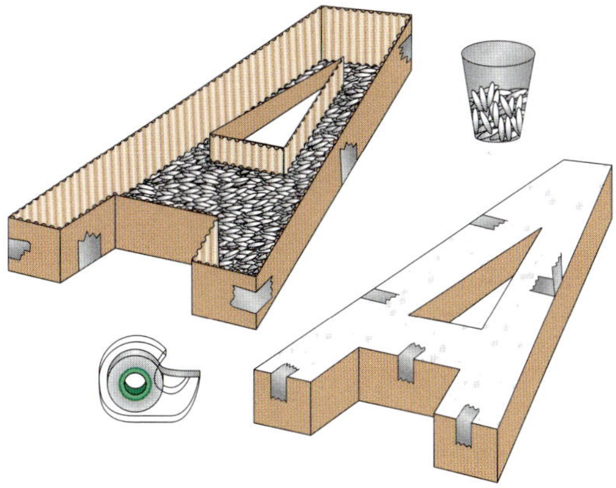

④ Découper des bandes de papier kraft de 5 cm de large. Humidifier leur face brillante et les appliquer en les faisant se chevaucher. Recouvrir ainsi tout l'objet.

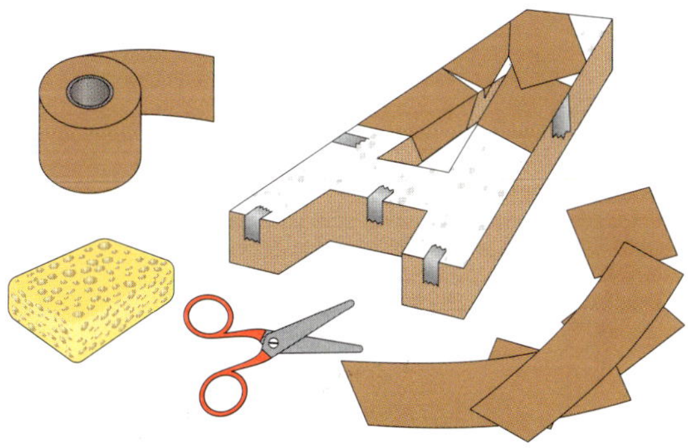

⑤ Laisser sécher et peindre.

Boîtes gigognes

Matériel : 4 feuilles de papier fort de 36 x 48 cm, papier de couleur, gommettes, compas, patrons p. 180.

(1) Reporter le patron de la boîte et de son couvercle sur le papier blanc. Agrandir les dimensions pour pouvoir réaliser des boîtes plus grandes et les emboîter les unes dans les autres. Découper suivant les traits pleins.

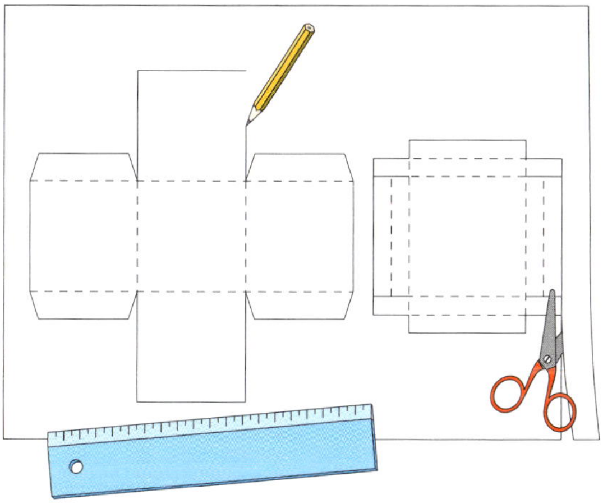

(2) Marquer les plis suivant les pointillés, rabattre les côtés et coller les languettes.

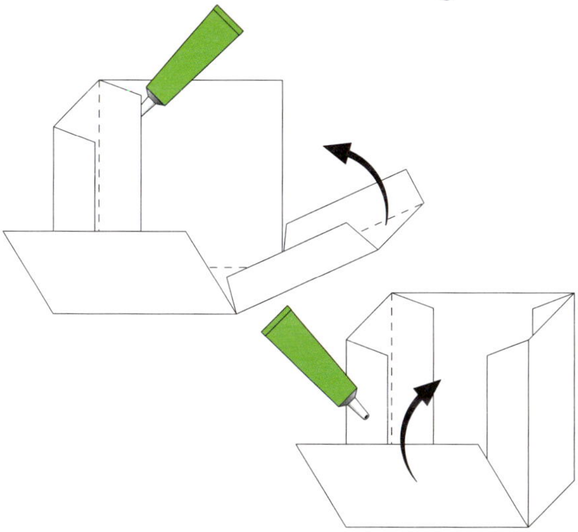

(3) Pour le couvercle, couper et replier les languettes et les recouvrir en repliant les bords suivant les pointillés.

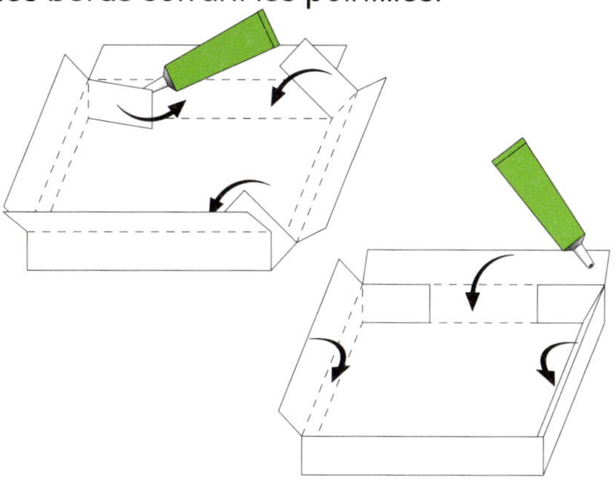

(4) Tracer des carrés de couleur plus petits que les faces de la boîte. Les découper en ondulant. Découper des fleurs à l'aide du patron et y ajouter des gommettes au centre. Coller les fleurs.

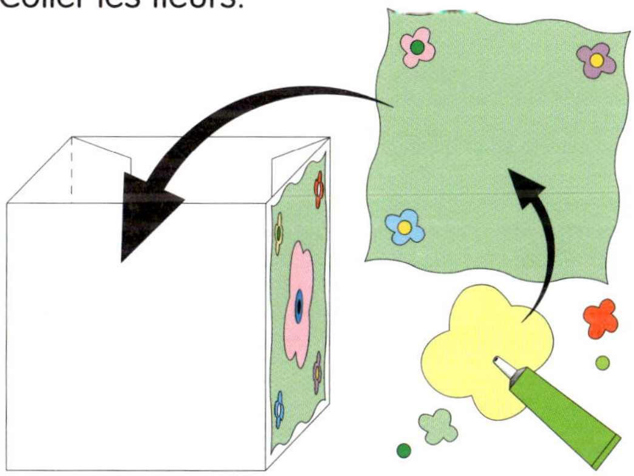

(5) Pour le motif en damier, découper des carrés noirs de 1,5 cm de côté. Utiliser un compas pour tracer des cercles plus petits.

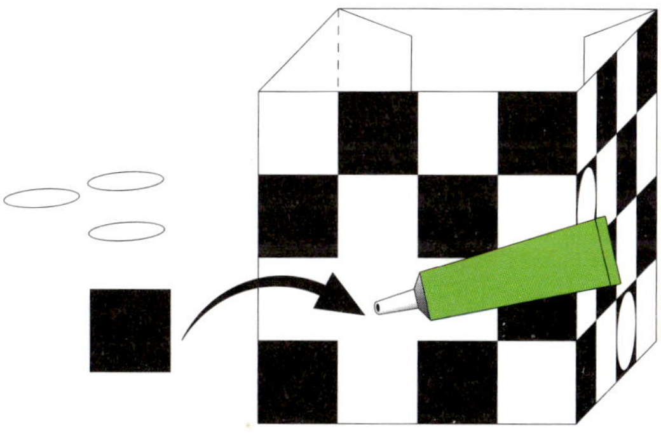

Insectes sur pinces

Matériel : papier fort et papier cristal bleu et vert, fil de fer fin doré, perles, colle acrylique, pince coupante, petites pinces à dessin, patrons p.174.

Libellule

(1) Couper un morceau de fil de fer de 35 cm, le plier en deux et l'entortiller en laissant 10 cm libres pour les antennes.

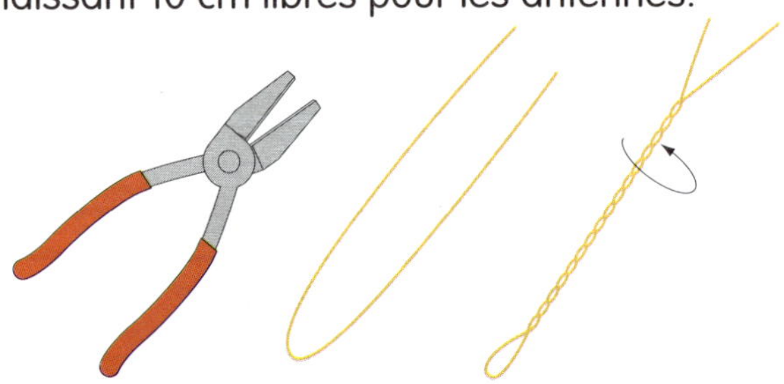

(2) Tracer et découper une bande de papier bleu de 21 x 7,5 cm. L'encoller et l'enrouler très serré autour du fil de fer.

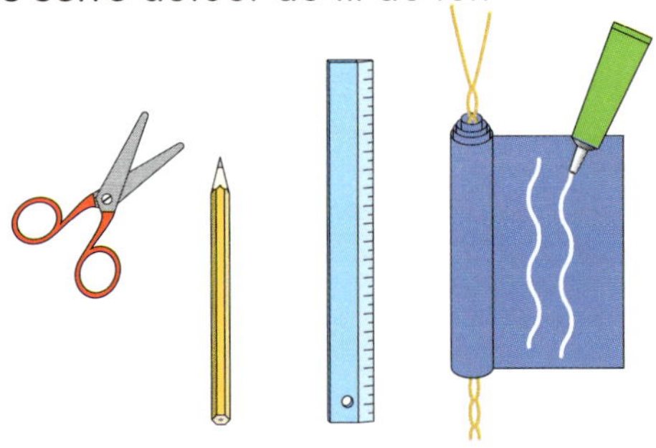

(3) Découper 2 bandes bleues : une de 21 x 3 cm et une de 21 x 2 cm. Les encoller et les enrouler l'une après l'autre autour du corps de la libellule.

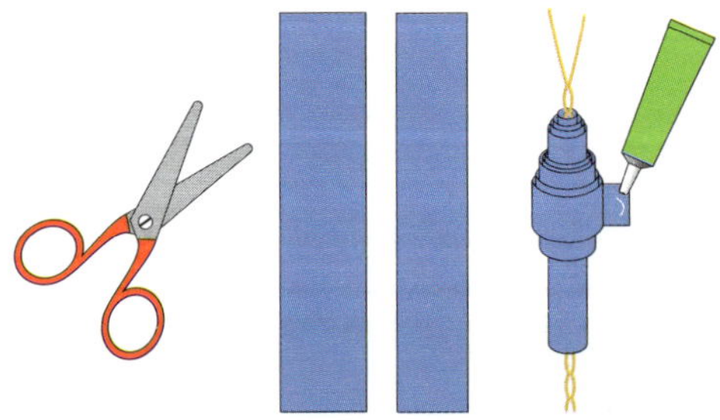

④ Reporter 4 fois le patron de l'aile sur du papier cristal. Découper les ailes et les plier suivant les pointillés. Les coller sur le corps.

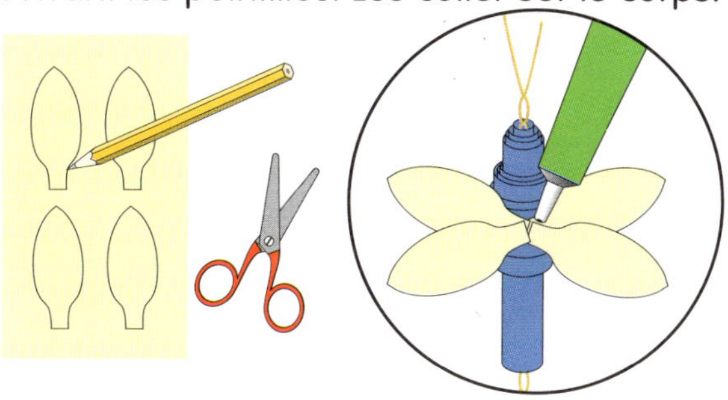

⑤ Passer un fil de fer de 15 cm autour du corps, à travers les ailes. Puis, passer le fil dans une petite pince à dessin et l'entortiller sur le dessous.

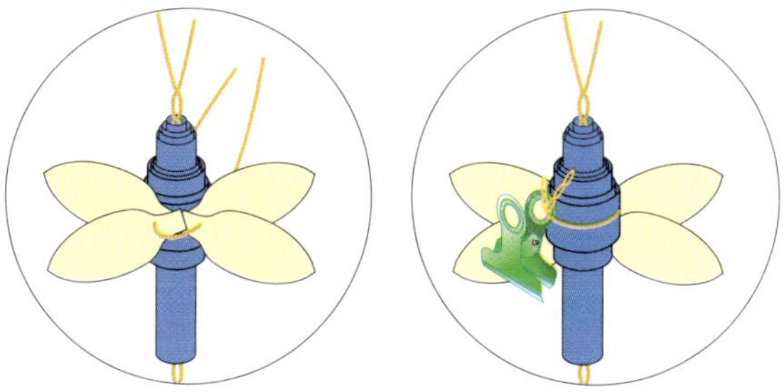

⑥ Enfiler 2 perles sur chaque antenne, faire un petit tortillon pour les bloquer. Enrouler les antennes.

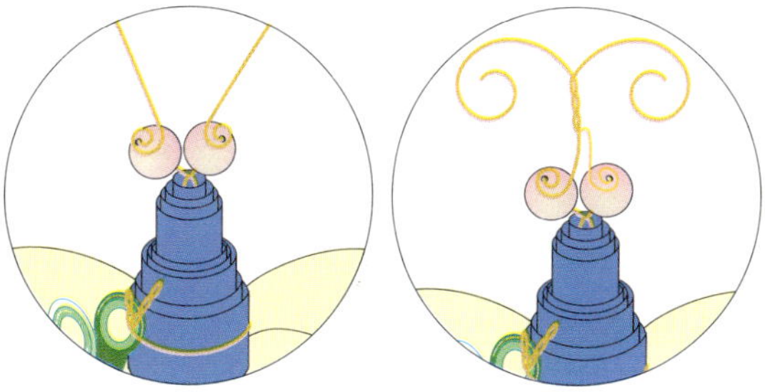

Les papillons de jour et de nuit se réalisent en suivant le même procédé.

Grand papillon plissé

① Reporter le patron des petites ailes sur du papier vert. Les découper et les plier suivant les pointillés. Découper un rectangle de 21 x 15 cm dans du papier cristal bleu. Le plier en accordéon et tailler les extrémités en biseau.

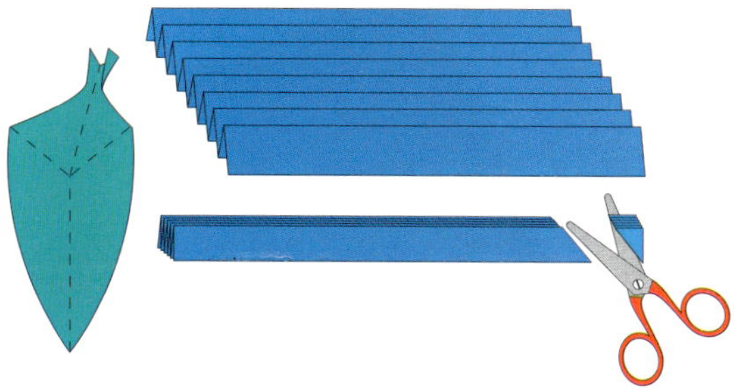

② Percer les ailes en les enfilant dans le fil de fer préparé comme pour la libellule.

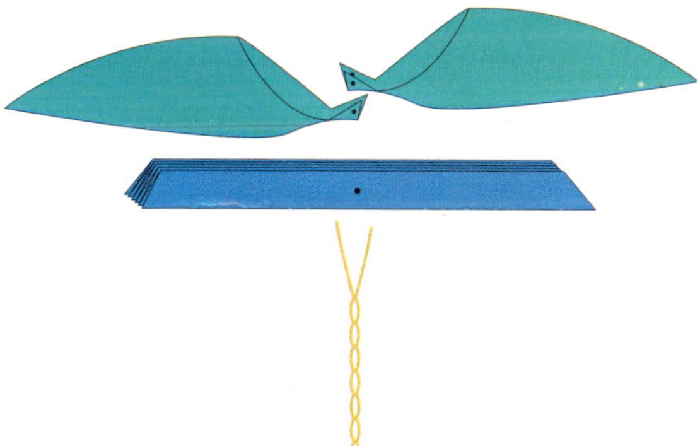

③ Passer un fil de fer de 15 cm entre les 2 paires d'ailes et y nouer une pince au-dessous. Enfiler les antennes dans une perle et les enrouler.

Cartoons de porte

Matériel : carton fin, chenilles de couleur de 30 cm, peinture acrylique fluo et pinceaux, ruban adhésif repositionnable, perforatrice, papier de verre fin.

1) Tracer un carré de 8 cm de côté sur le carton. Le découper. Arrondir les angles avec du papier de verre fin.

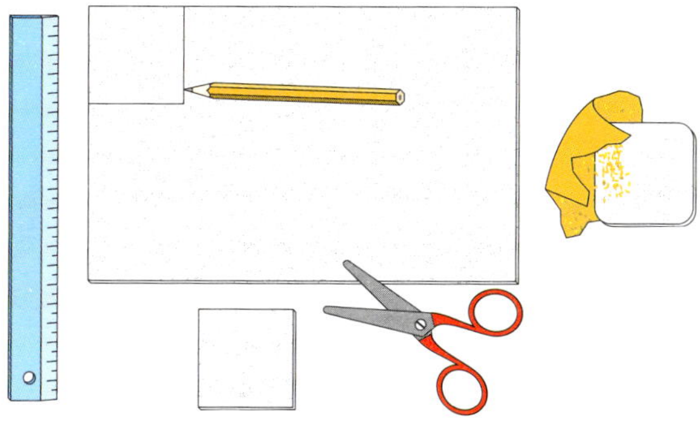

2) Marquer un repère dans les 2 coins du haut, à 1 cm des bords. Perforer.

3) Peindre les 2 faces du carton d'une couleur vive. Laisser sécher.

4) Appliquer de l'adhésif à 4 mm des bords. Peindre en noir et retirer le ruban lorsque la peinture est sèche. Répéter l'opération sur tous les côtés et sur les 2 faces.

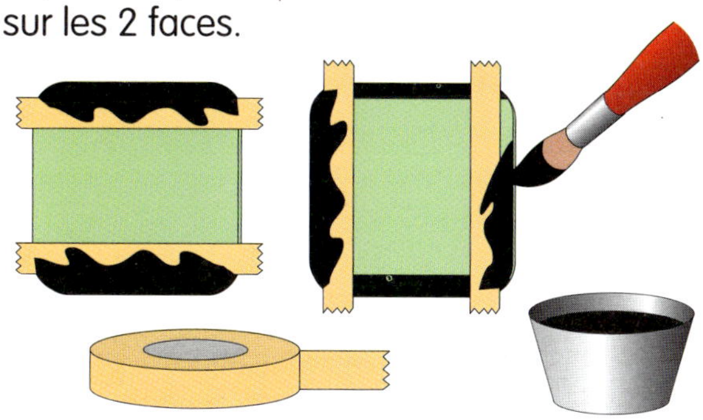

5) Dessiner le motif au crayon. Peindre les parties blanches. Laisser sécher et peindre les contours en noir.

6) Enfiler les extrémités de la chenille dans les trous et entortiller les pointes pour la fixer.

Cadres à volutes

Matériel : papier fort blanc et de couleur, carton ondulé de couleur, carton d'emballage, papier kraft gommé, éponge, colle universelle, compas, cutter, patrons p. 176.

① Reporter plusieurs fois le patron des motifs sur le papier fort et les découper. Entailler la fente des petits disques.

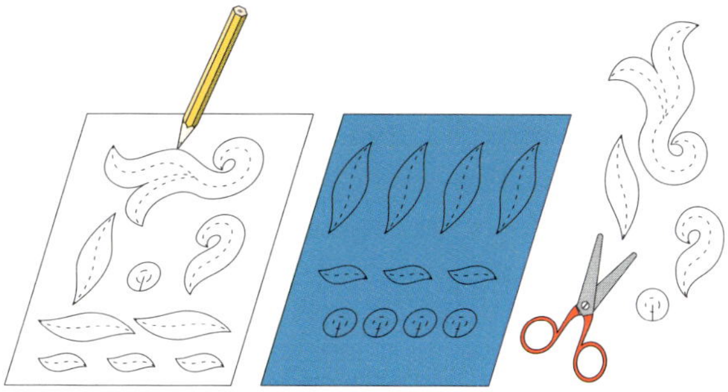

② Avec la pointe des ciseaux, marquer les plis indiqués en pointillés. Façonner les motifs avec le bout des doigts. Donner du volume aux disques en collant les bords.

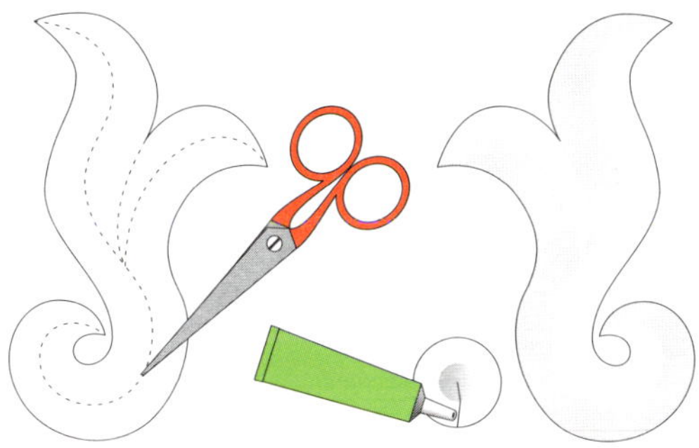

③ Reporter les dimensions des cadres sur du carton ondulé et sur du carton d'emballage. Demander à un adulte de les découper au cutter, sans oublier d'évider le centre.

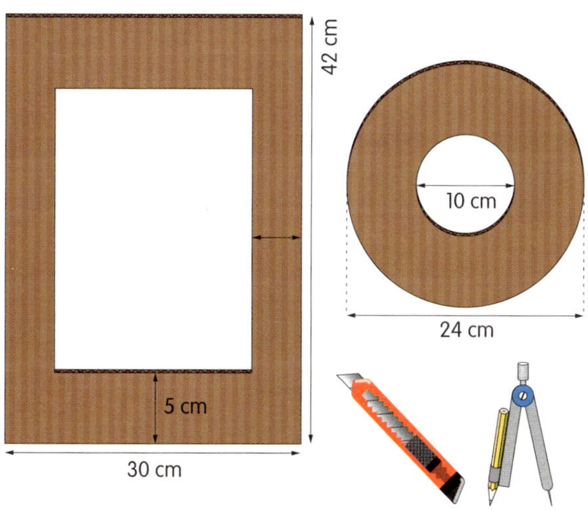

④ Coller les cadres en carton ondulé sur ceux en carton d'emballage.

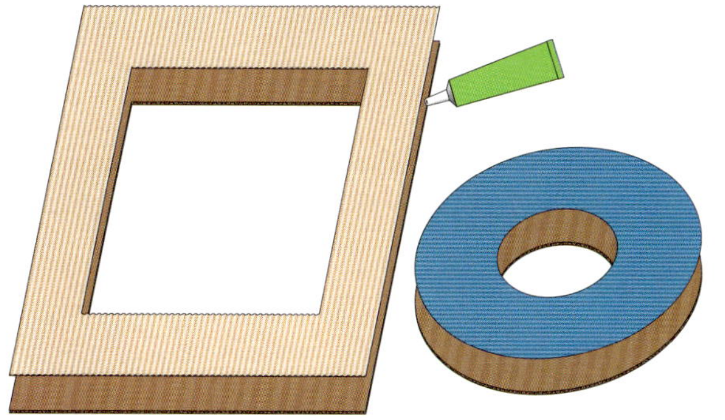

⑤ Dans du carton d'emballage, découper 1 rectangle de 22 x 30 cm pour le cadre blanc et un carré de 15 x 15 cm pour le cadre bleu. Coller une image ou une photo dessus, et les fixer au dos des cadres avec du kraft gommé humidifié.

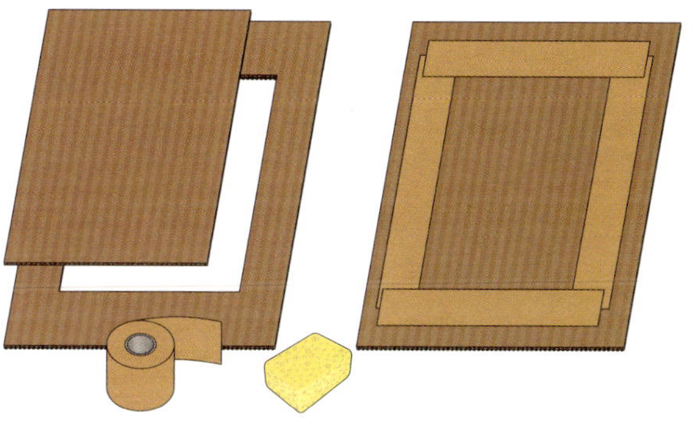

⑥ Appliquer la colle au dos des motifs, sur les bords. Les fixer sur les cadres sans les écraser.

Guirlande de fleurs

Matériel : papiers de soie de couleur, fil de fer fin, pince à bijoux, vernis colle et pinceau plat, boules de cotillon.

① Pour un pétale, couper 30 cm de fil de fer. Former une boucle et entortiller les deux fils sur toute la longueur avec les doigts.

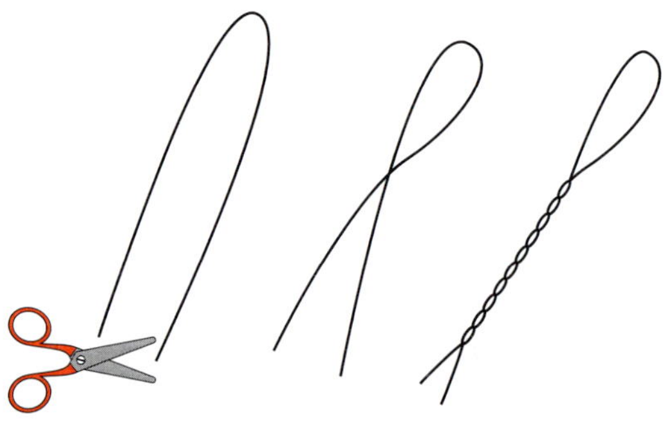

(2) Couper un carré de papier de soie plus grand que la boucle. L'encoller. Recouvrir délicatement le pétale avec le papier et replier le surplus au dos. Laisser sécher. Réaliser ainsi 5 pétales.

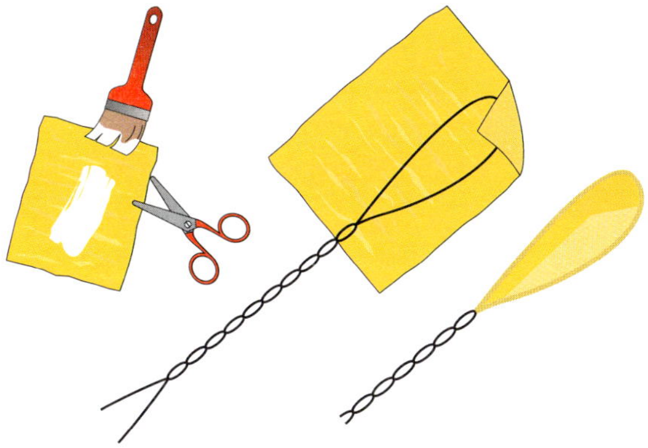

(3) Couper 15 cm de fil de fer et enfiler une boule de cotillon. Enrouler l'extrémité du fil.

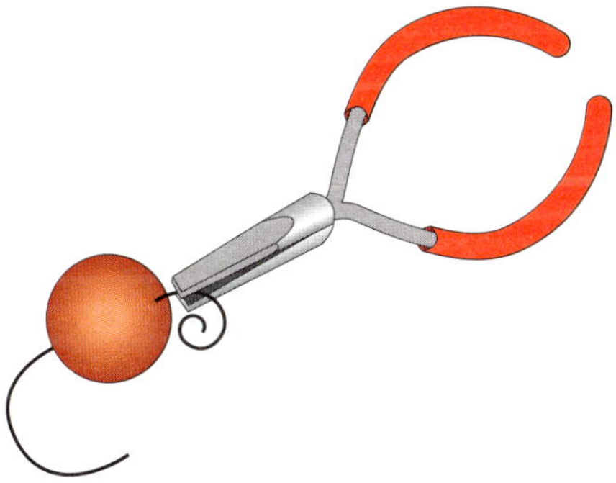

(4) Assembler en bouquet les pétales et la boule. Entortiller tous les fils avec la pince et ajuster les pétales.

(5) Réaliser d'autres fleurs en variant les coloris, la forme et le nombre des pétales. Créer des feuilles pointues avec des verts différents en utilisant la même technique.

(6) Former un S avec un fil de fer de 60 cm. Entortiller autour les fleurs et les feuilles, serrer le tout avec la pince.

(7) Découper des petites bandes de papier vert, les encoller et les enrouler autour de la tige. Ajuster la forme de la tige, puis laisser sécher.

Vide-poches

Matériel : papier de soie blanc, colle à papier peint et pinceau, bol, peinture acrylique et pinceau épais, bols, vaseline, film plastique étirable, strass autocollants, boule de cotillon, vernis mat, clou à tête plate, technique du papier mâché : voir p. 9.

Les coupelles

① Retourner un bol. L'enduire de vaseline et l'emballer dans du film étirable.

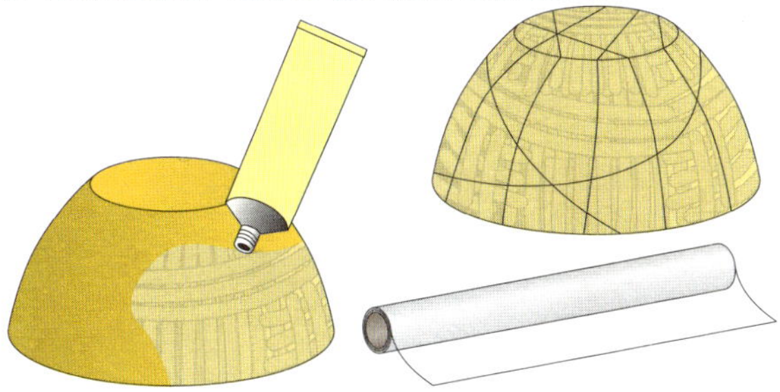

② Découper des carrés de papier de soie de 5 cm de côté. Encoller les carrés de papier et les appliquer sur plusieurs couches, en utilisant la technique du papier mâché. Laisser bien sécher.

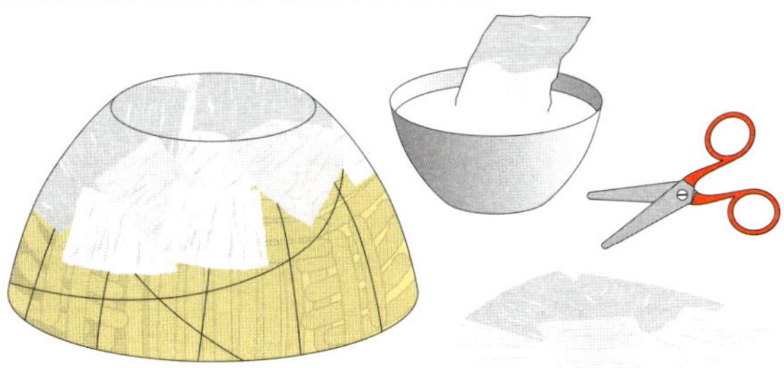

③ Démouler, puis recouper les bords aux ciseaux.

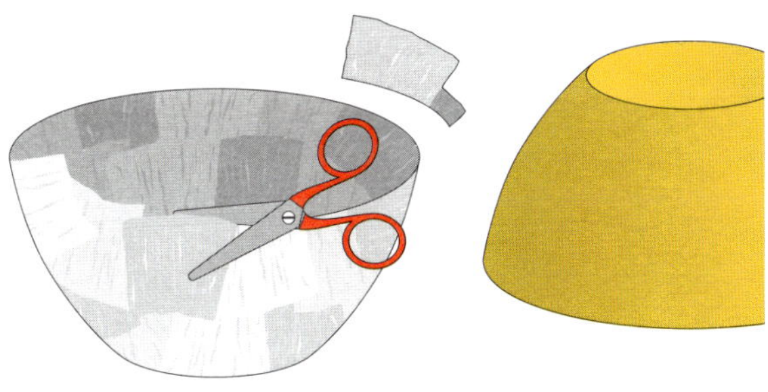

④ Peindre le bol de 2 couleurs différentes. Laisser sécher. Vernir l'intérieur et l'extérieur pour le protéger. Laisser sécher. Coller les strass.

Le couvercle

① Pour le couvercle, suivre les mêmes étapes en ne couvrant de papier de soie que le haut du bol.

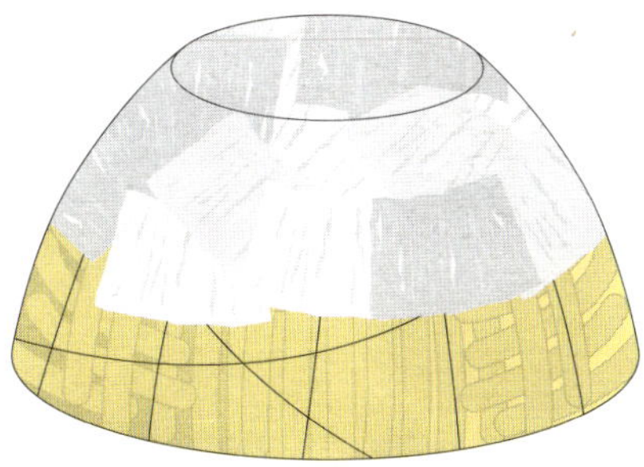

② Peindre la boule de cotillon. Demander à un adulte de piquer le clou au centre du couvercle. L'enduire de colle et piquer la boule dessus.

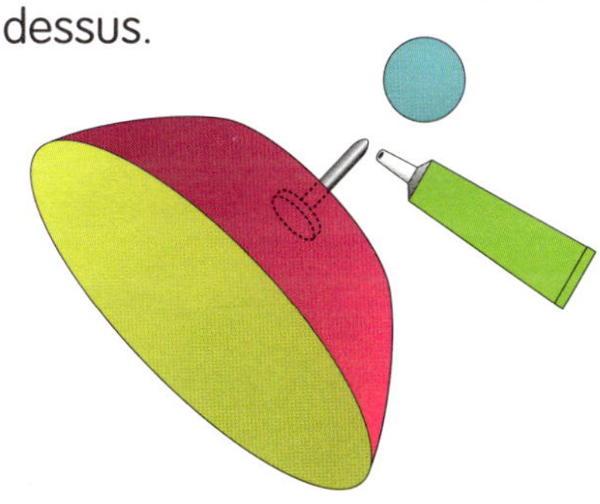

Guirlandes scintillantes

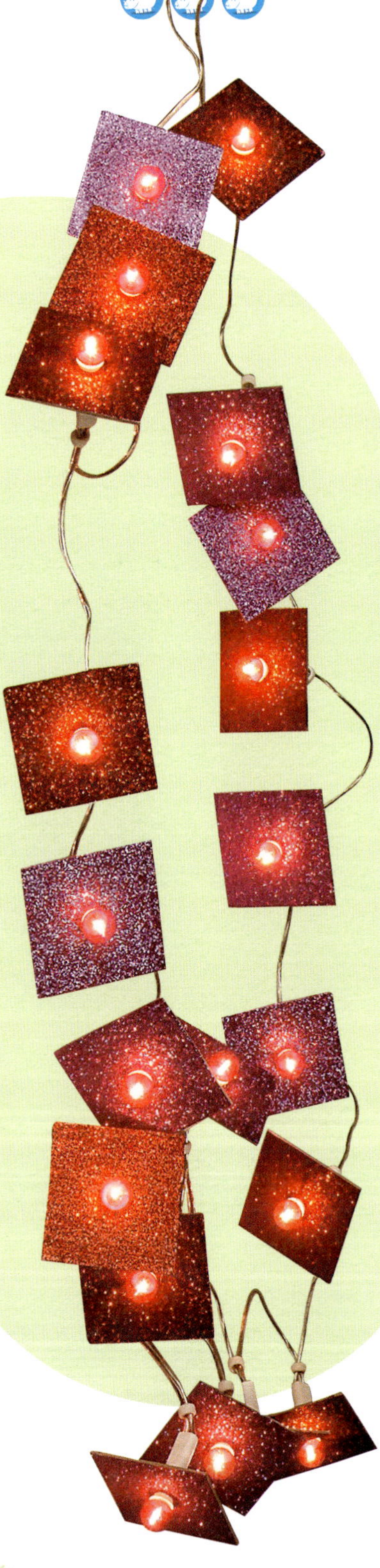

Matériel : guirlandes lumineuses rose et orange, carton fort (50 x 65 cm), papier métallisé orange et jaune, peinture et pinceau, colle pour paillettes (ou colle blanche) et brosse, paillettes roses et rouges, compas, cutter.

Guirlande rose

① Peindre les 2 faces du carton en rose. Laisser sécher.

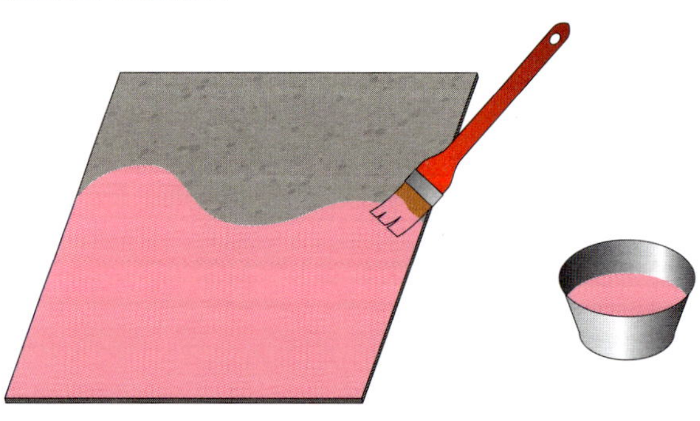

(2) Tracer autant de petits carrés de 6 cm de côté que la guirlande possède d'ampoules. Demander à un adulte de les découper au cutter et de percer un trou de 8 mm de diamètre en leur centre.

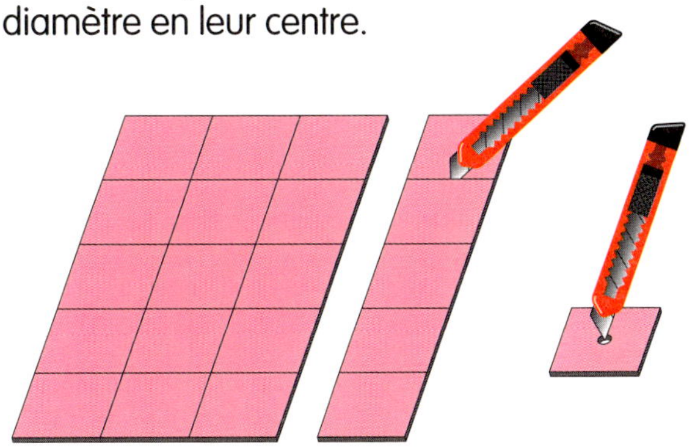

(3) Encoller une face de chaque carré. Saupoudrer de paillettes roses ou rouges pour les recouvrir. Laisser sécher.

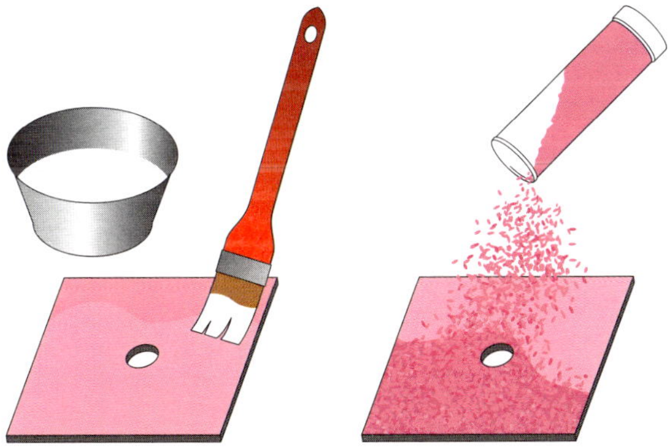

(4) Retirer délicatement chaque ampoule et insérer les carrés en plaçant les paillettes du côté de la lumière. Remettre les ampoules en place.

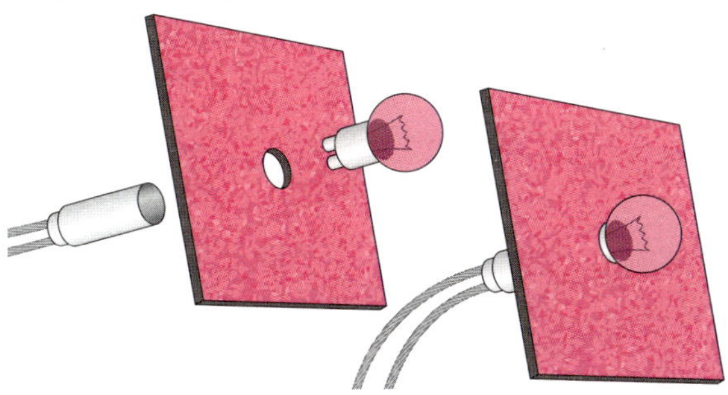

Guirlande orange

(1) Sur le papier métallisé, tracer autant de cercles de 6 cm de diamètre que la guirlande possède d'ampoules. Les découper.

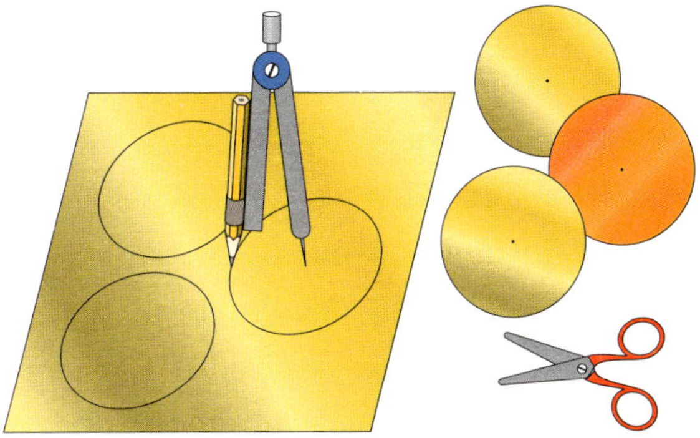

(2) Agrandir le trou central avec la pointe des ciseaux. Froisser et défroisser les disques.

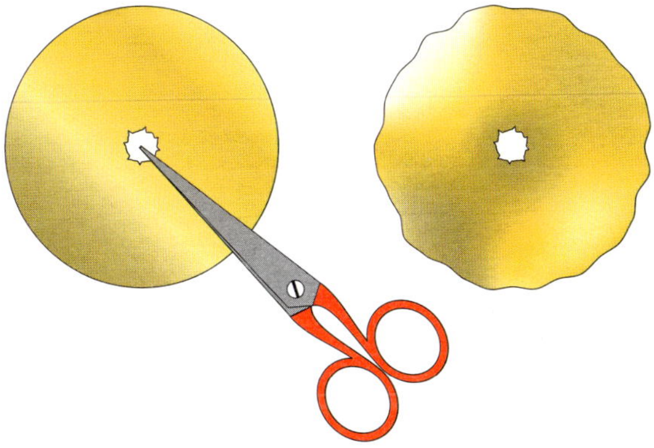

(3) Retirer délicatement chaque ampoule, insérer les disques et remettre les ampoules en place.

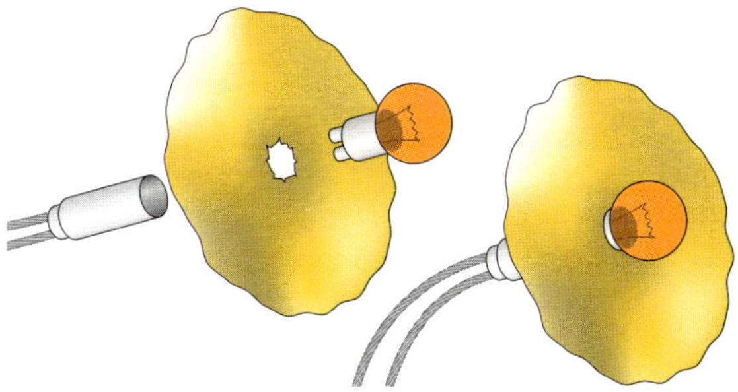

Rideau de papier

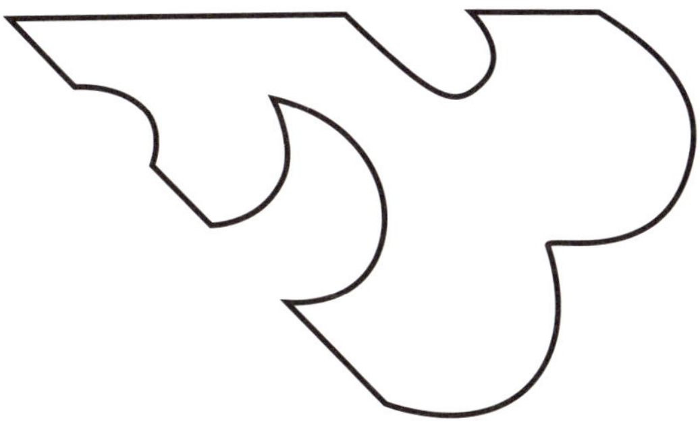

Matériel : papiers népalais de couleur, ficelle de lin assortie, papier fin blanc, ruban adhésif, baguette en bois (facultatif).

(1) Tracer et découper des carrés de 10 cm de côté de différentes couleurs.

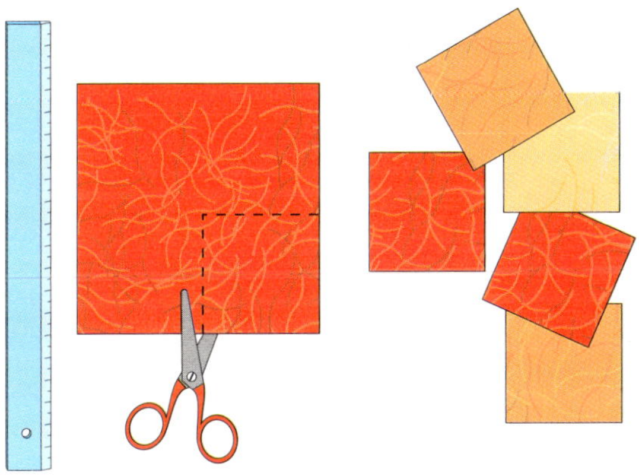

(2) Plier le papier 3 fois de suite en forme de triangle.

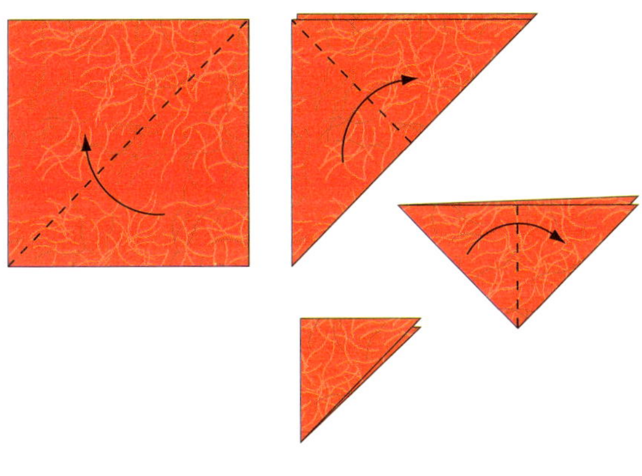

(3) Reporter le patron ci-contre sur une feuille de papier blanc et le découper. Le poser sur le papier de couleur plié, reporter les contours. Découper et déplier.

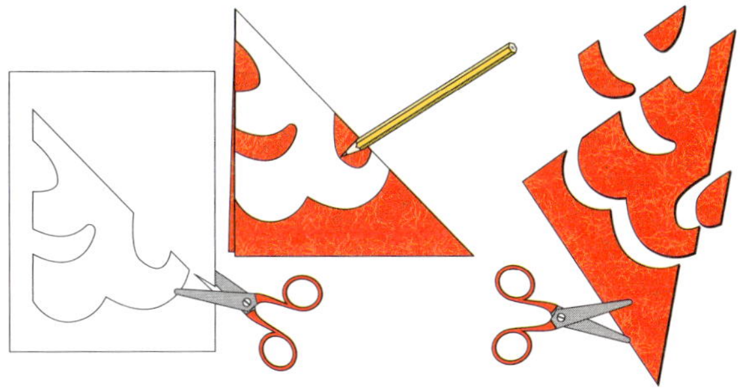

(4) Couper des brins de ficelle d'environ 1 m. Faire une boucle au bout, la nouer et l'enfiler sur la baguette ou sur une longue ficelle.

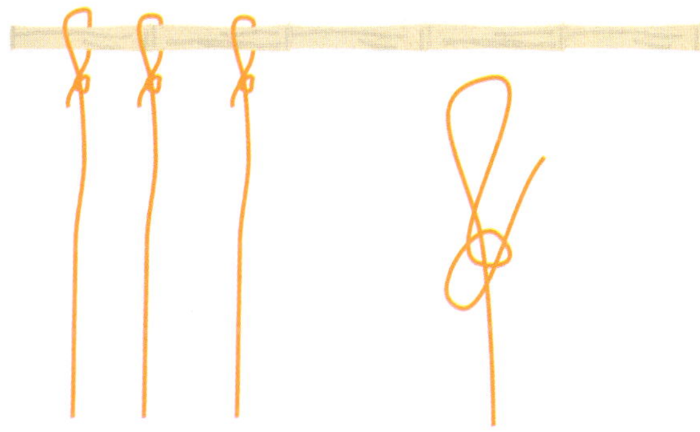

(5) Enfiler les décorations de papier sur les ficelles et les fixer au dos avec du ruban adhésif.

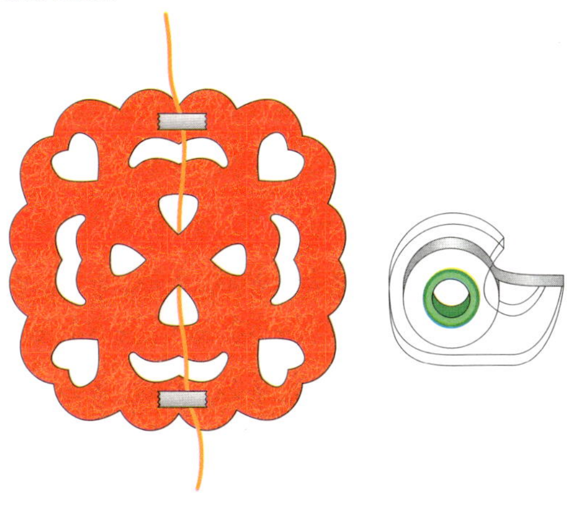

Calendrier fleur

① Sur le carton, tracer 3 cercles de 18, 24 et 32 cm de diamètre et dessiner la tige et les feuilles. Demander à un adulte de découper les éléments au cutter.

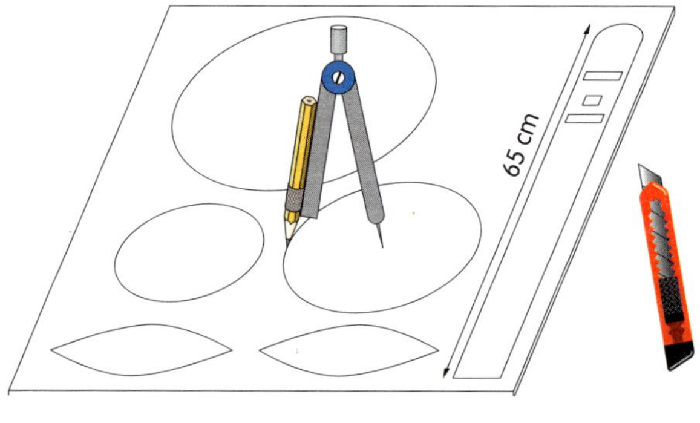

Matériel : carton fin blanc et papier de couleur (format 50 x 65 cm), colle universelle, attache parisienne, compas, cutter, emporte-pièce (ou poinçon), feutre noir, patron p. 186.

② Dessiner une tige et des feuilles identiques sur du papier vert. Tracer 3 cercles de 20, 28 et 38 cm sur des papiers de couleur. Dessiner les pétales. Découper.

③ Coller les cercles de carton au dos des cercles de pétales et la tige et les feuilles vertes sur leur support en carton. Coller la base des feuilles sous la tige.

④ Écrire au feutre les dates de 1 à 31, les jours de la semaine et les mois de l'année sur les cercles correspondants.

⑤ Demander à un adulte de percer un trou au centre de chaque cercle à l'aide d'un emporte-pièce ou d'un poinçon.

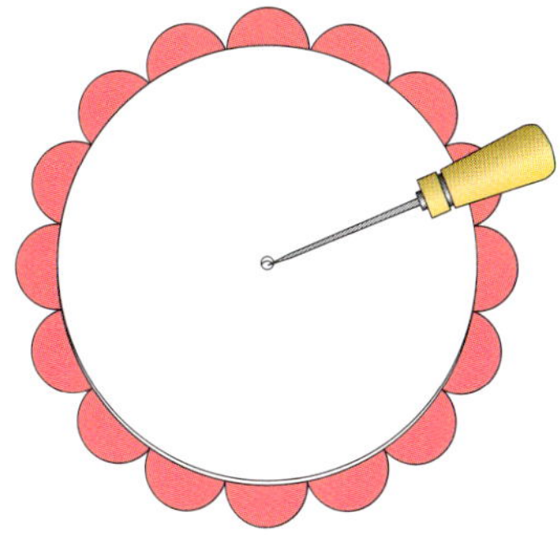

⑥ Positionner la tige afin que chacune des fenêtres se trouve en face d'une date et faire une marque au feutre au centre des cercles. Percer un trou sur cette marque.

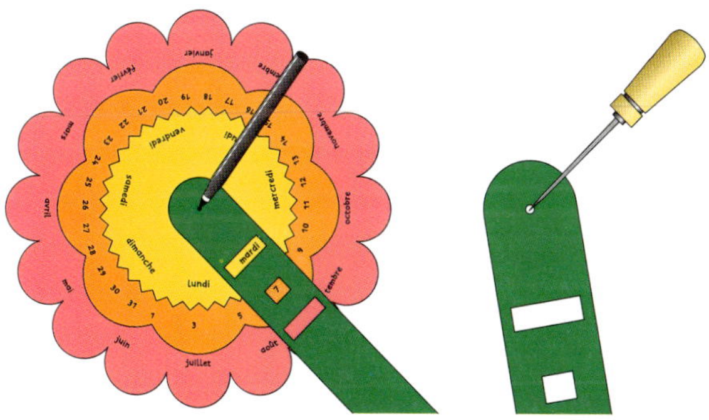

⑦ À l'aide d'une attache parisienne, fixer les différents éléments de la fleur. Tourner les cercles pour changer de date.

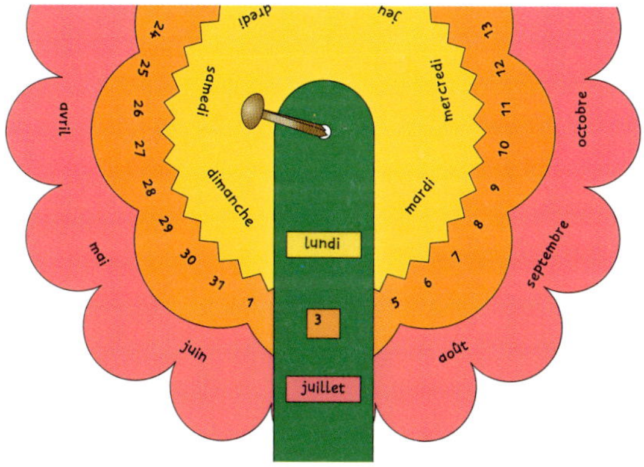

Côté bureau

Pour les fans de papeterie, ce chapitre déborde d'idées : les crayons fleurissent dans des pots déguisés, les plumiers se transforment en animaux, les petits accessoires sont rangés dans des boîtes-champignons, les photos se glissent dans des albums acidulés... Et pour le plaisir d'écrire, voici des cartes en tous genres et des carnets fantaisie !

Pots à crayons

Le sac vache

① Décalquer le patron du sac 4 fois côte à côte pour obtenir le modèle complet. Le reporter sur le papier blanc et découper.

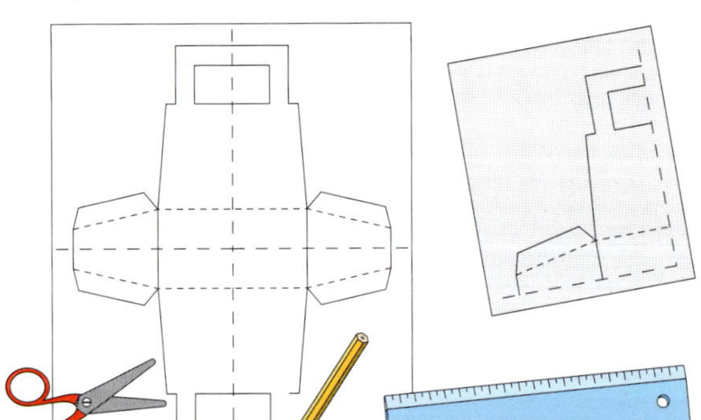

Matériel : 3 feuilles de papier fort blanc de 36 x 48 cm, papier fort noir et de couleur, colle, patrons p. 178.

(2) Marquer les plis et coller les languettes.

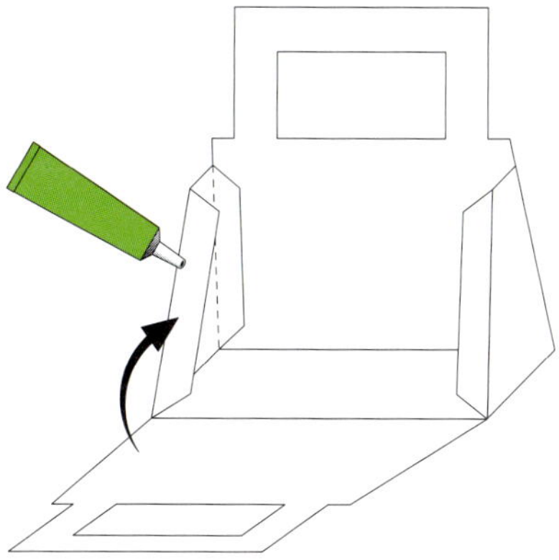

(3) Découper dans le papier noir des formes irrégulières et les coller sur les parois du sac.

La boule multicolore

(1) Reporter sur le papier blanc le fond du pot et 6 côtés identiques. Découper.

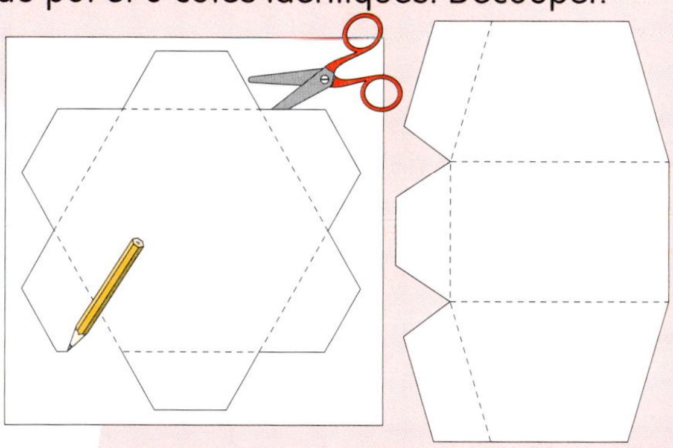

(2) Marquer les plis, coller les languettes du fond du pot sur chacun des 6 côtés.

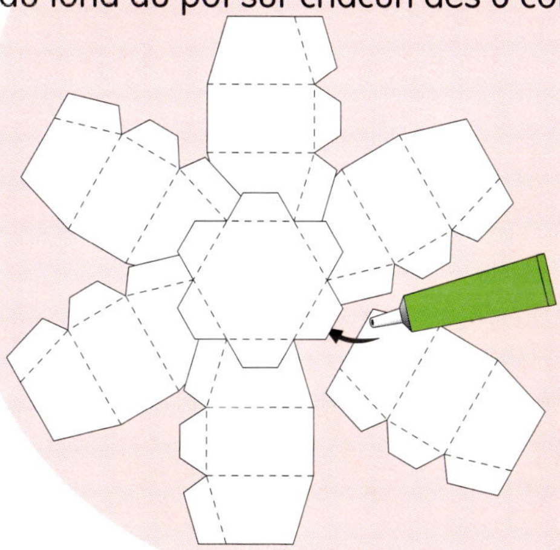

(3) Coller les languettes des côtés pour assembler le pot.

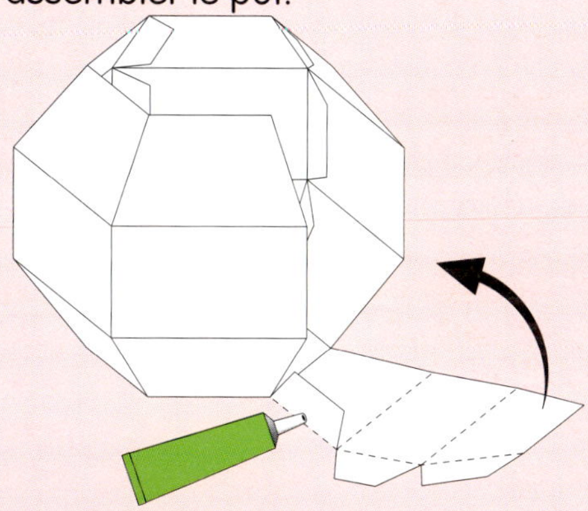

(4) Reporter les 18 facettes du pot sur les papiers de couleur, les découper et les coller.

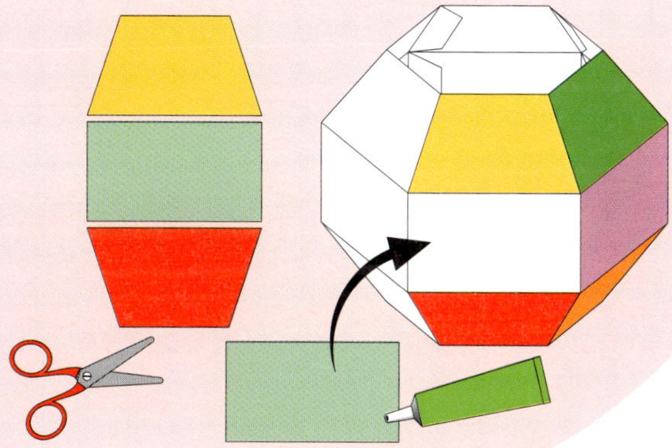

Cartes pop-up

Matériel : papier fin de couleur (format A4), colle en bâton, patrons p.179.

Monstre et vampire

1. Plier une feuille en quatre. La déplier et la plier à nouveau dans sa hauteur.

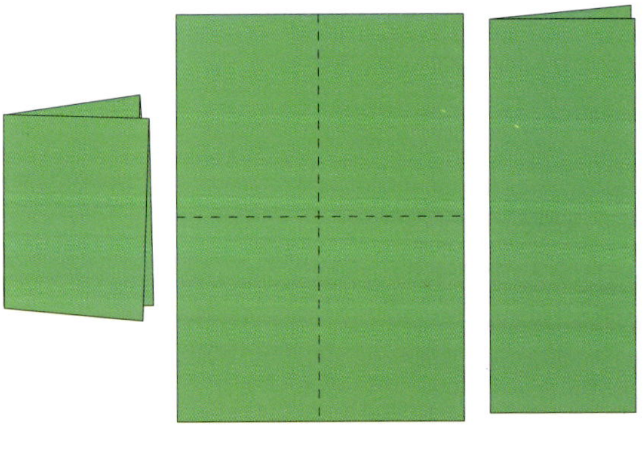

2. Reporter le patron du monstre contre la pliure en commençant à 1,5 cm du bas de la feuille. Découper en même temps les 2 côtés de la feuille sur les traits pleins et marquer les plis suivant les pointillés.

③ Déplier la feuille. Plier le visage vers l'avant, plier le nez vers l'arrière et rabattre la lèvre inférieure vers l'avant. Plier les yeux vers l'intérieur.

④ Rabattre le haut du papier. Coller un rectangle de papier blanc de 3 x 7 cm sous l'ouverture des yeux et un rectangle rouge de 3 x 11 cm sous l'ouverture de la bouche.

⑤ Pour les détails, tracer et découper des morceaux de papier de couleur et les coller : pupilles noires, lèvre inférieure et pustules roses, cheveux jaunes ou noirs, dents blanches.

Squelette

① Procéder de la même façon avec le patron du squelette. Évider la bouche et plier les dents comme les yeux.

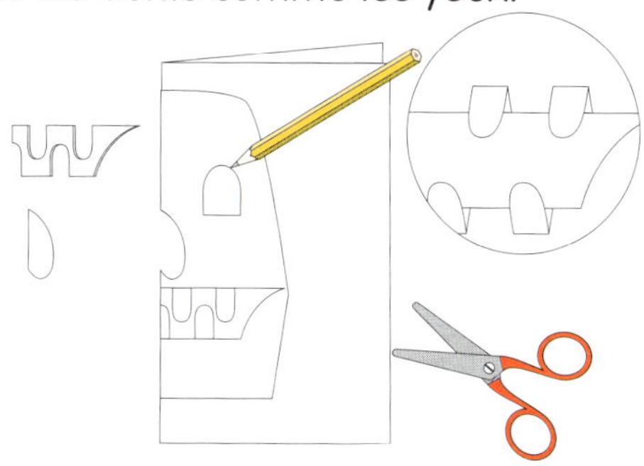

② Coller un rectangle noir de 11 x 8 cm sous les yeux et le nez et un rectangle rouge de 11 x 5 cm sous la bouche. Coller 2 demi-cercles bleus sur les yeux.

Sorcière

La sorcière se réalise comme le monstre mais sans les oreilles. Une fois le visage plié, découper le menton avec la pointe des ciseaux. Ajouter les détails. Pour le chapeau, reporter le patron sur du papier noir.

Étiquettes farfelues

Matériel : papiers adhésifs de couleur, étiquettes blanches, yeux mobiles, ciseaux cranteurs, compas, patrons p.179.

Personnages

① Reporter les patrons des personnages au dos des papiers adhésifs de couleur. Découper les éléments.

② On peut cranter le haut de la tête de certains personnages.

③ Coller une étiquette blanche au centre. Ajouter les yeux mobiles et les accessoires en prenant soin de retirer la pellicule de protection des papiers.

Têtes à lunettes

① Pour la tête, tracer un cercle de 6 cm de diamètre au dos du papier adhésif. Reporter le patron des lunettes, de la bouche et des cheveux. Découper les éléments.

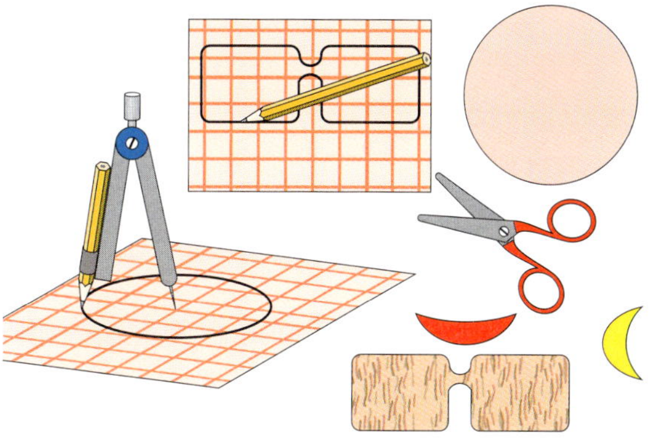

② Coller les lunettes, la bouche et les cheveux sur le visage.

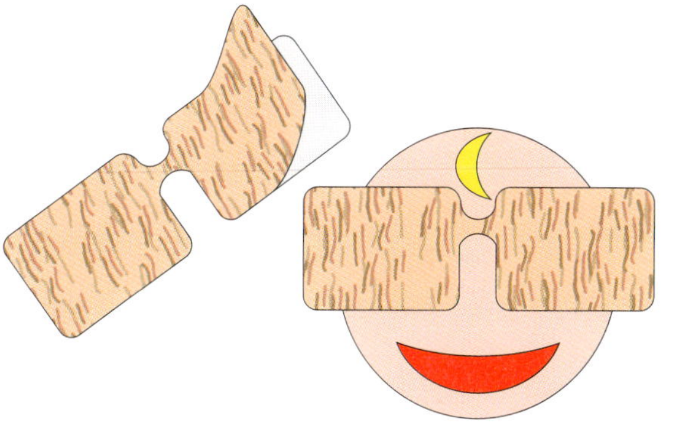

③ Sur une étiquette blanche, tracer 2 rectangles de 2 x 3 cm. Les découper et les coller au centre des lunettes.

Plumiers safari

① Décoller et déplier la boîte sans la déchirer. Enduire le dessus de colle en bombe. La recouvrir de papier fin. Découper le papier qui dépasse.

Matériel : boîtes en carton de spaghettis, papiers fins imprimés, carton fin, peinture et pinceaux, cordon, gommettes blanches, colle en bombe, velcro adhésif, vrille, patrons p. 176.

② Tracer et découper une fente sur 3 des côtés et sur le rabat et reconstituer la boîte en collant les languettes.

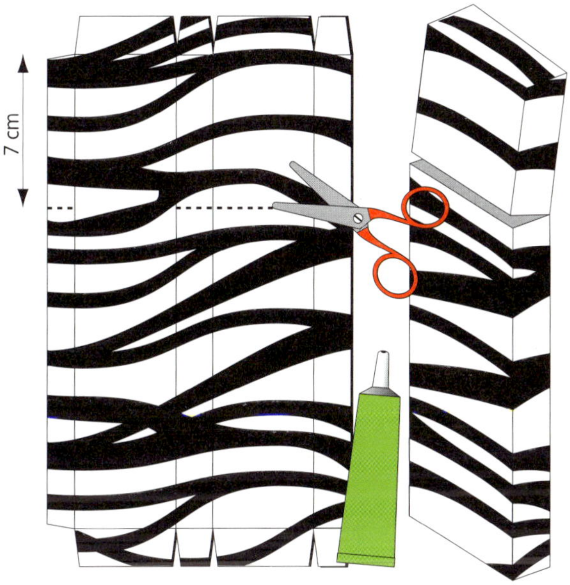

③ Reporter les patrons des éléments de la tête de l'animal sur le carton fin, les découper. Les peindre et laisser sécher.

④ Coller les éléments sur le couvercle du plumier, ajouter des gommettes pour les yeux.

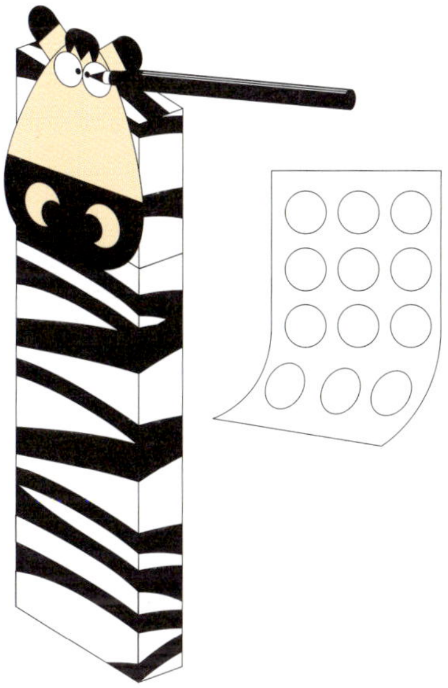

⑤ Demander à un adulte de percer le haut du couvercle avec une vrille. Passer un cordon de 20 cm, le nouer à l'intérieur du couvercle. Fixer le velcro adhésif sous l'ouverture et au dos du museau.

Cartons à dessin

Carton à dessin

(1) Demander à un adulte de découper 2 grands rectangles de 32 x 45 cm dans le carton fort. Découper 2 grands rectangles de papier à motifs de 35 x 50 cm.

(2) Encoller le dos du papier et une face du carton. Coller le papier sur le carton en le centrant. Couper les coins avant de replier les bords. Lisser avec le pinceau enduit de colle. Laisser bien sécher.

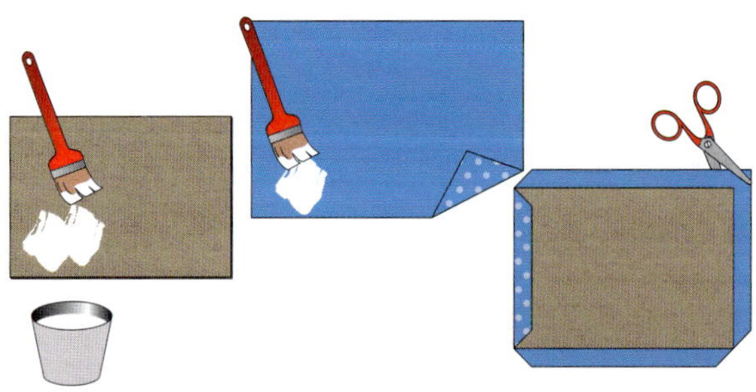

Matériel : carton fort, carton mousse, papier fin blanc et à motifs de 50 x 65 cm, colle à papier peint et pinceau épais, ruban en tissu, ruban adhésif toilé (4 cm de large), ruban adhésif double face, stickers autocollants, cutter.

③ Demander à un adulte de couper une fente de 2 cm au milieu de 3 côtés. Glisser un ruban de 30 cm dans chaque fente. Les fixer au dos du carton avec l'adhésif.

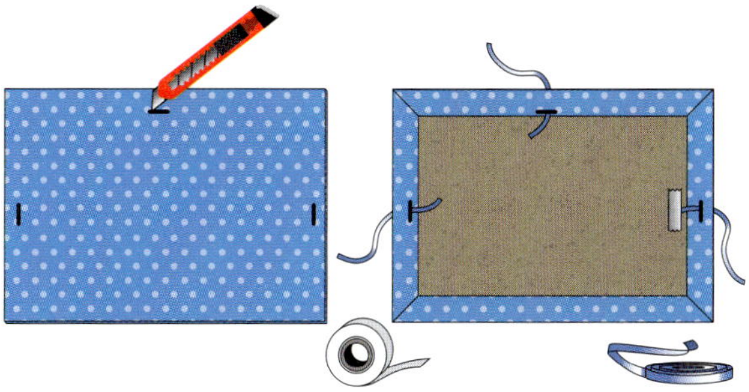

④ Découper 2 rectangles de papier blanc de 30 x 42 cm. Les coller au dos du carton. Laisser sécher. Préparer le 2e carton de la même façon.

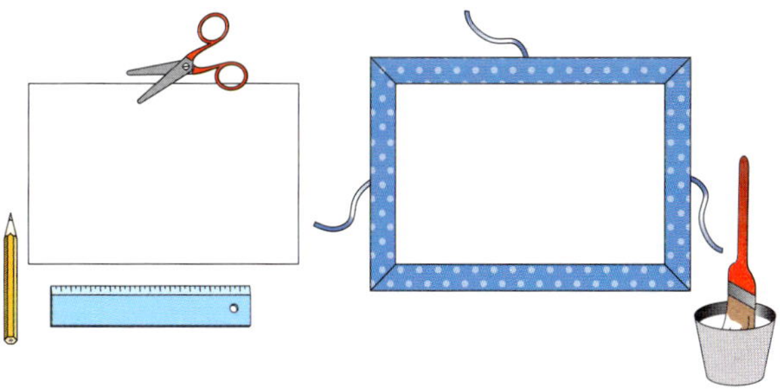

⑤ Avec le ruban adhésif toilé, réunir les 2 cartons et renforcer les angles.

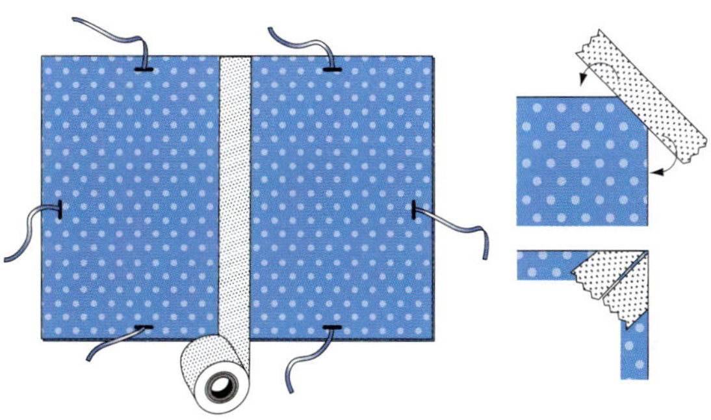

Porte-document

① Demander à un adulte de découper 2 rectangles de carton mousse de 25 x 32 cm. Les recouvrir de papier à motifs comme précédemment. Laisser sécher et couper ce qui dépasse.

② Réunir les 2 cartons avec du ruban adhésif toilé. Fixer du ruban avec de l'adhésif double face. Décorer la couverture avec des stickers autocollants.

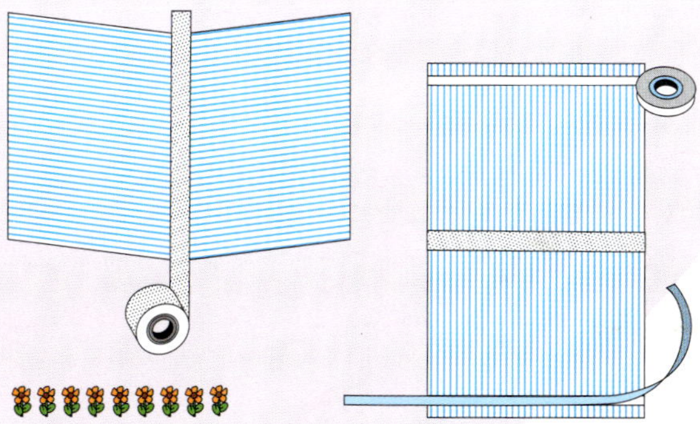

Trousses à rouler

① Au dos du carton, tracer un rectangle de 35 x 20 cm, en plaçant les ondulations dans le sens de la largeur. Demander à un adulte de le découper au cutter.

Matériel : carton ondulé de couleur en rouleau, papier fin, fil élastique de couleur, cutter, aiguille à laine.

② Découper une bande de papier fin de 5 cm de large. La poser au bord du carton, comme sur le schéma.

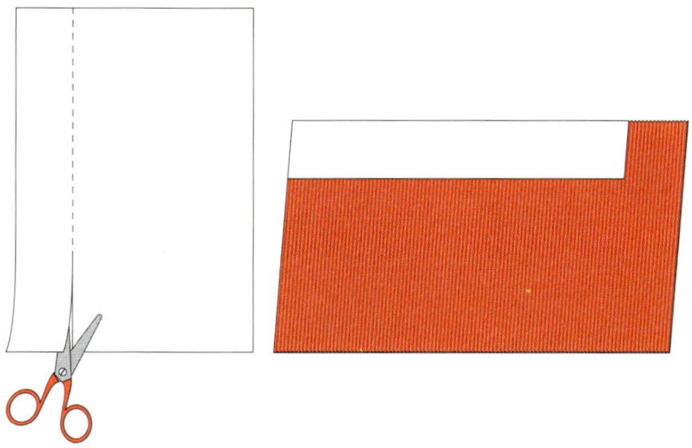

③ Avec l'aiguille, percer une série de 20 trous le long de la bande de papier. Compter 8 ondulations avant de percer le 1er trou, puis laisser 4 ondulations entre chaque trou. Percer toujours les trous dans les creux des ondulations.

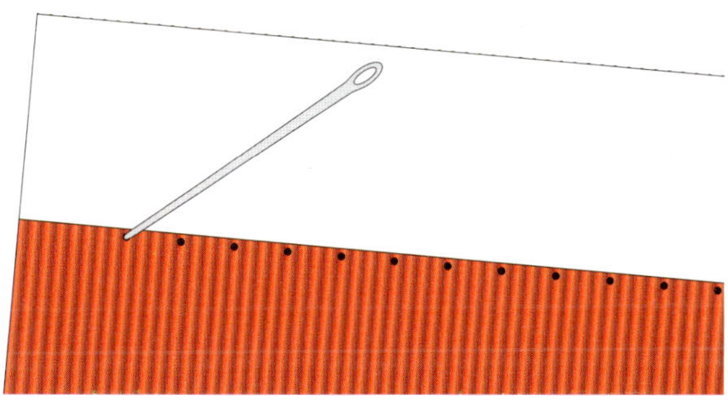

④ Répéter cette opération de l'autre côté, en perçant les trous dans les mêmes ondulations.

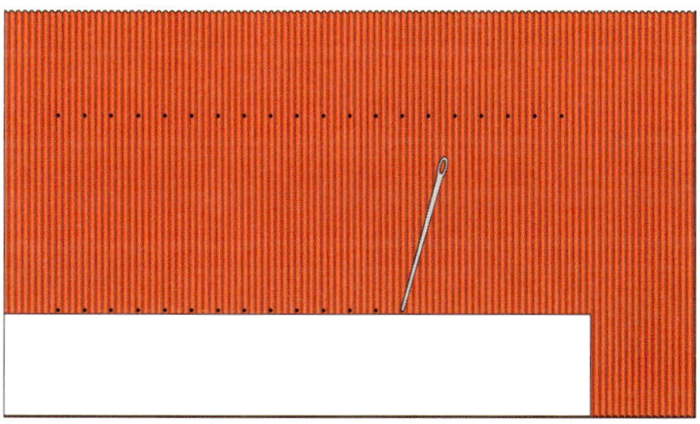

⑤ Couper 4 morceaux d'élastique de 40 cm, les nouer ensemble à une extrémité. Puis, à l'aide de l'aiguille, les passer dans les 20 trous alignés, en commençant au dos du carton. Répéter l'opération de l'autre côté.

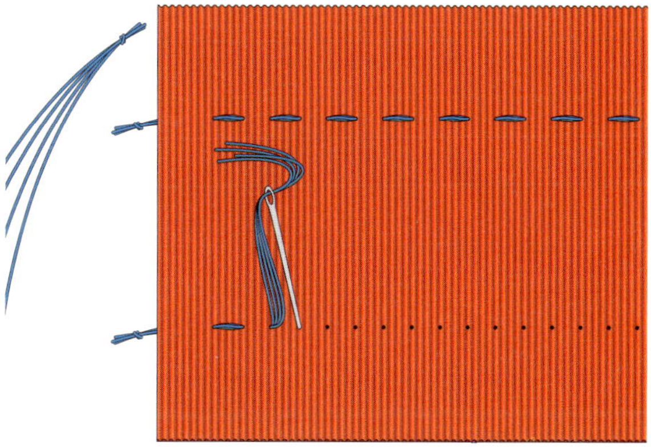

⑥ Découper 2 triangles de carton ondulé, les percer au centre. Passer une série d'élastiques dans chaque trou et finir par un nœud.

⑦ Enfiler les crayons sous les élastiques. Rouler la trousse, faire un tour avec l'élastique. Puis, passer le triangle sous l'élastique pour le maintenir.

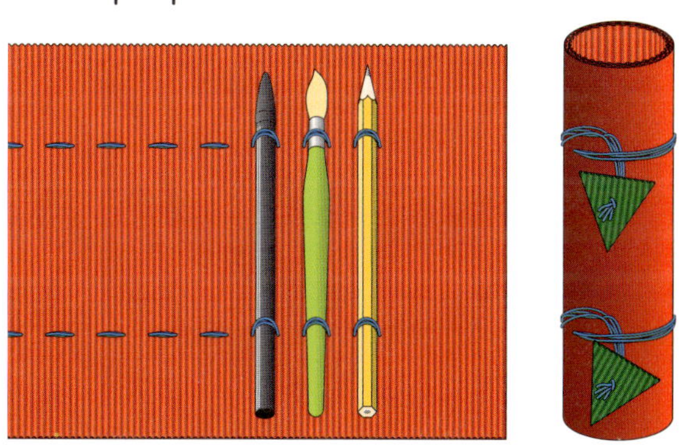

Champignons secrets

① Prendre 3 rouleaux de papier toilette. En garder un intact et demander à un adulte de couper les 2 autres à 7 cm et à 4,5 cm de hauteur.

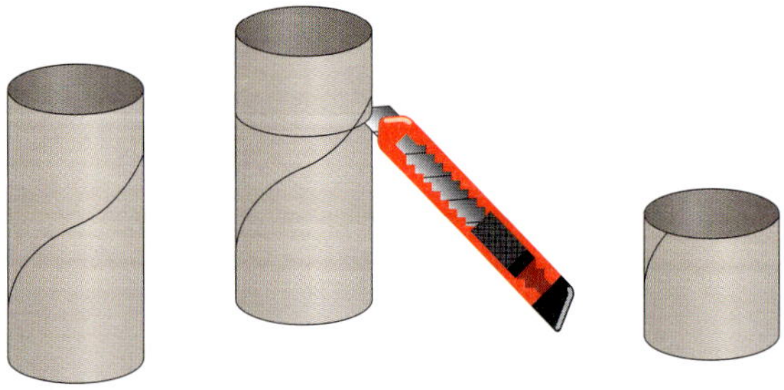

Matériel : rouleaux de papier toilette, carton ondulé en rouleau (blanc, vert), papier fort (rouge, vert), carton mousse, gommettes blanches, colle universelle, cutter, peinture verte et pinceau (facultatif), patron p.182.

② Au dos du carton ondulé, tracer 3 bandes de : 16 x 9,5 cm, 16 x 7 cm et 16 x 4,5 cm. Bien respecter le sens des cannelures. Les découper, les enrouler autour des rouleaux et les coller.

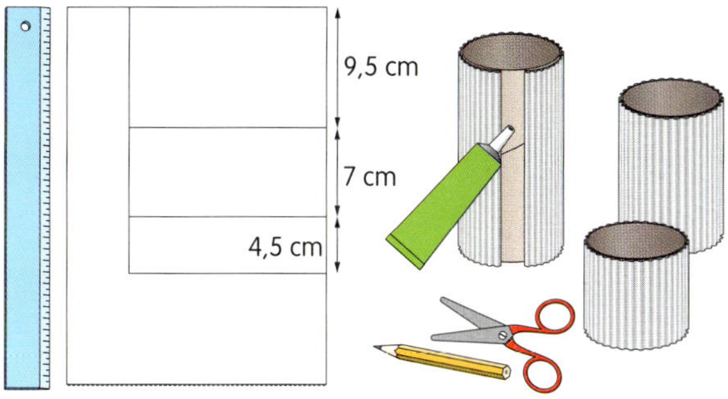

③ Découper 3 bandes de 3,5 cm de large. Pour la longueur, les ajuster autour de la première et marquer un repère. Les coller autour des rouleaux. Continuer en diminuant la hauteur des bandes de 5 mm et en augmentant la longueur à chaque fois.

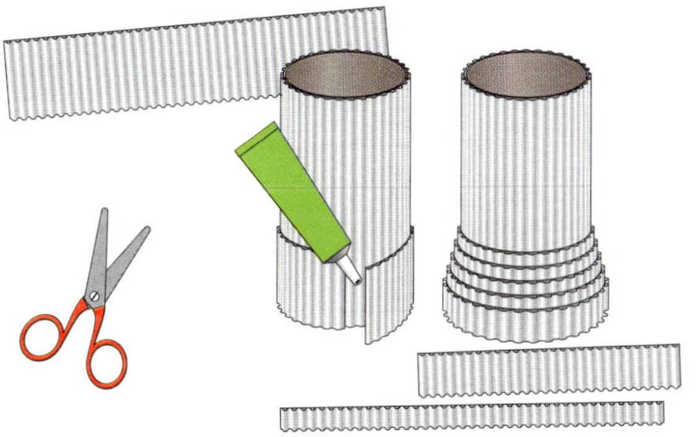

④ Reporter le patron du socle sur le papier vert. Le découper et le coller sur du carton mousse. Demander à un adulte de découper le carton en suivant les contours. Pour une jolie finition, on peut peindre les bords du carton en vert.

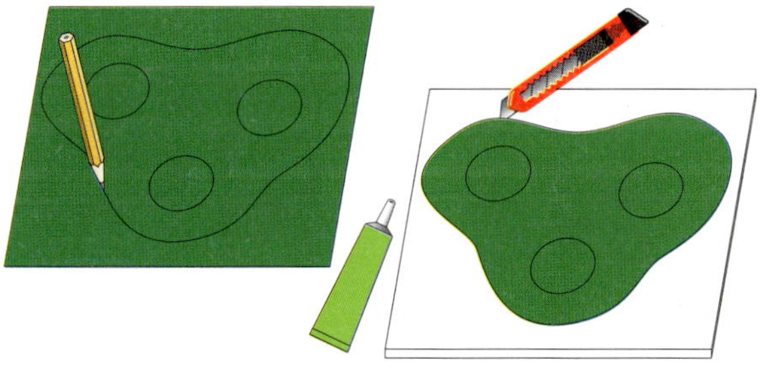

⑤ Coller les champignons aux emplacements indiqués. Découper des bandes de carton ondulé vert de 3 cm de largeur. Les recouper en forme d'herbes et les coller autour des pieds.

⑥ Sur le papier rouge, tracer 3 cercles de rayons : 7 cm, 6,5 cm et 6 cm. Les découper et couper une entaille du bord au centre. Former les chapeaux et coller. Ajouter des gommettes blanches.

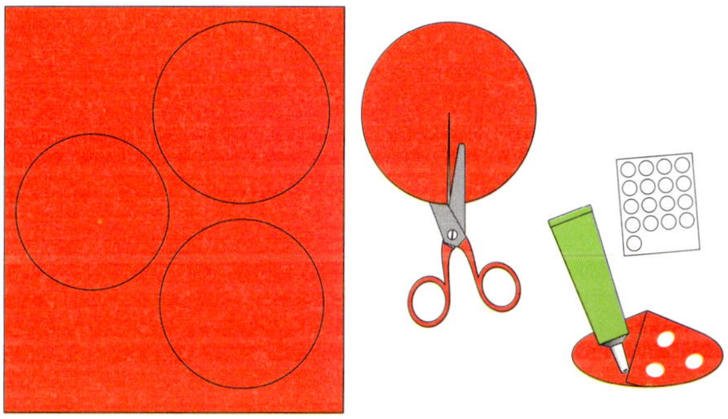

⑦ Découper 3 bandes blanches de 3 cm de largeur. Ajuster la longueur autour du rouleau. Y découper des languettes de 1 cm tous les 2 cm. Fermer la bande en la collant. Encoller les languettes et coller le tout, bien centré, sous le chapeau.

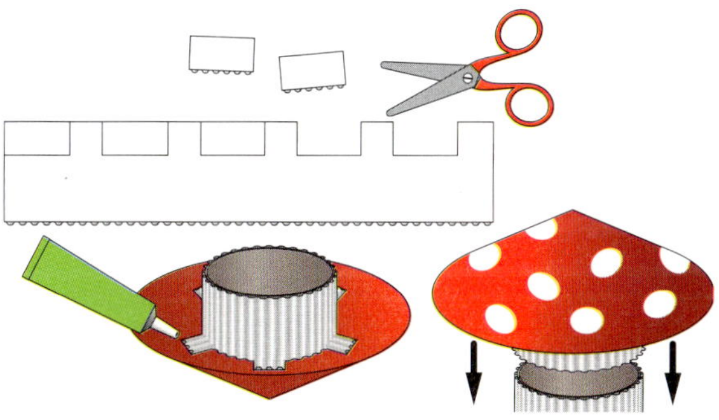

Étagère de bureau

Matériel : carton mousse, carton fort, papier fort blanc, serviettes en papier imprimé, colle à papier peint, peinture et pinceaux, ruban adhésif double face, cutter.

Les tiroirs

(1) Tracer 3 rectangles de 20 x 25 cm sur le papier fort et y marquer des repères comme sur le schéma. Découper.

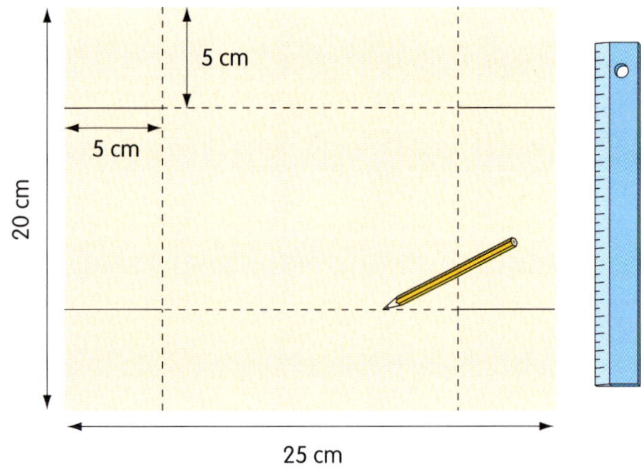

(2) Encoller le papier, dédoubler une serviette et l'appliquer. Lisser délicatement avec le pinceau enduit de colle. Laisser bien sécher et découper le surplus.

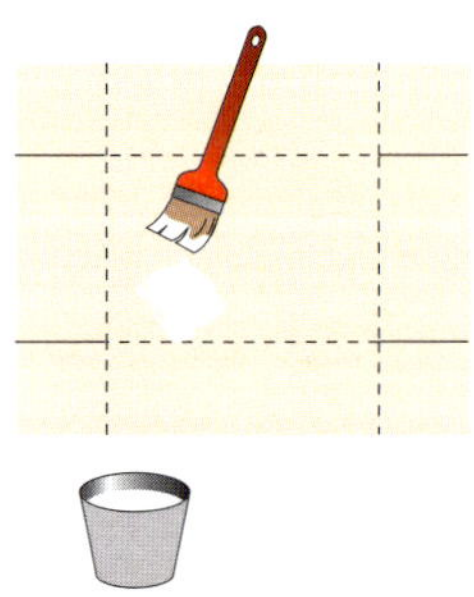

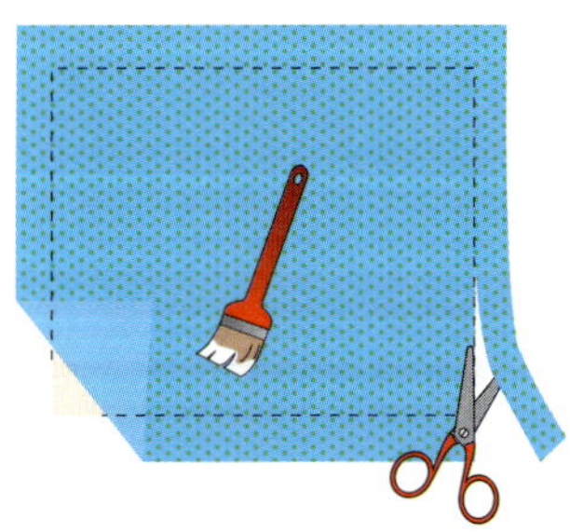

③ Découper au niveau des traits pleins et plier en suivant les pointillés. Fixer les rabats à l'intérieur du tiroir avec de l'adhésif double face.

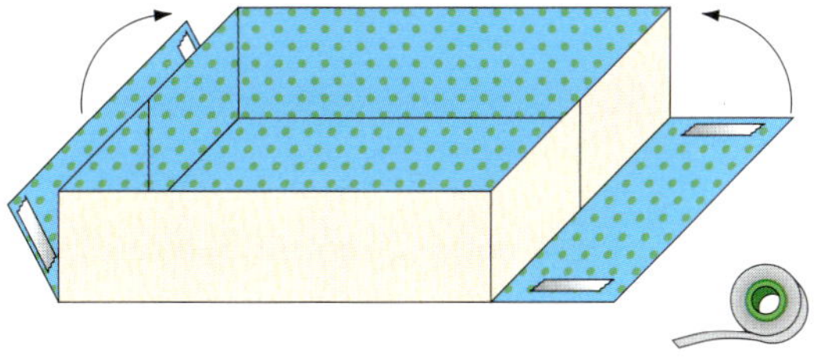

④ Dans les serviettes, découper 2 bandes de 10 cm de large. Encoller l'extérieur du tiroir et fixer les bandes. Replier ce qui dépasse sous le tiroir.

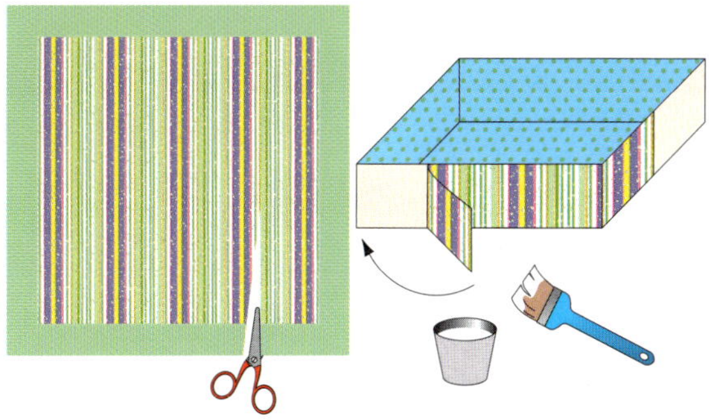

L'étagère

① Dans du carton, tracer et découper 3 rectangles de 25 x 10 cm. Les peindre sur les 2 faces avec des couleurs assorties. Marquer 2 plis à 5 cm des bords.

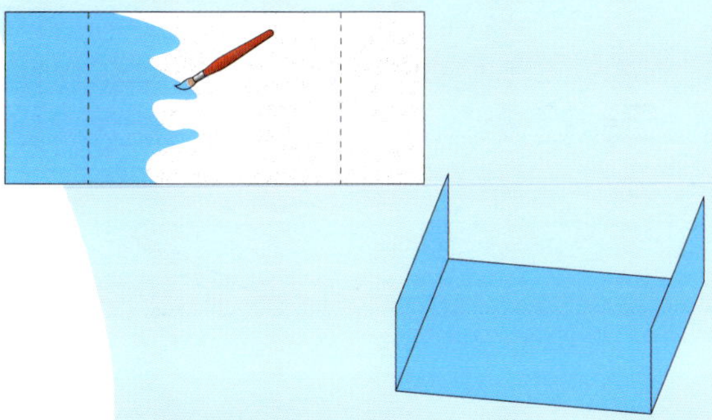

② Demander à un adulte de découper 2 rectangles de 50 x 10 cm dans du carton mousse. Les peindre sans oublier les bords.

③ Fixer les montants des tiroirs sur le carton avec de l'adhésif double face, en commençant par le bas. Poser ensuite les tiroirs sur les montants.

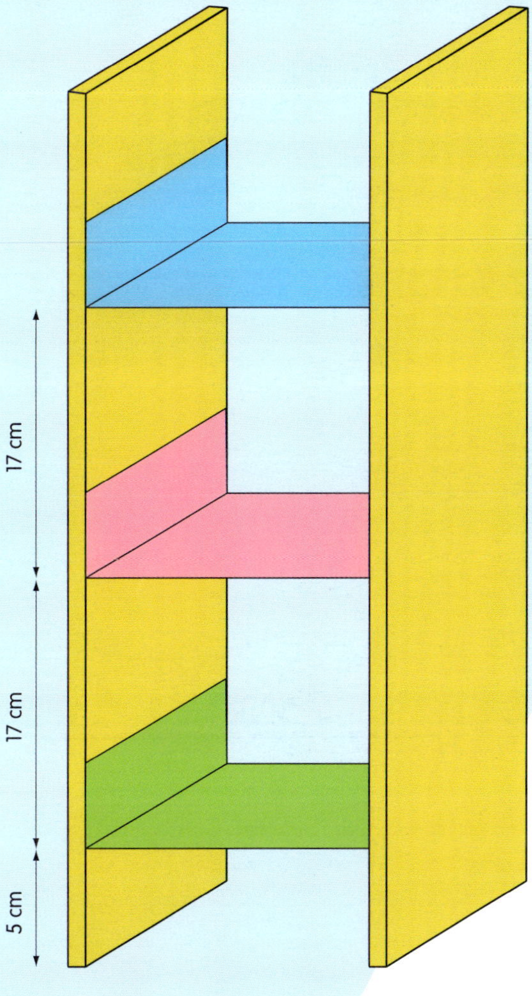

Blocs-notes de la ferme

Matériel : carton ondulé de couleur, cahiers petit format à spirale, gommettes noires, papier beige, colle, patrons p. 177.

① Reporter le patron de la tête de l'animal sur la couverture du cahier. La découper, puis découper toutes les feuilles du cahier en suivant le même tracé, sauf la couverture du dessous.

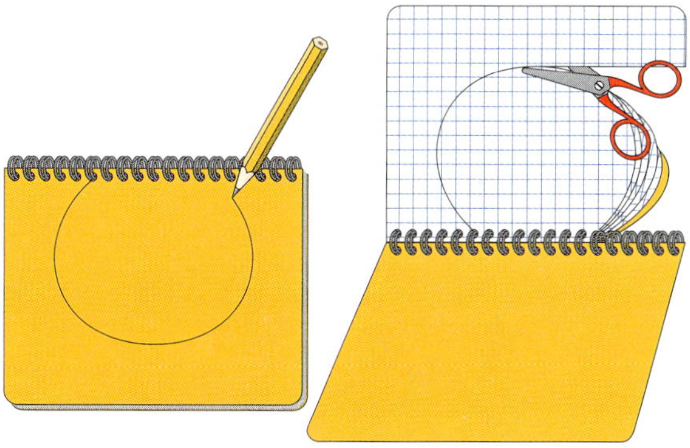

② Reporter le corps de l'animal sur la couverture du dessous, et la découper. Coller du carton ondulé dessus, puis le découper en suivant la forme du corps.

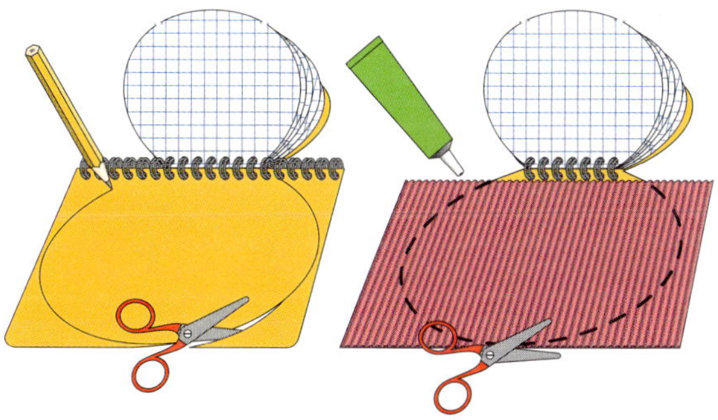

③ Coller du carton ondulé sur la couverture du dessus, et le découper suivant la forme de la tête.

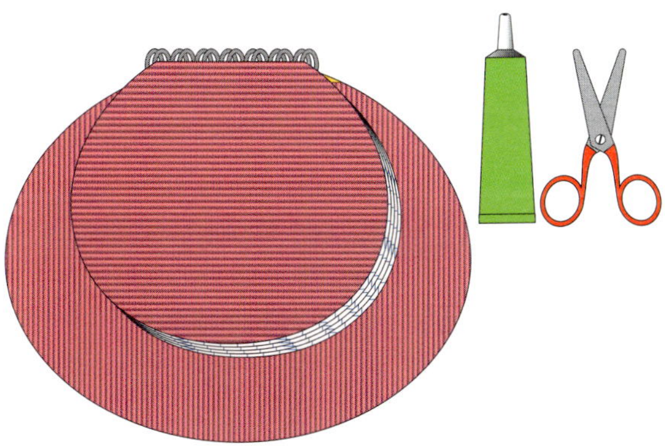

④ Demander à un adulte de réaliser 2 fentes dans le corps de l'animal. Insérer une bande de carton ondulé, la coller au dos. Laisser assez d'espace pour y glisser un crayon.

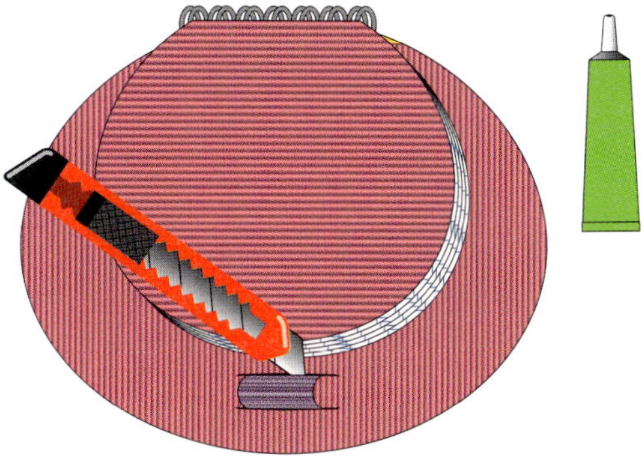

⑤ Reporter et découper dans du carton ondulé les autres parties de l'animal. Pour les yeux, coller 2 gommettes noires sur des ronds de papier beige.

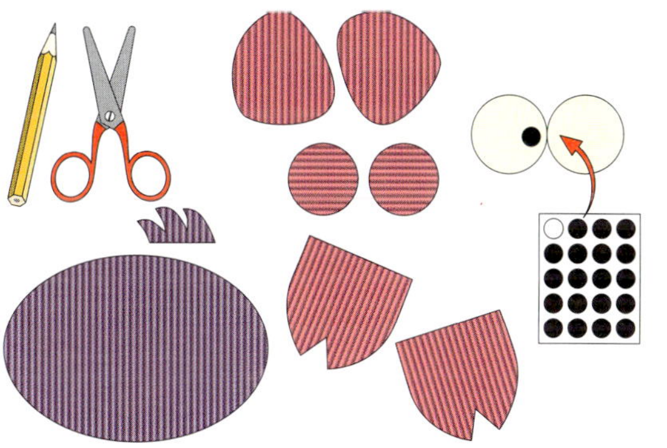

⑥ Coller les éléments sur l'animal. Les autres animaux se réalisent suivant le même procédé.

Éventail porte-lettres

(1) Tracer et découper 6 carrés de couleur de 21 x 21 cm.

Matériel : papiers forts de couleur, pique en bois, 4 grosses perles en bois, colle à bois, perforatrice.

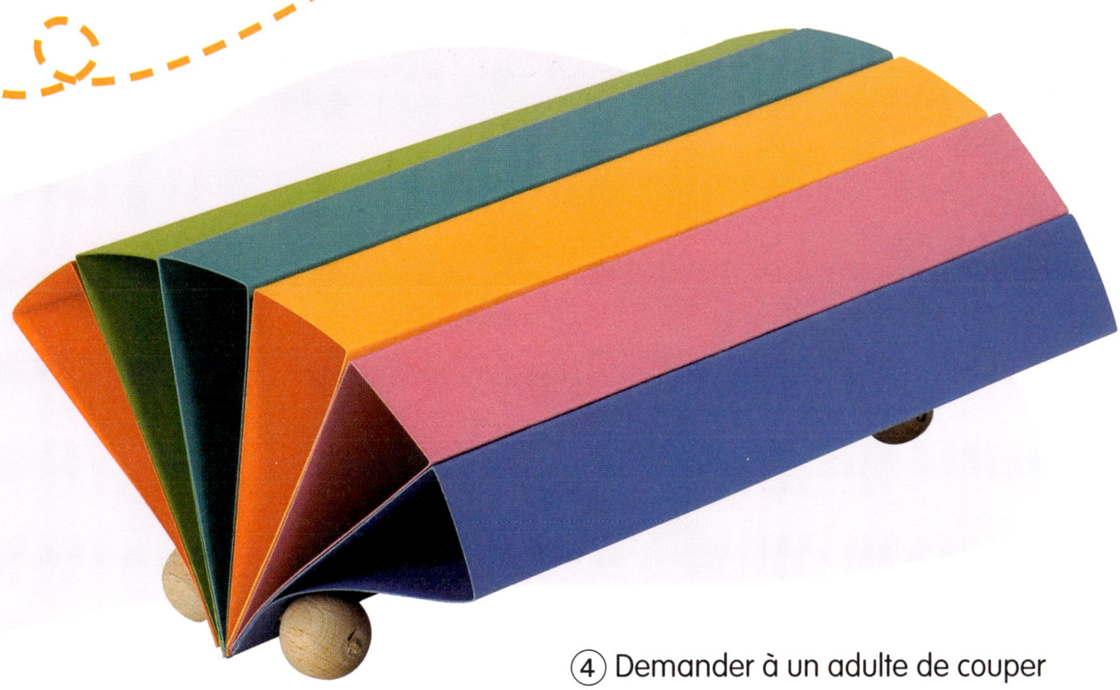

(4) Demander à un adulte de couper la pique en deux. Passer chaque morceau dans les trous. Enfiler une perle aux extrémités et serrer pour maintenir l'éventail.

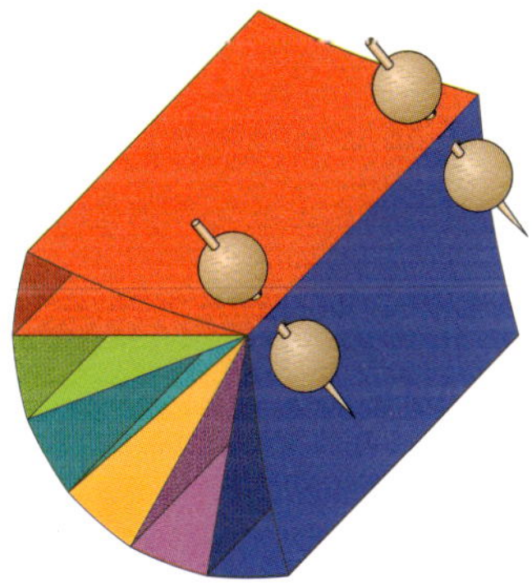

(2) Tracer une ligne de chaque côté de la ligne centrale, à 9 cm de chaque bord. Plier les 6 feuilles suivant ces lignes.

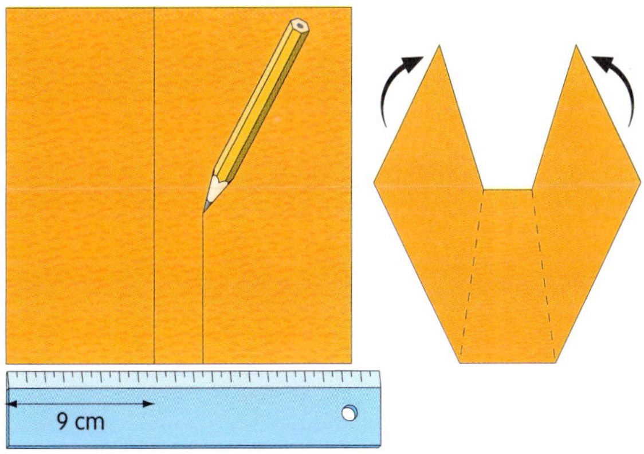

(3) Maintenir les 6 feuilles en éventail et perforer les 2 angles.

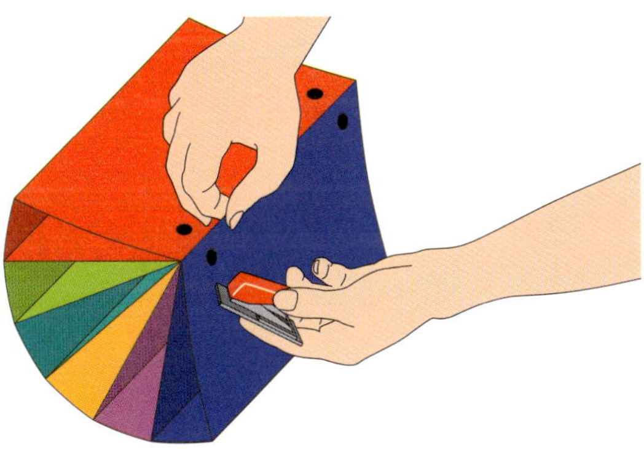

(5) Retirer les perles, les encoller et les enfiler à nouveau. Laisser sécher et demander à un adulte de couper ce qui dépasse.

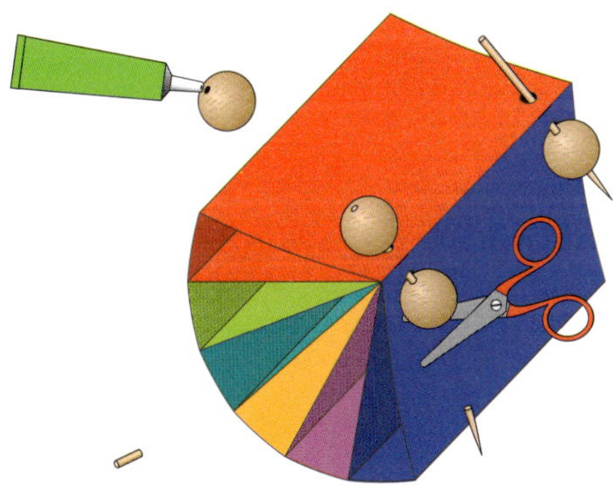

Crayons fleuris

Matériel : papiers de couleur, crayons, colle universelle, patrons p. 73.

Fleur bleue

(1) Découper 2 bandes de papier rose de 15 x 2,5 cm et 5 x 2,5 cm, une bande turquoise de 21 x 3,5 cm et 2 bandes vert anis de 15 x 3 cm. Les franger en laissant 1 cm en bas.

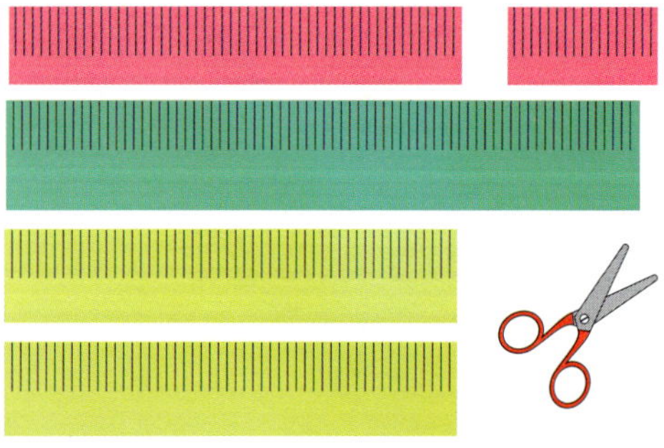

(2) Coller la grande bande rose sur la verte. Les enrouler au bout du crayon en les collant au fur et à mesure.

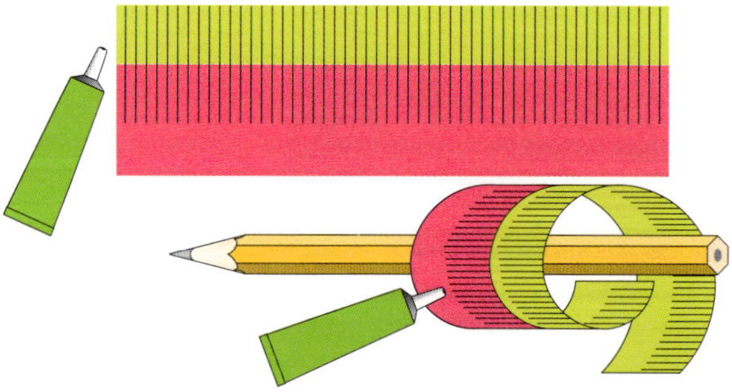

③ De la même façon, enrouler et coller la bande turquoise puis la 2e bande verte et la petite bande rose sur les premières.

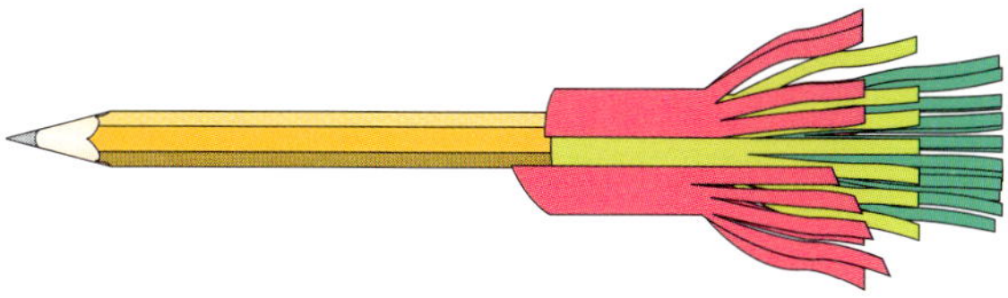

④ Reporter 3 fois le patron du pétale sur du papier turquoise, découper. Plier suivant les pointillés et coller leur base autour du crayon.

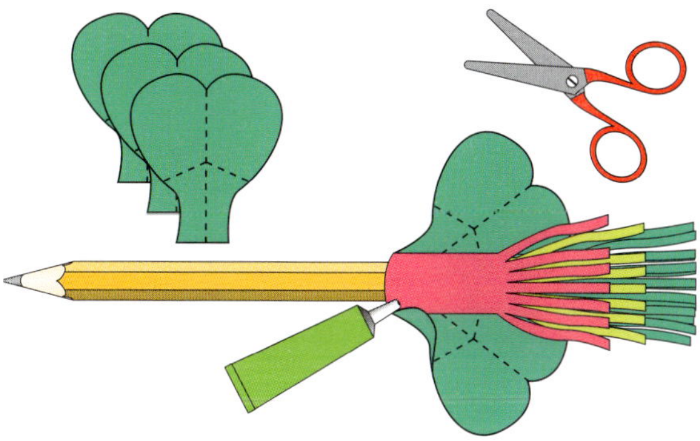

Fleur orange

Coller dans l'ordre : une bande frangée vert anis de 15 x 3 cm, 9 pétales orange, une grande feuille verte, puis une bande verte de 5 x 1,5 cm.

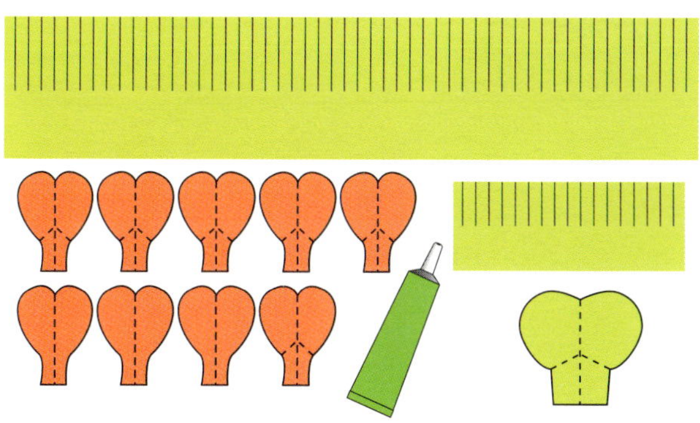

Fleur verte

Coller dans l'ordre : une bande frangée rose de 30 x 3 cm, 4 pétales verts, puis une bande rose frangée de 15 x 3 cm.

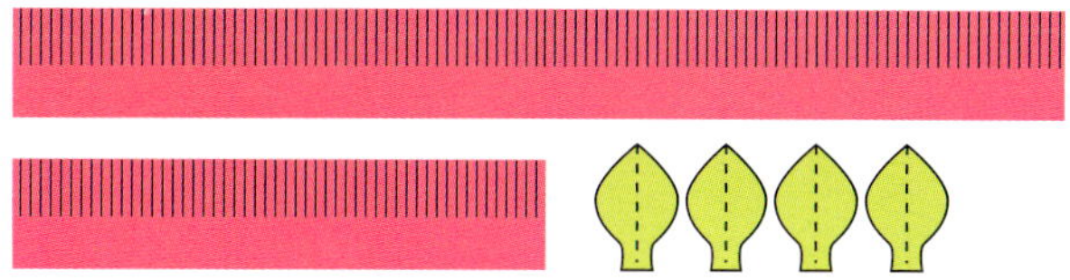

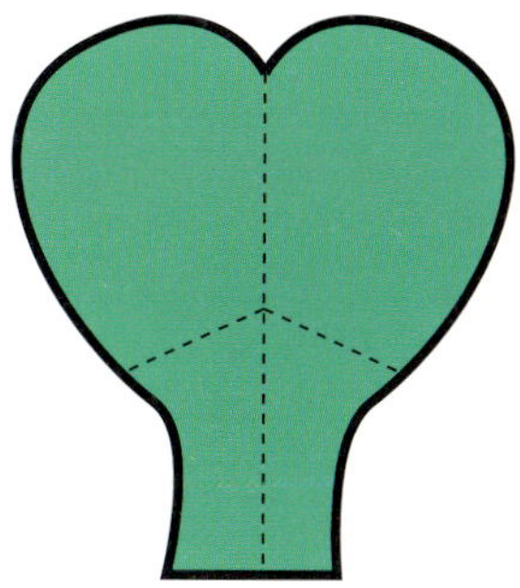

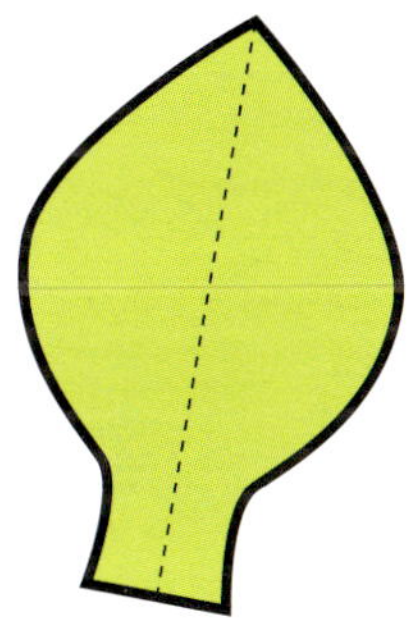

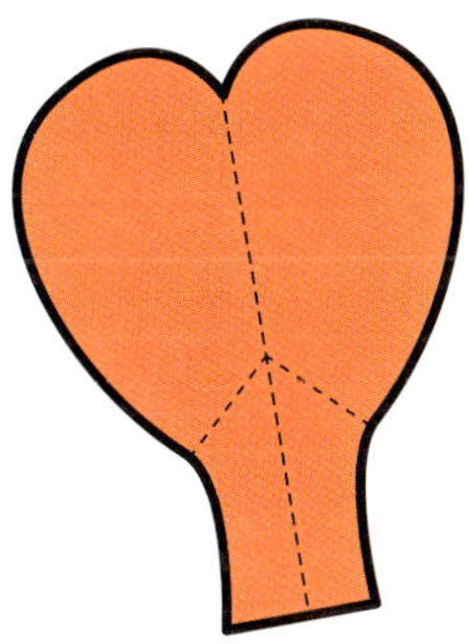

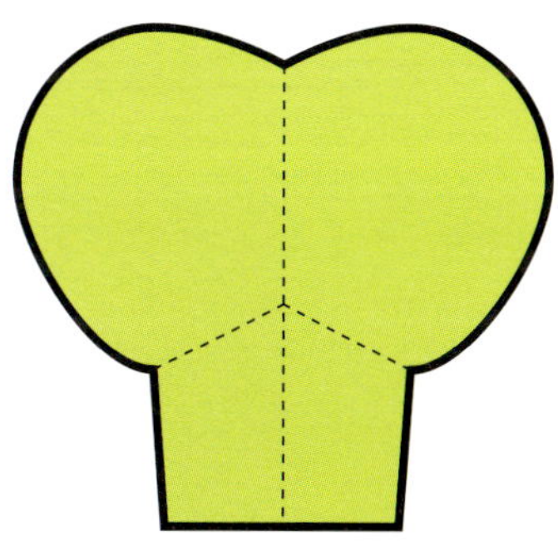

Boîtes en origami

Matériel : papier carré double face pour origami.

① Plier en suivant les pointillés pour marquer les plis, puis déplier.

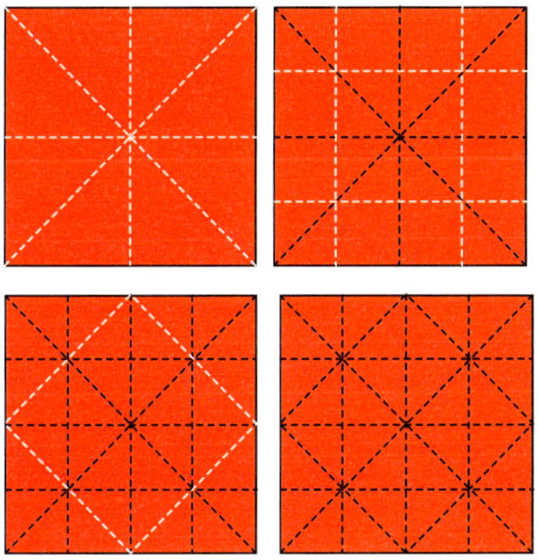

② Rabattre les 2 bords en pinçant la pointe de papier et en l'aplatissant. Cela forme un carré dans le coin. Répéter l'opération dans les 3 autres coins.

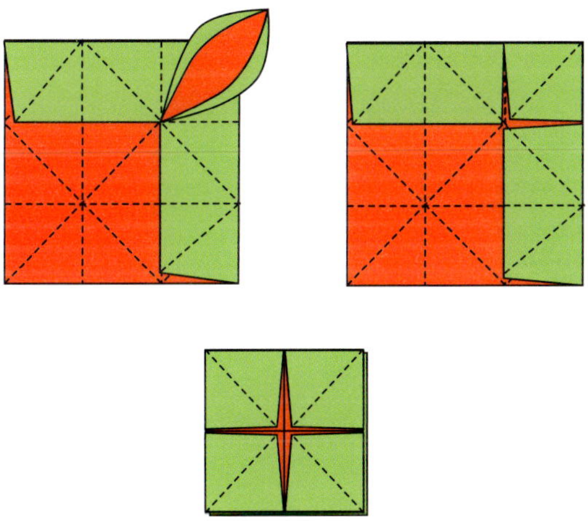

③ Plier les côtés du carré vers la ligne centrale en suivant les pointillés. Puis déplier. Marquer ces plis sur les 3 autres carrés.

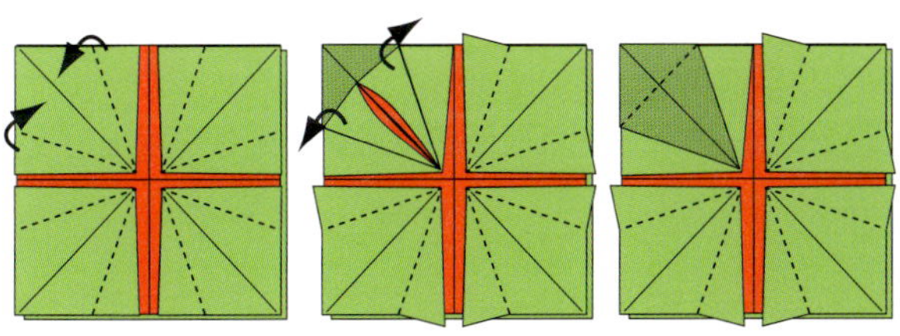

④ Ouvrir la pointe du carré et l'aplatir en pliant suivant les pointillés, un grand losange se forme. Reproduire l'opération sur les 3 autres carrés.

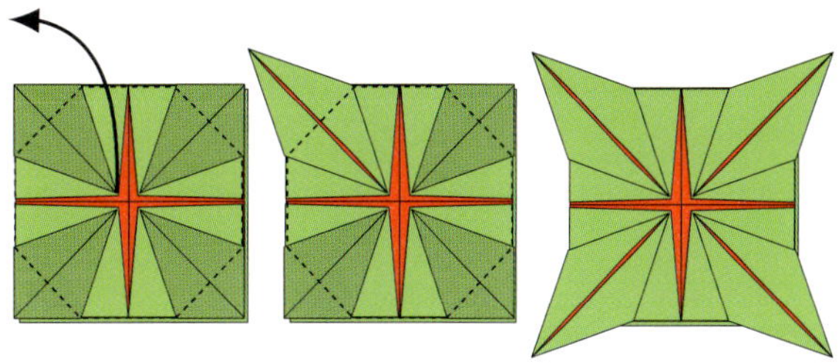

⑤ Plier suivant les pointillés pour ouvrir les pointes du centre vers l'extérieur.

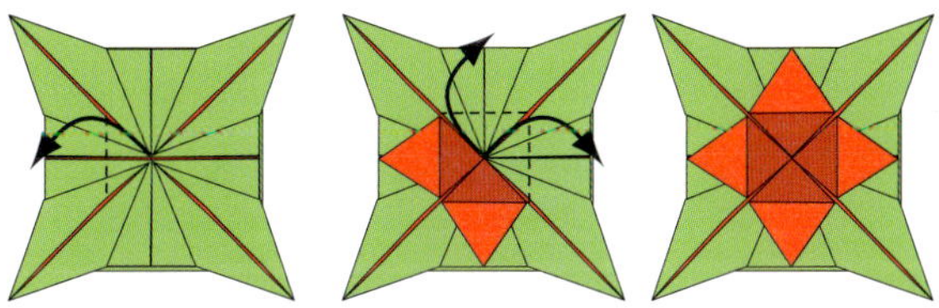

⑥ Pincer le papier sous les grandes pointes pour donner du volume à la boîte. Les plis marqués à l'étape 1 se reforment.

Range-CD

Matériel : filtres à café, papiers forts de couleur, fil de coton de couleur, grosse aiguille à laine, attaches parisiennes, compas, cutter, pinces à linge, patrons p. 174.

(1) Reporter 2 fois le contour d'un filtre à café sur du papier fort. Découper.

(2) Placer des filtres entre les 2 couvertures. Les maintenir avec des pinces à linge. Placer une règle à 1 cm du bord et demander à un adulte de percer des trous réguliers à l'aide de l'aiguille.

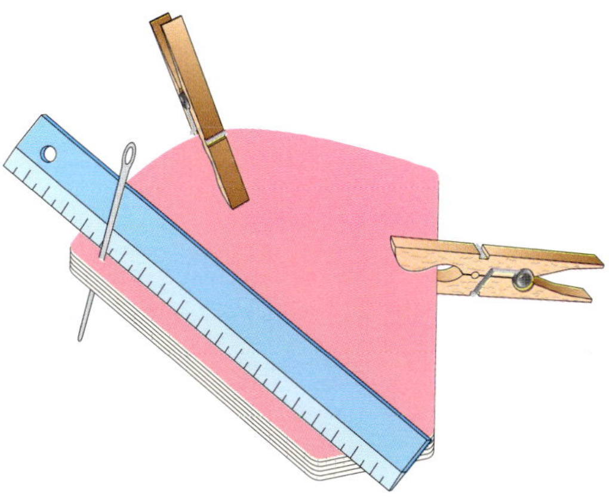

(3) Coudre la reliure en suivant les schémas. Pour finir, tirer et nouer les fils, puis enlever les pinces à linge.

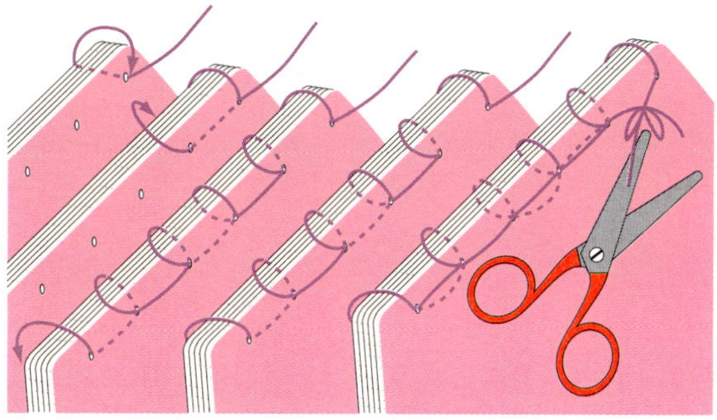

(4) Reporter le patron d'un motif sur du papier de couleur, puis tracer un disque un peu plus grand d'une autre couleur. Les découper et les coller sur le carnet. Ranger ses CD dans les filtres.

Marque-pages

Matériel : papier fort blanc et beige, magazines, papier journal, colle universelle, feutre noir fin, cutter, patron p. 182.

À livre ouvert

① Reporter le patron du marque-page sur du papier beige. Le découper et dessiner au feutre la forme d'un livre ouvert.

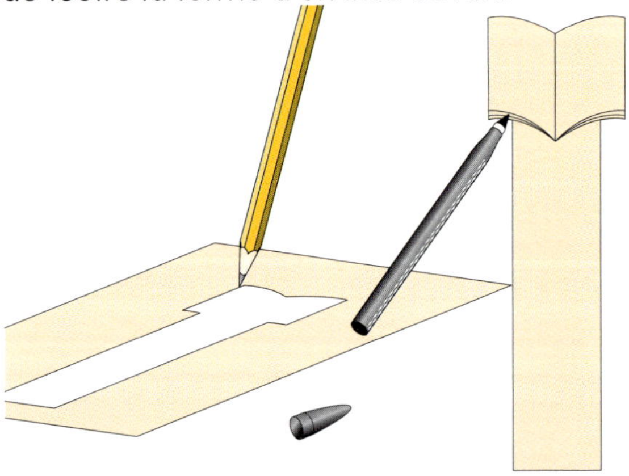

② Découper des lettres de couleurs et de formes différentes dans un magazine. Les coller en une jolie composition.

Elle

① Tracer et découper un rectangle de papier journal de 19 x 4 cm. Le coller sur un rectangle de papier blanc de mêmes dimensions.

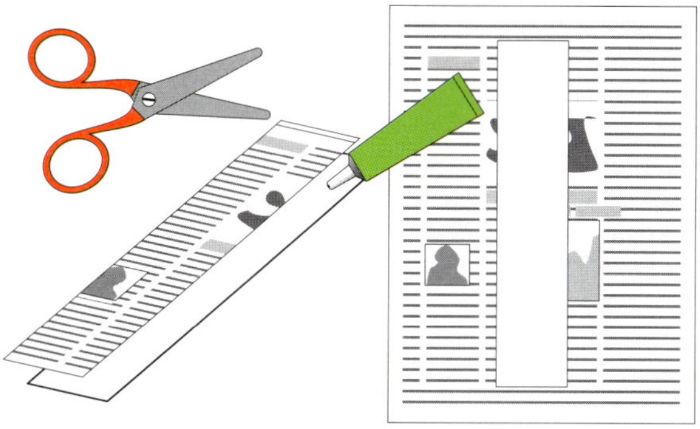

② Dans un magazine, découper une grosse fleur d'environ 4 cm de diamètre et les lettres d'un prénom.

③ Coller les éléments. Découper le haut du marque-page en suivant la forme de la fleur.

Lui

① Dessiner ou agrandir à la photocopieuse les lettres d'un prénom. Chaque lettre doit mesurer environ 4 cm de large. Les découper et les coller sur du papier fort en les faisant se toucher.

② Découper les contours. Demander à un adulte d'évider le centre au cutter.

③ Découper des textes en couleur dans un magazine et en coller sur chaque lettre. Recouper les contours.

Marque-pages en dentelle

Matériel : papiers forts de couleur, grosse aiguille à bout rond, tissu, gomme, patrons p. 182.

① Reporter le patron d'un marque-page sur le papier et le découper.

② Poser le marque-page sur un tissu plié en quatre.

③ Avec la grosse aiguille, percer des trous espacés de 2 à 3 mm tout le long du tracé du motif.

④ Gommer très délicatement pour effacer les traits de crayon.

Étoiles décoratives

Matériel : papiers matière fins de couleurs assorties, petites attaches parisiennes de couleur, fils à canevas, colle universelle, compas.

Étoiles en origami

(1) Tracer sur le papier matière un triangle de 10 cm de côté. Découper. Tracer un repère au milieu de chaque côté.

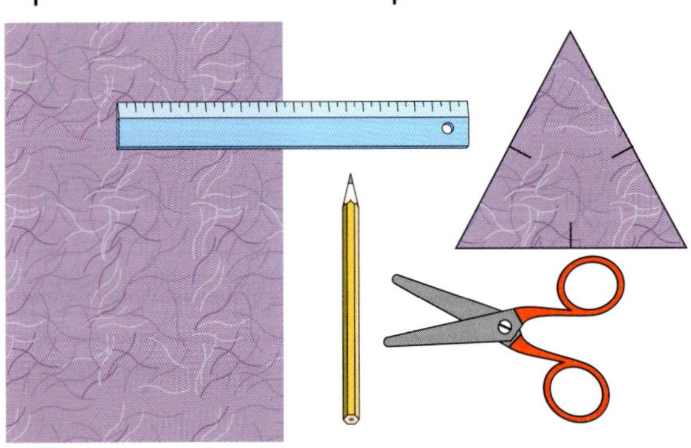

(2) Marquer 3 plis reliant chacun une pointe à un repère.

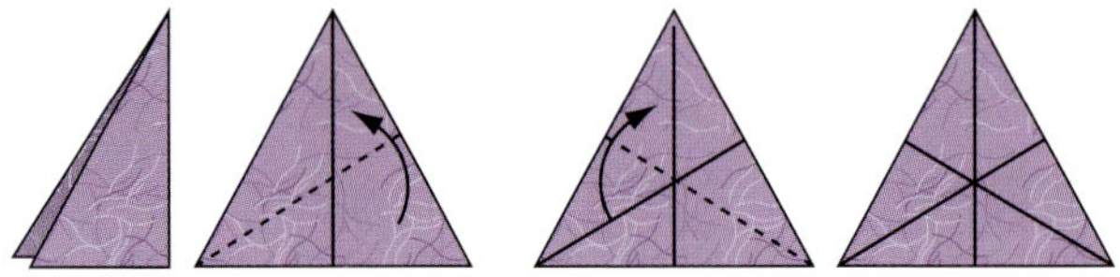

(3) Replier les 3 pointes au centre du triangle, là où les plis se croisent. Déplier.

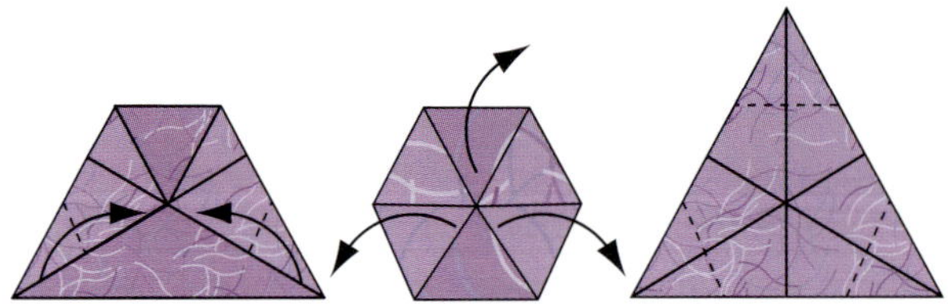

④ Rabattre le sommet du triangle sur le repère opposé, puis replier la pointe suivant le pli marqué à l'étape 3.

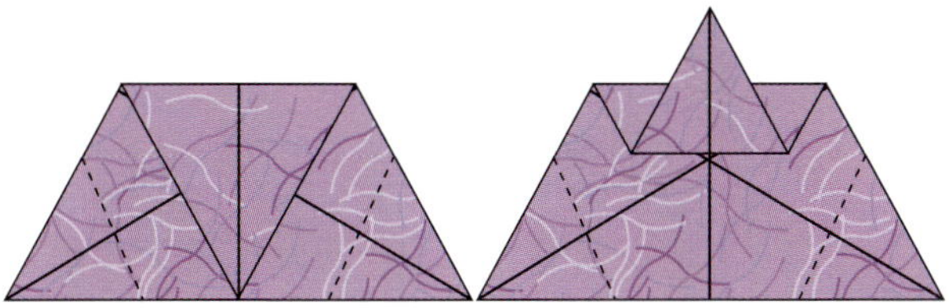

⑤ Répéter cette opération avec les 2 autres pointes. Disposer les « ailes » de l'étoile en quinconce. Percer le centre avec un crayon pointu. Glisser une attache parisienne.

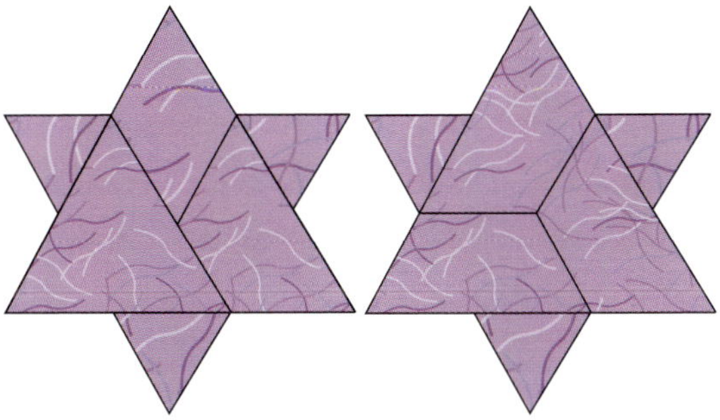

Étoile filante

① Tracer 4 cercles de 2 cm de diamètre, sur des papiers matière de différentes couleurs. Les découper et les plier en 2.

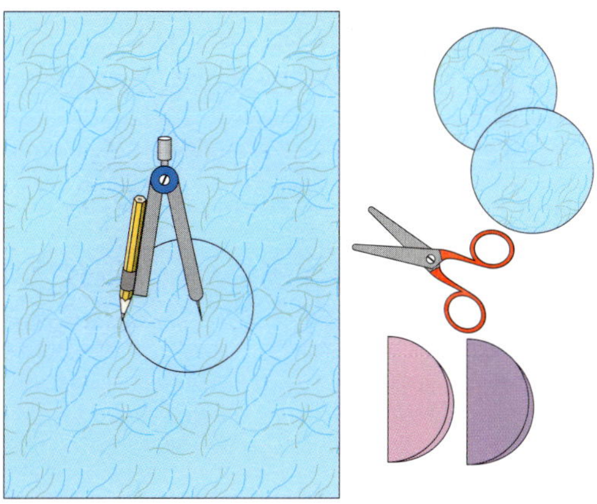

② Couper un fil de 12 cm. Coller les demi-cercles les uns aux autres et l'extrémité du fil au centre. Répéter les étapes 1 et 2 pour obtenir plusieurs brins décorés.

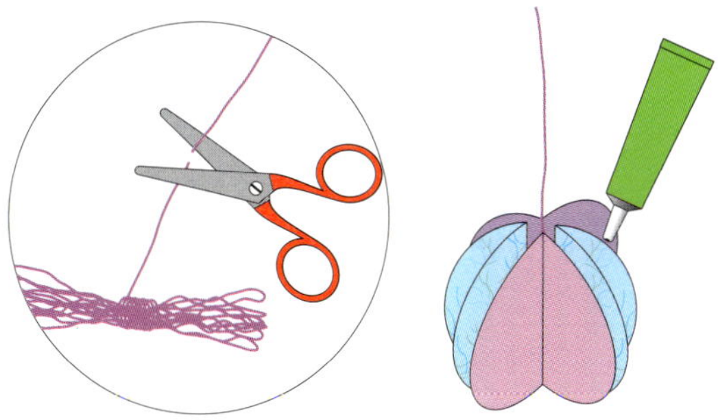

③ Nouer l'extrémité des brins. Couper à ras. Coller le nœud derrière l'étoile.

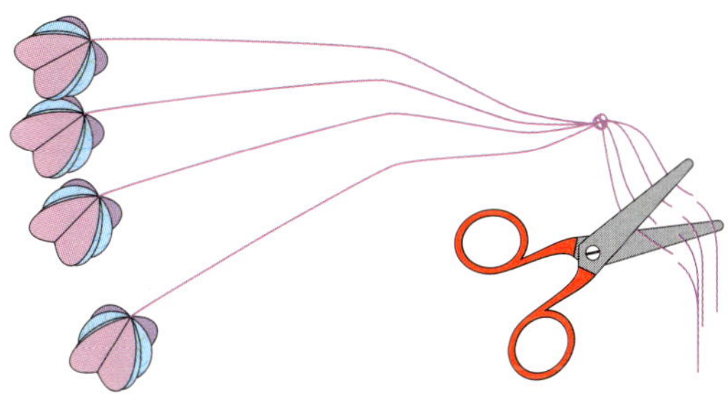

④ Pour fixer une étoile sur un support en papier, percer les épaisseurs avec un crayon et glisser une attache parisienne.

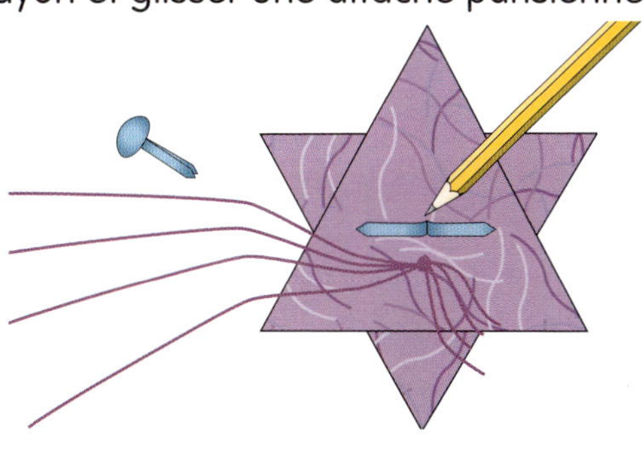

Cartes animées

Matériel : papiers forts de couleur, colle universelle, feutre noir, compas, patrons p. 183.

Les manchots

① Dans des papiers blanc et bleus, tracer et découper 3 rectangles. Coller suivant le schéma. Reporter les patrons 5 et 6 sur du papier blanc et 5 bis et 6 bis sur du papier gris. Découper et coller suivant le schéma.

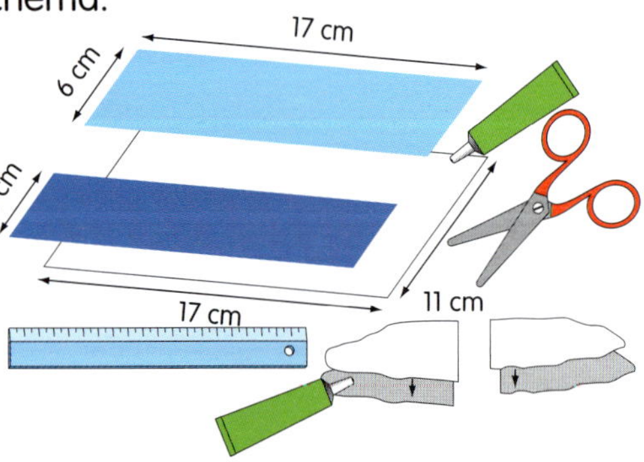

② Reporter les patrons 1 à 4 sur du papier blanc. Découper. Plier et coller ces banquises comme sur le schéma.

③ Reporter les patrons des manchots sur des papiers de couleur. Découper. Assembler en veillant à inverser l'un des modèles. Pour les yeux, ajouter 2 triangles blancs et un point au feutre. Coller les manchots sur les banquises 5 et 6.

(4) Tracer et découper 2 bandes de 8 x 1,5 cm. Plier le long des pointillés suivant le schéma. Coller les bandes sur la carte, et coller les banquises 5 et 6 sur les bandes.

(3) Découper 3 rectangles bleu, rose et jaune aux dimensions indiquées. Recouper le bord du rose et du jaune. Coller les rectangles sur le rectangle blanc. Découper suivant l'arc de cercle.

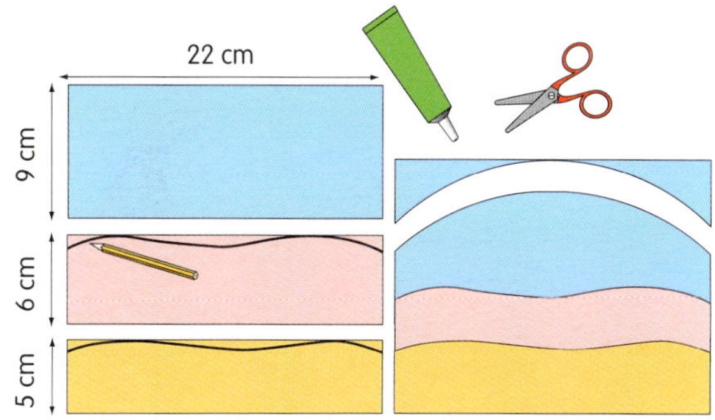

Les crocodiles

(1) Tracer un soleil de 4 cm de diamètre sur du papier jaune. Reporter les patrons sur des papiers de couleur. Découper le tout. Ajouter des yeux (voir Les manchots, étape 3).

(2) Tracer et découper 1 rectangle blanc de 22 x 16 cm. Écarter le compas de 16 cm. Poser la pointe au centre du grand côté : tracer un arc de cercle. Découper.

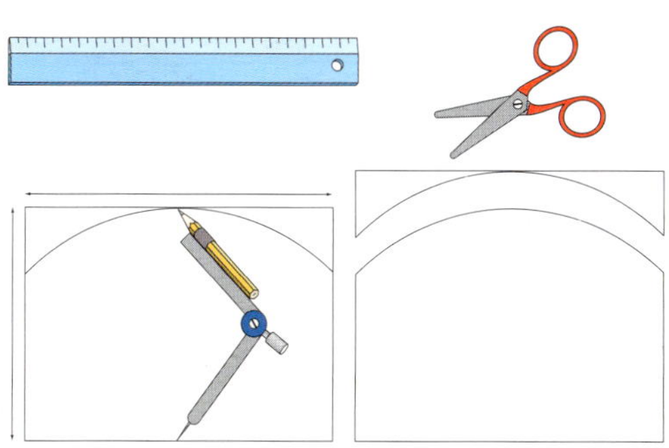

(4) Sur le papier orange, tracer un rectangle de 24 x 7 cm, puis une ligne courbe. Découper. Replier une languette de 2 cm et la coller au dos de la carte. Coller un crocodile.

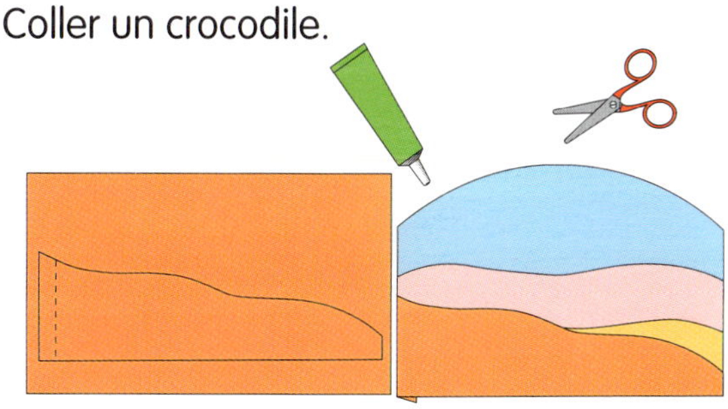

(5) Sur du papier jaune, tracer un rectangle de 22 x 5 cm, puis une ligne courbe. Découper. Plier le long des pointillés suivant le schéma, puis coller. Coller les éléments.

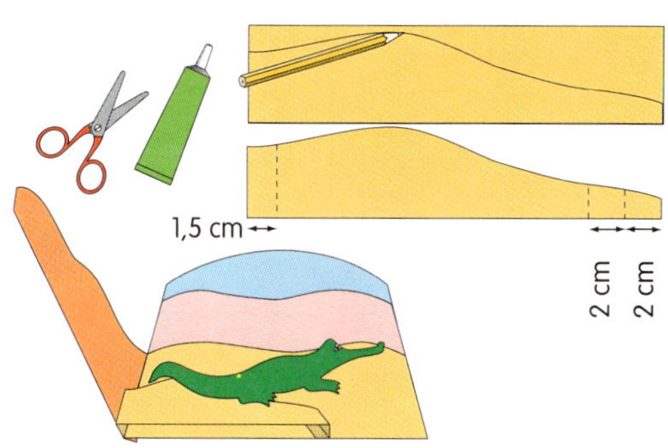

Cartes d'invitation

Matériel : papier fort de couleur, papier à fleurs, ficelle, compas, perforatrice simple et à motif fleur, feutre noir fin, ruban adhésif, patrons p. 190.

Fleurs

① Tracer et découper un rectangle de papier rose, le plier en deux. Reporter le patron des éléments sur du papier rose et à fleurs. Découper.

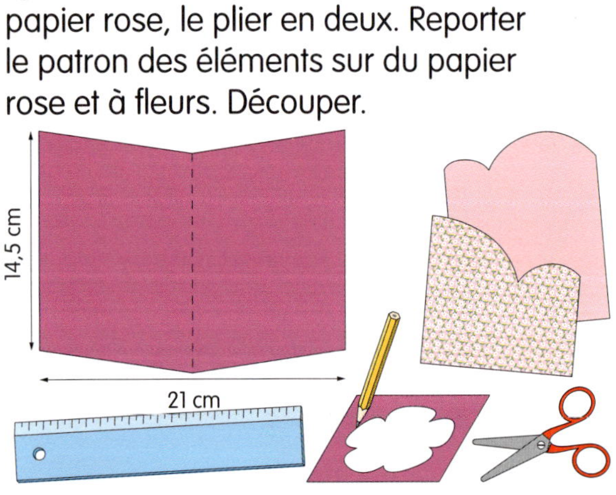

② À l'aide des perforatrices, réaliser une fleur rose, un petit rond jaune et percer un trou dans la grande fleur. Nouer une ficelle de 12 cm sur la fleur.

③ Coller les éléments sur la carte. Fixer le fil avec du ruban adhésif avant de coller le papier à fleurs par-dessus.

Espace

(1) Tracer et découper un carré de papier bleu foncé. Le plier en deux. Reporter le patron des éléments sur des papiers de couleur. Découper.

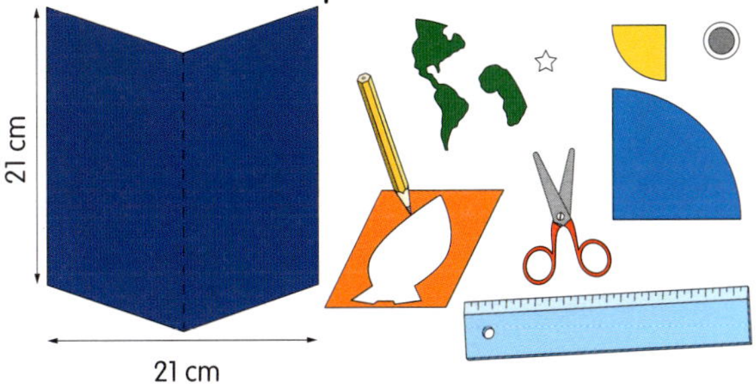

(2) Percer la fusée et y nouer une ficelle de 12 cm. Coller les éléments sur la carte. Avant de coller la terre, fixer le fil avec du ruban adhésif. Dessiner des motifs au feutre sur la fusée.

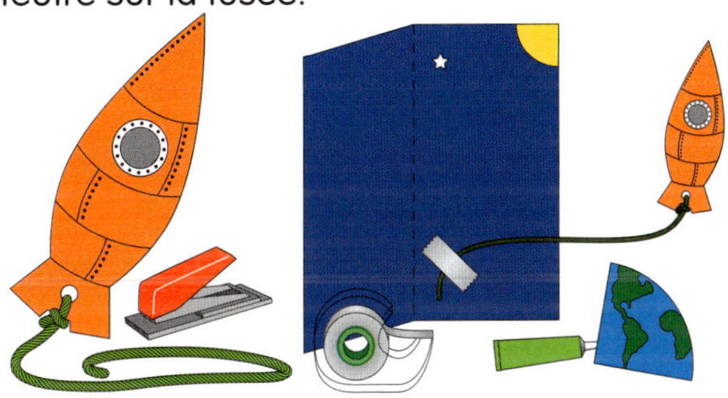

Gâteau d'anniversaire

(1) Tracer et découper un rectangle de papier rose. Reporter les patrons des éléments sur des papiers de couleur. Découper.

(2) Nouer une ficelle de 12 cm sur le ballon et la fixer avec du ruban adhésif en haut de la carte. Coller les derniers éléments.

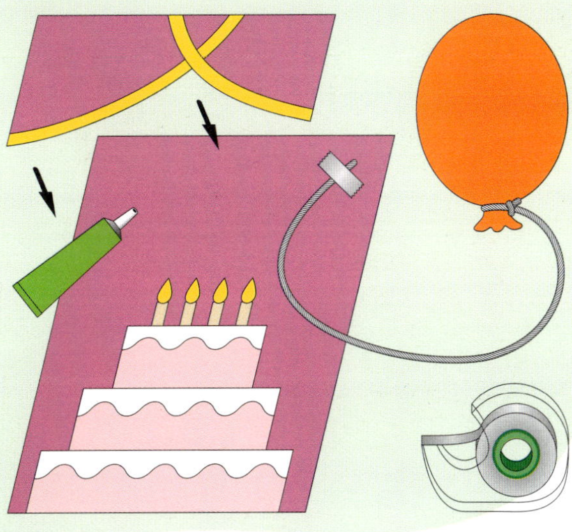

Cartes-surprise

① Découper un carré de 18 x 18 cm et le poser face contre table. Sans appuyer, tracer une diagonale au crayon, et y placer 2 repères à 8,4 cm des extrémités.

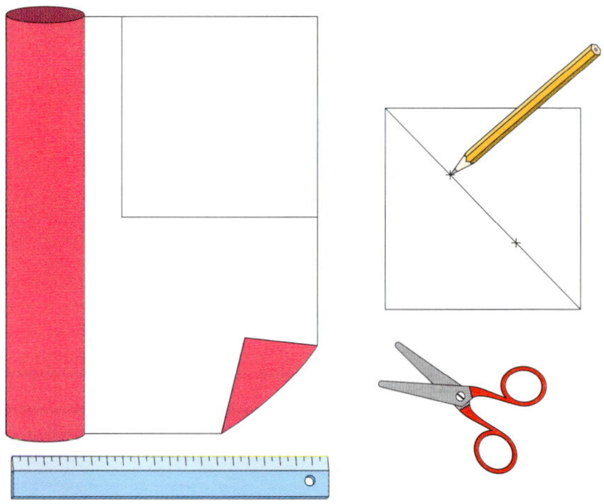

Matériel : papier cadeau imprimé.

(2) Rabattre un coin en posant la pointe sur un des repères. Plier de la même façon le coin opposé. La pointe touche le bord du papier.

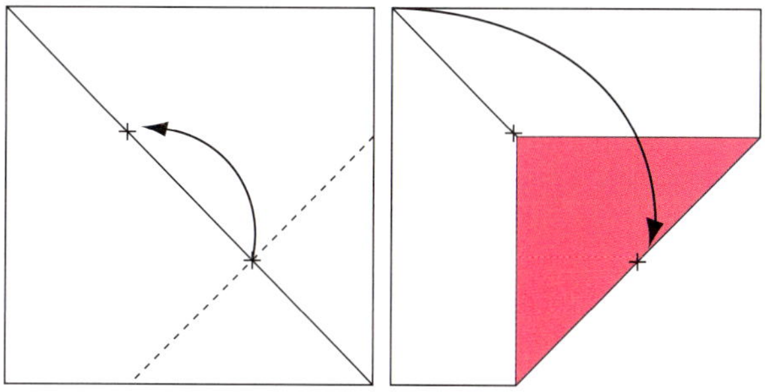

(3) Plier le 3e coin en plaçant la pointe au croisement des 2 autres coins. Plier le 4e en plaçant la pointe sur le bord du papier.

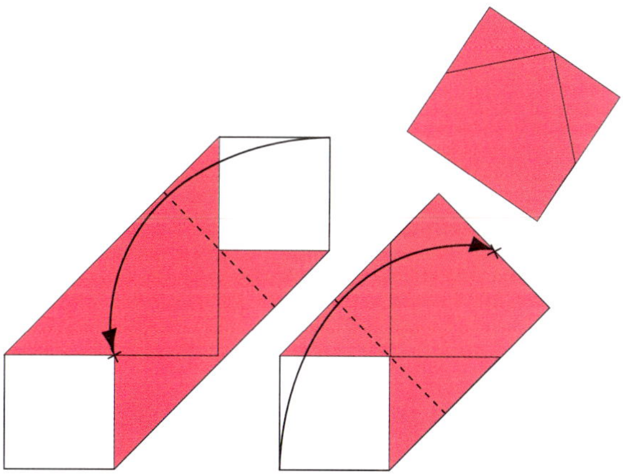

(4) Déplier tout sauf le 1er coin. Rabattre sa pointe au croisement du bord du papier et du pli. Au bout de ce pli, un petit triangle se forme.

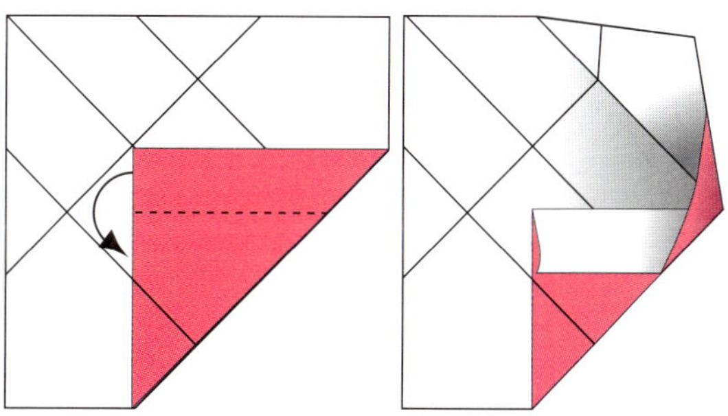

(5) Plier ce petit triangle vers l'intérieur et rabattre la pointe du 2e coin en suivant le schéma.

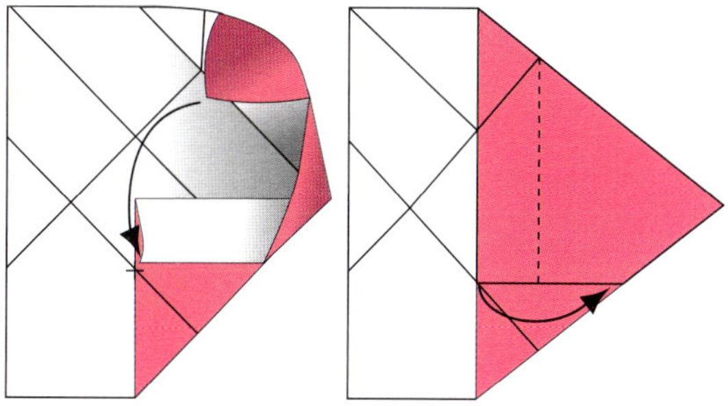

(6) Plier de cette façon les autres coins afin d'obtenir 4 segments identiques (le 1er est masqué par le dernier).

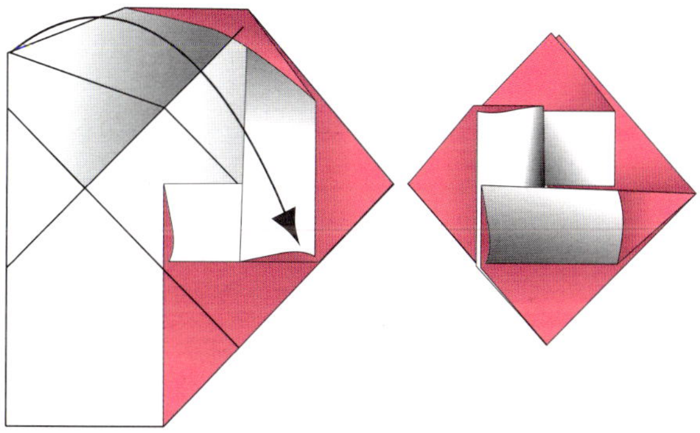

(7) Glisser le 4e segment sous le 1er en repliant vers l'intérieur le petit triangle qui dépasse. Dans la carte, écrire un message ou glisser un petit mot.

Mini-albums de photos

Matériel : papier fort beige et de couleur (50 x 65 cm), rubans en tissu assortis, ruban adhésif, cutter, pinceau.

① Tracer et découper dans le papier beige un rectangle de 17,5 x 62 cm, et un rectangle de 17,5 x 64 cm. Marquer discrètement les lignes de pliage au crayon. Découper les coins rouges.

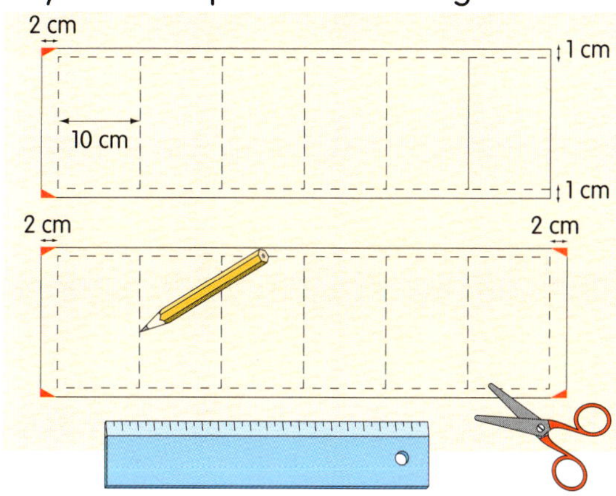

② Passer le manche du pinceau le long des lignes de pliage en appuyant bien. Plier les rabats en haut et en bas, puis plier en accordéon. Gommer les marques.

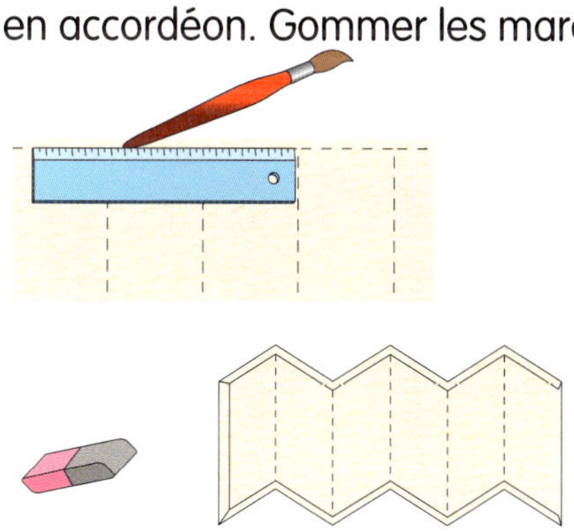

③ Assembler les 2 accordéons en collant la languette. Laisser sécher l'accordéon sous un gros livre.

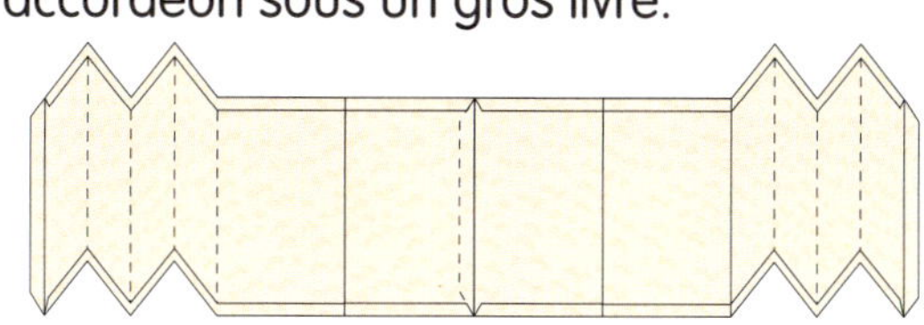

④ Tracer et découper un rectangle de papier de couleur de 16,5 x 45 cm. Tracer les lignes de pliage, plier le papier et gommer les marques.

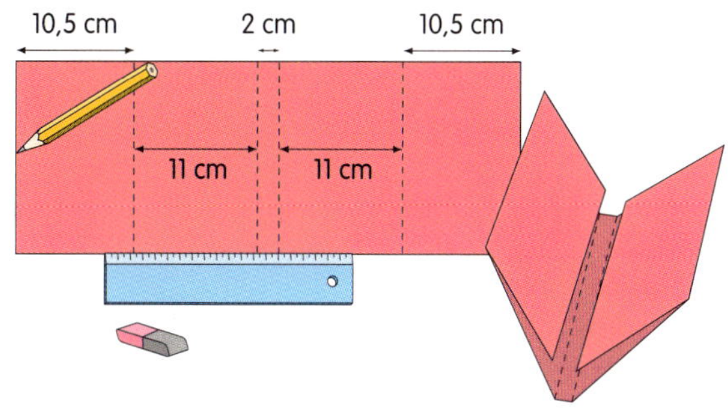

⑤ Demander à un adulte de couper 2 petites fentes au cutter pour y glisser 2 rubans de 20 cm. Les fixer sous le rabat.

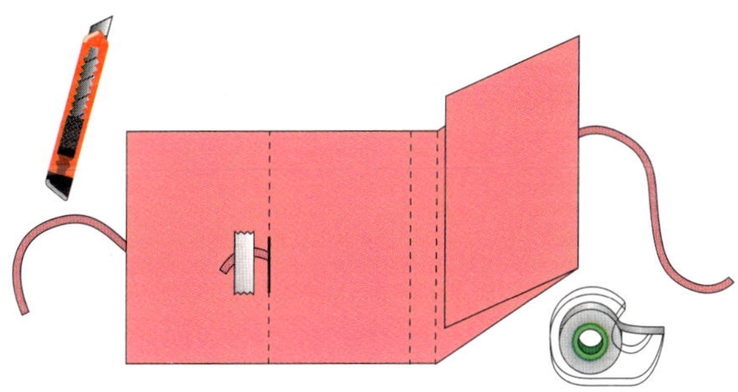

⑥ Coller le rabat de l'accordéon, puis la couverture par dessus. Insérer une photo sur chaque page.

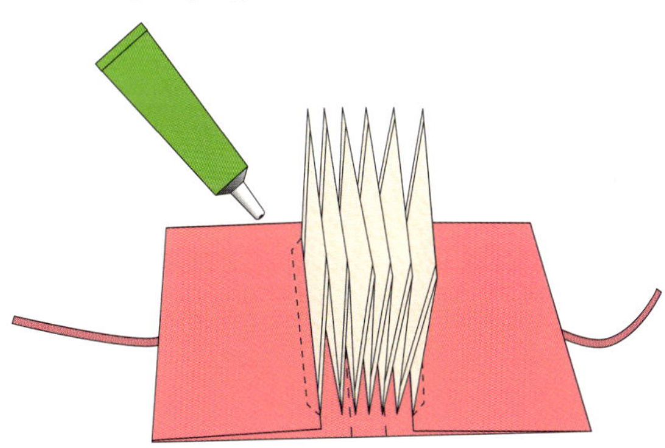

Scrapbooking

Matériel : papier fort et de couleur de 24 x 32 cm (blanc, vert, noir et orangé à fibres), carton fin, photographies, gommettes d'animaux, raphia, attaches parisiennes, colle universelle, compas, cutter, feutre noir, perforatrice, patrons p. 183.

À la ferme

① Coller le papier orangé sur le papier blanc. Coller du raphia sur le côté.

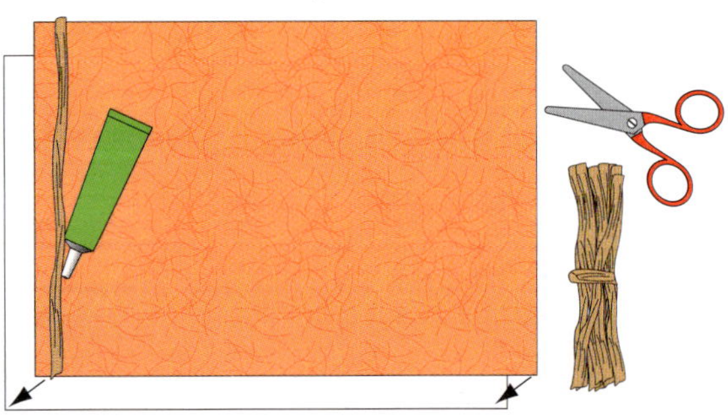

② Tracer des ronds sur des photos en centrant bien les sujets. Découper.

(3) Tracer et découper des ronds de couleur plus grands que les photos. Coller les photos au centre des ronds.

(4) Ajouter des photos. Trouver une jolie composition avant de coller l'ensemble.

(5) À l'aide du patron, découper une barrière en papier marron et la coller. Ajouter quelques gommettes d'animaux.

(6) Découper un rectangle de carton. Demander à un adulte de percer 2 trous dans les angles avec un cutter et le fixer avec des attaches parisiennes. Écrire le texte.

En tracteur

(1) Agrandir et reporter le patron de la « roue » sur du papier vert et le patron du grand arc de cercle sur du papier noir. Découper. Coller l'arc sur le papier vert.

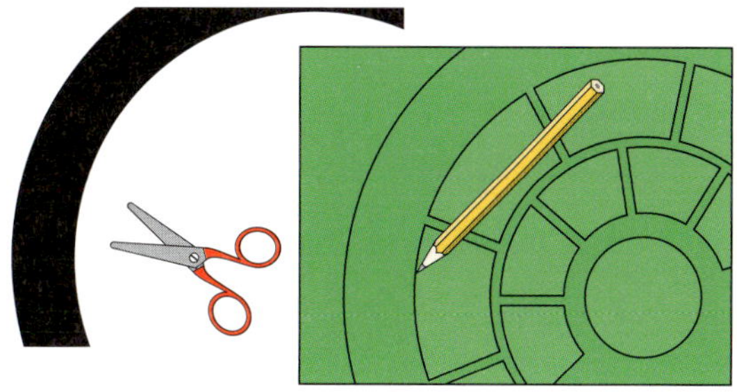

(2) Reproduire une photo en 10 exemplaires. Les découper aux dimensions des cases et les coller.

(3) Découper une photo à la taille du rond, et une autre en suivant les contours du sujet. Coller tous ces éléments sur le papier vert. Dessiner des traces de pneu et écrire un texte.

(4) Perforer les pages pour les insérer dans un classeur, un album ou pour les relier à l'aide d'un brin de raphia.

Jeux et jouets

Au pays des jouets en papier, les monstres se métamorphosent à volonté, les pantins et les marionnettes dansent inlassablement. Au jeu de pêche ou de chamboule-tout, on exerce son adresse ; avec la chambre miniature, on joue à la poupée ; avec le bâton de pluie, on s'initie à la magie… Au pays des jouets de papier, les enfants ne s'ennuient jamais !

Animaux rigolos

Matériel : papiers fort de couleur, feutre noir, patrons p. 184.

① Agrandir et reporter les patrons des animaux sur des papiers de couleur.

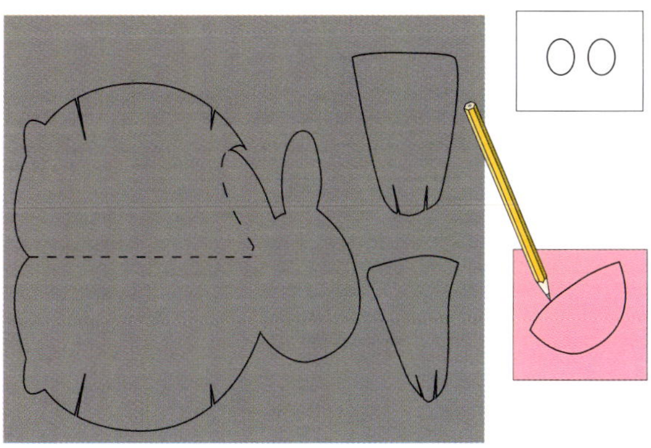

② Découper les formes sans oublier les entailles. Plier suivant les pointillés.

③ Coller les taches, le museau, les yeux, le bec, etc. sur le corps. Dessiner au crayon les détails de chaque animal puis repasser au feutre.

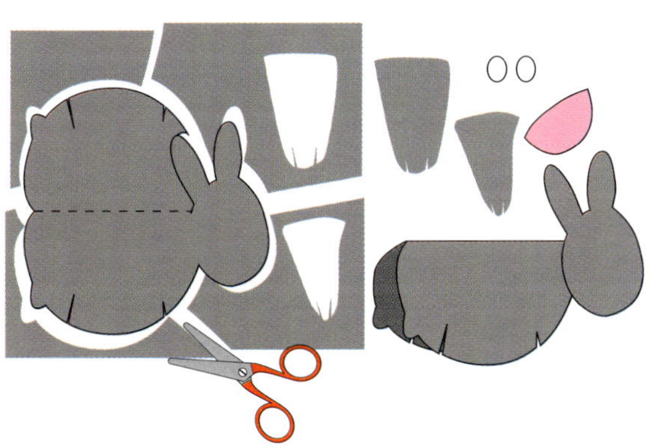

④ À l'aide des entailles, insérer les grandes pattes à l'arrière et les petites pattes à l'avant.

Jardin miniature

Matériel : papier crépon de couleur, mousse naturelle ou synthétique, petite barquette en bois, 2 boîtes d'allumettes, fil à coudre, boule en styropor (Ø = 4 cm), pique en bois.

Potager

① Pour la botte de poireaux, tracer et découper une bande de crépon vert de 40 x 8 cm. Découper des franges de 4 cm sur toute la longueur. Enrouler la bande sur elle-même et nouer un morceau de fil.

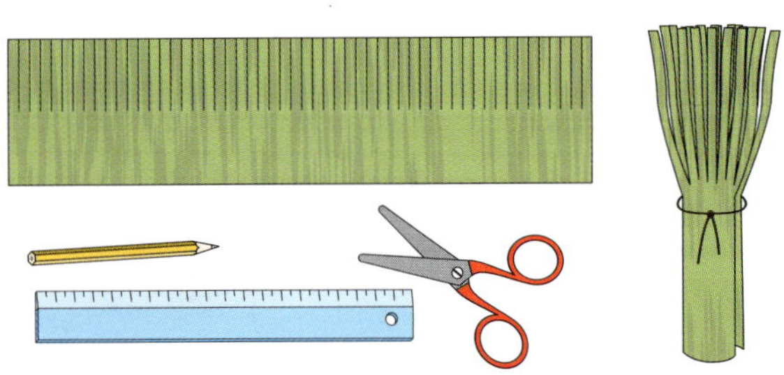

② Pour les choux, découper une bande de crépon rose ou blanc de 16 x 3,5 cm. La plier en huit en accordéon. Couper les angles pour lui donner la forme d'un pétale, puis déplier. Enrouler la bande sur elle-même, coller la base des pétales.

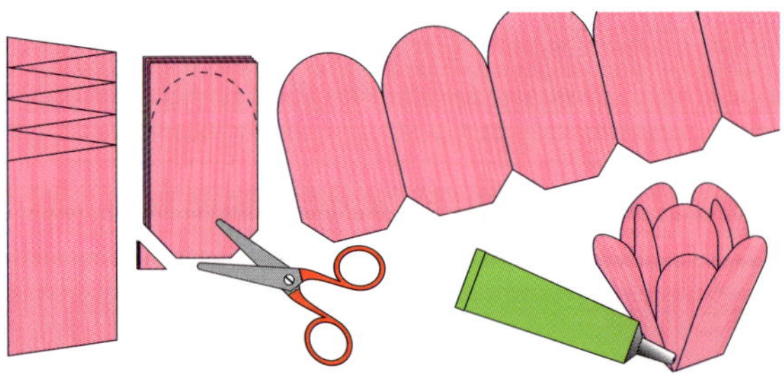

③ Réaliser la même bande en vert. L'enrouler autour du cœur et fixer le tout à l'aide de fil. Remplir la barquette de mousse et y piquer les légumes.

Jardinières fleuries

① Pour le cœur des fleurs, découper 3 bandes de crépon de 15 x 6 cm. Les franger, les enrouler sur elles-mêmes

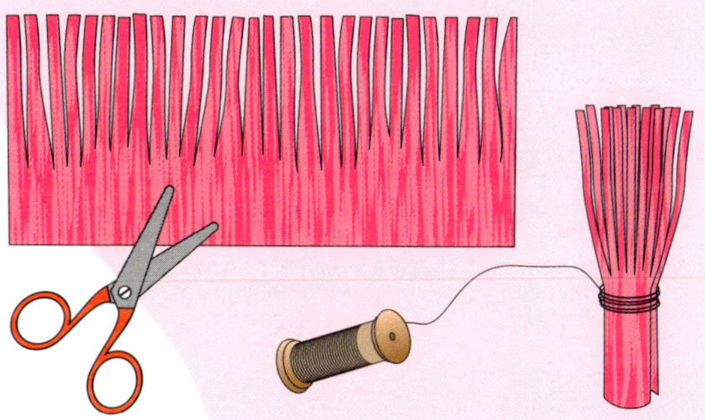

② Pour les feuilles, découper 3 bandes de crépon vert de 20 x 8 cm. Les plier en dix en accordéon. Découper les angles pour obtenir une forme pointue. Les enrouler autour des cœurs et nouer du fil.

③ Pour l'arbuste, fixer la boule en styropor sur la pique en bois. L'envelopper comme une sucette dans un carré de crépon vert encollé. Nouer un fil. Coller du papier autour de la pique.

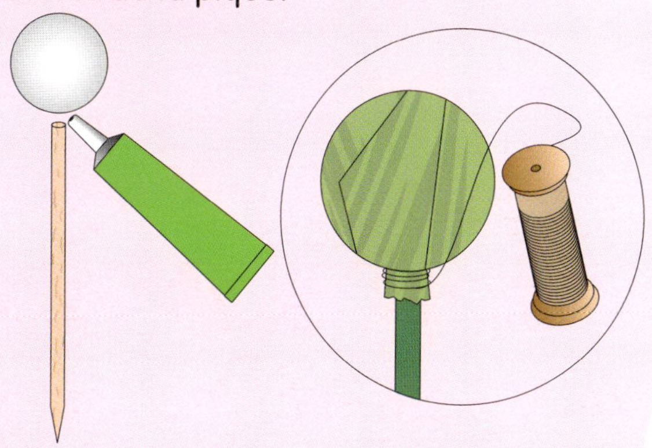

④ Froisser des petits carrés de crépon jaune et les coller sur la boule.

⑤ Pour chaque jardinière, découper 12 feuilles de 6 x 3 cm dans du crépon vert. Les coller sur les bords du tiroir d'une boîte d'allumettes. Remplir de mousse et y piquer les éléments.

Marionnettes d'ombre

① Reporter le patron d'une marionnette sur du papier noir : 1 tête, 1 corps, 2 bras et 2 avant-bras. Découper les éléments.

Matériel : papier fort noir, attaches parisiennes, fil de fer épais, pince coupante, ruban adhésif plastifié noir, perforatrice, patrons p. 185.

② Percer un trou sur la petite croix et coller le petit rond un peu décalé pour faire un œil en forme de demi-lune.

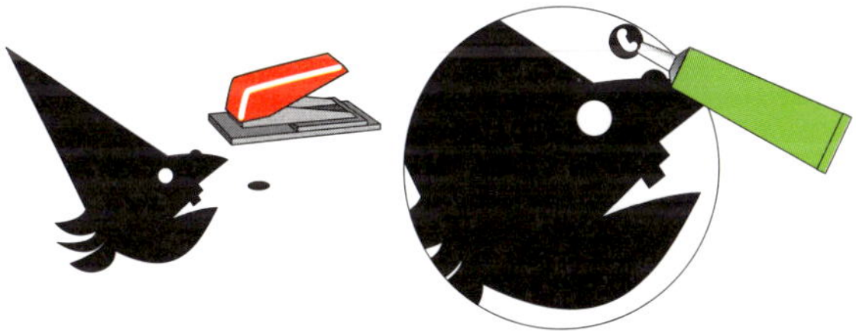

③ Avec la pointe des ciseaux, percer des petits trous sur les repères des parties du corps et assembler avec des attaches parisiennes.

④ Demander à un adulte de découper 3 fils de fer de 25 cm et d'en recourber les extrémités. Protéger une extrémité avec du ruban adhésif noir.

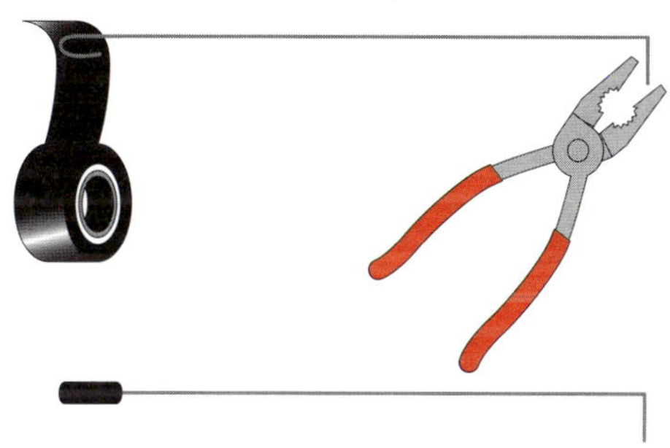

⑤ Au dos de la marionnette, fixer les 3 fils de fer sur les avant-bras et la tête avec du ruban adhésif noir. Animer la marionnette devant une lampe et admirer sa silhouette !

Jeu de mémory

① Demander à un adulte de tracer et de découper dans le carton mousse des carrés de 6 cm de côté. Repasser plusieurs fois au même endroit sans appuyer sur le cutter.

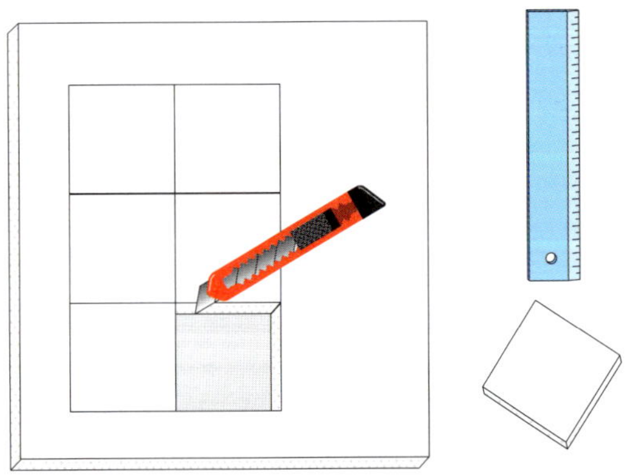

Matériel : carton mousse, papiers fins de toutes sortes, peinture et pinceau, cutter, équerre, colle.

(2) Peindre le dos et les côtés des carrés. Laisser sécher.

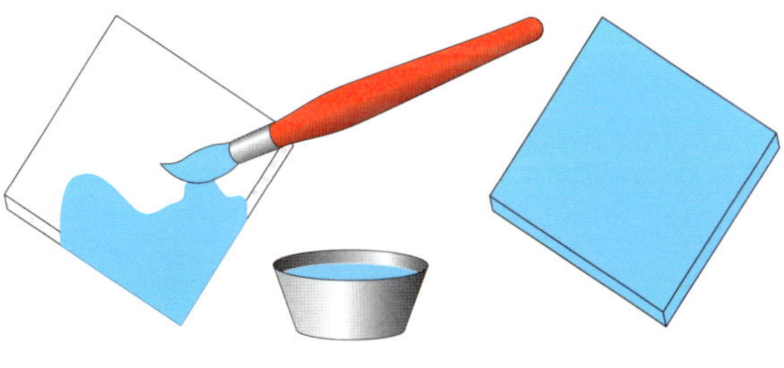

(3) Coller du papier imprimé sur les carrés pour réaliser des paires. Découper ce qui dépasse. Le jeu peut s'agrandir et se renouveler au gré des trouvailles de papiers.

Éléphants articulés

Matériel : carton fort, peinture et pinceau, attaches parisiennes, ficelle, yeux mobiles, colle, vrille, cutter, patrons p. 190.

① Sur le carton, reporter les patrons des éléments de l'éléphant. Demander à un adulte de les découper au cutter.

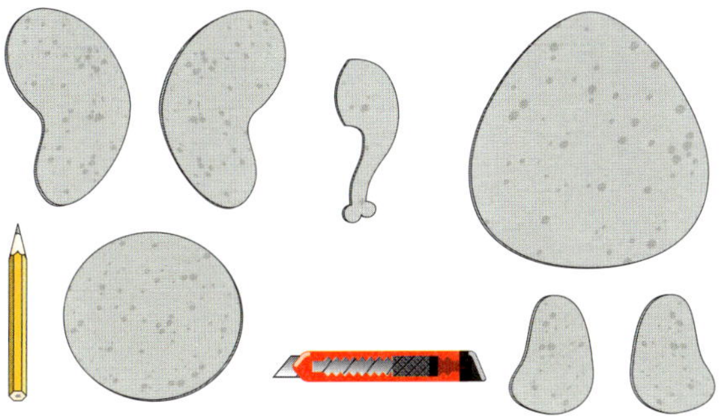

② Mélanger de la peinture blanche et de la noire pour obtenir du gris. Peindre les pièces de l'éléphant. Laisser sécher.

③ Coller la trompe sur la tête, puis la tête sur le corps.

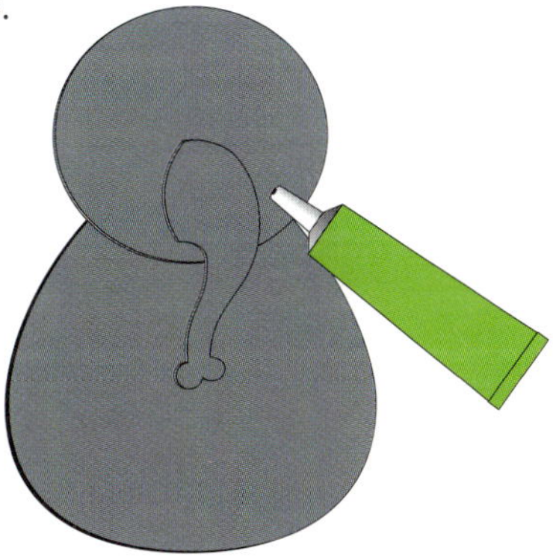

④ Avec la vrille, percer un trou au niveau de chaque repère. Assembler les éléments en faisant passer une attache parisienne par les trous marqués d'une croix. Coller les yeux mobiles sur les attaches de la tête.

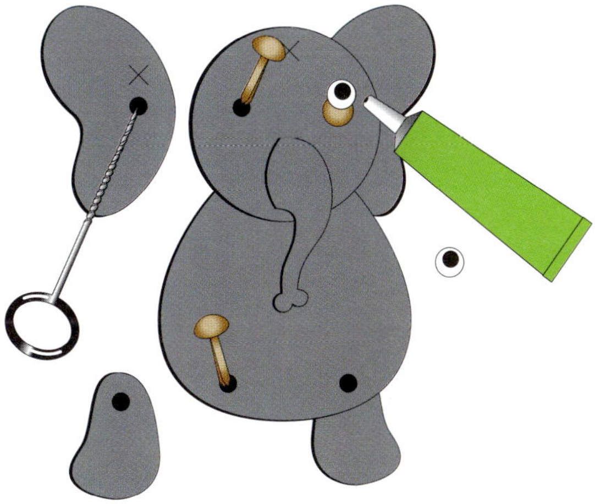

⑤ Au dos, faire passer une ficelle dans les trous libres pour relier les parties mobiles. Laisser pendre un morceau de ficelle. Attacher une ficelle sur le haut de la tête pour suspendre le pantin.

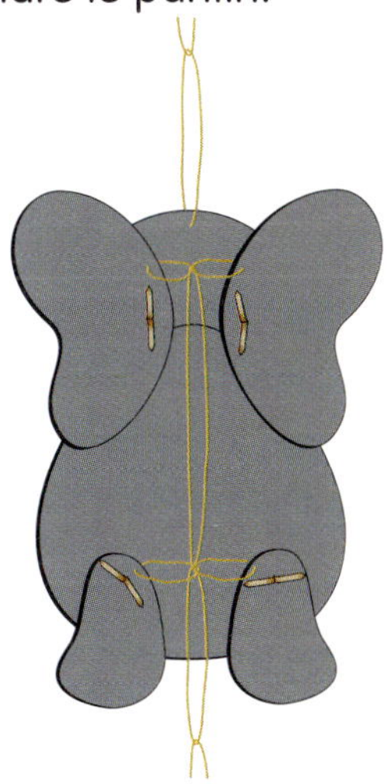

⑥ Peindre en blanc les détails de l'éléphant. Réaliser le second pantin suivant le même procédé. Le peindre avec un mélange de bleu et de blanc.

Boîtes à bascule

Matériel : 5 boîtes d'allumettes, papier de soie blanc et imprimé, vernis colle et pinceau, 3 rubans de 1 m chacun, riz ou lentilles, punaises.

① Remplir les boîtes de riz ou de lentilles. Les encoller et les recouvrir de morceaux de papier de soie blanc déchirés. Laisser sécher.

② Recouvrir chaque boîte de 2 papiers de soie différents afin que le motif change quand la boîte bascule. Laisser sécher.

③ Poser une boîte debout et, à l'aide de punaises, fixer l'extrémité de chaque ruban dans le sens indiqué. Rabattre deux des rubans sous la boîte et les fixer.

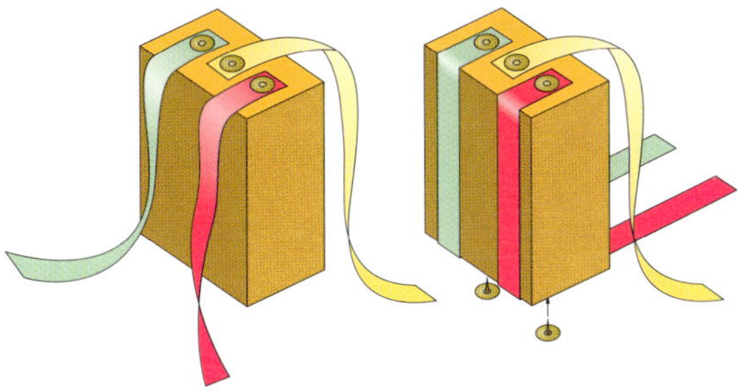

④ Coucher la boîte, passer les rubans comme sur le schéma et poser la 2e boîte par-dessus.

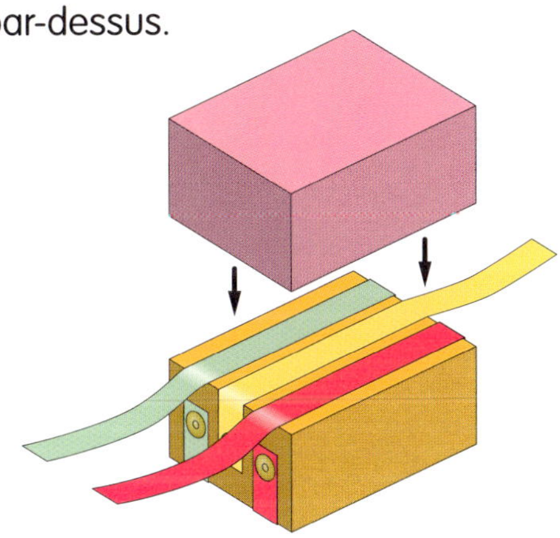

⑤ Fixer les rubans sur la boîte, les placer comme précédemment et poser la 3e boîte.

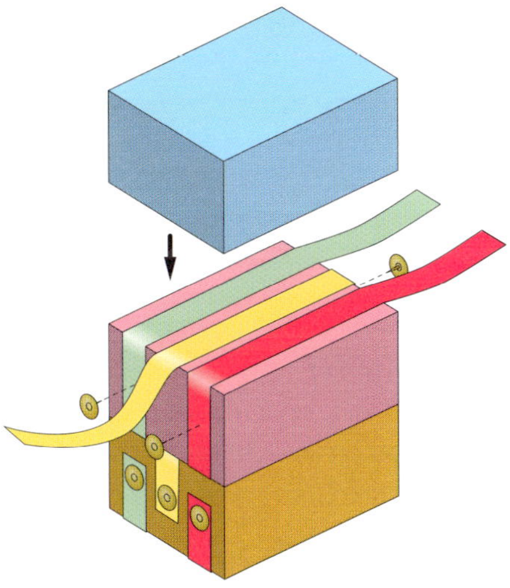

⑥ Continuer de la sorte en ajoutant toujours une nouvelle boîte et en fixant 3 punaises à chaque étage.

⑦ Poser la 5e boîte. Faire le tour complet de la boîte avec les rubans rose et vert, pour que les 3 rubans se rejoignent sur un petit côté. Les fixer. Poser une goutte de colle sous chaque punaise.

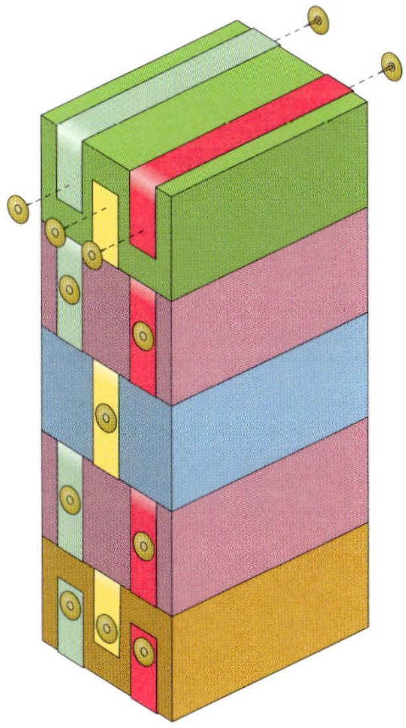

Pêche miraculeuse

Matériel : carton d'emballage, papier fin de couleur, bambou de 50 cm, trombone, corde, colle forte, cutter, pinces à linge, patron p. 174.

① Reporter 2 fois le patron du poisson au dos du carton et demander à un adulte de découper les silhouettes au cutter.

② Déchirer des petits morceaux de papier de couleur, puis les coller sur les poissons. Coller un gros morceau sur la queue et découper ce qui dépasse.

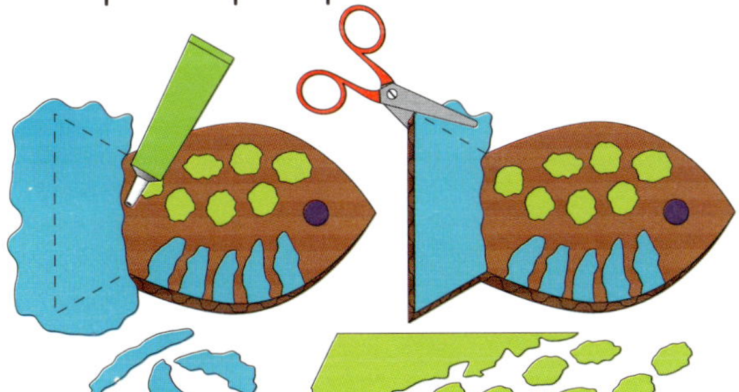

③ Couper 10 cm de corde, la fixer avec de la colle au dos d'un poisson en formant une boucle au niveau de sa bouche.

④ Laisser sécher, puis coller le second poisson par-dessus. Maintenir avec 2 pinces à linge et laisser sécher. Réaliser ainsi d'autres poissons.

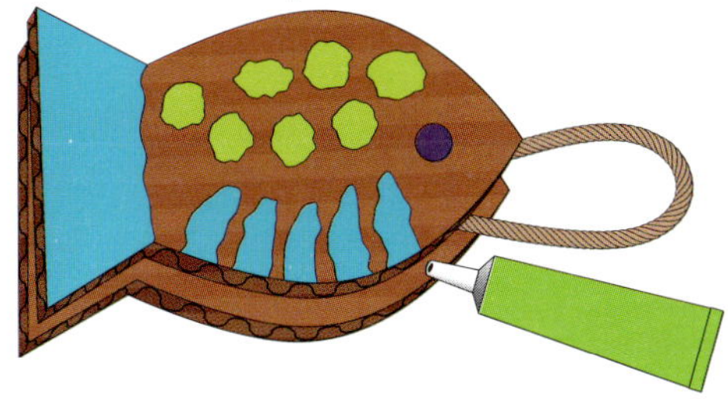

⑤ Décorer le bas du bambou avec des petites bandes de papier. Couper 90 cm de corde, l'encoller et l'insérer dans le bambou. Renforcer en collant une bande de papier beige.

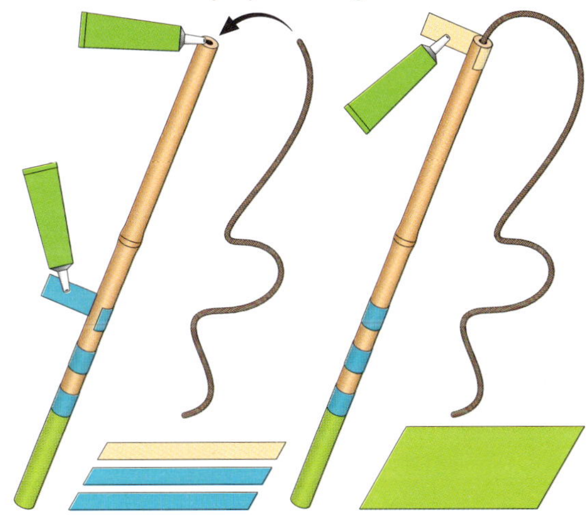

⑥ Former une boucle au bout de la corde et la fermer en collant un morceau de papier beige. Pour l'hameçon, ouvrir un trombone et l'enrouler dans la boucle.

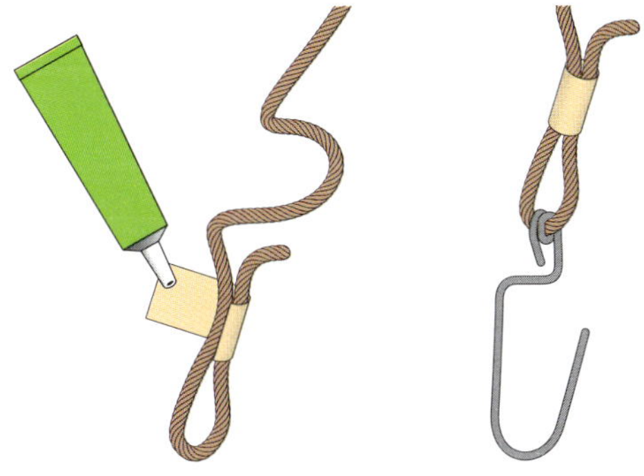

Monstres fantastiques

Matériel : carton fin, peinture et pinceaux, papier fort blanc et de couleur, compas, colle, patrons p. 186.

① Agrandir et reporter les patrons des monstres sur le carton fin. Les découper sans oublier les encoches.

② Replier l'extrémité des pattes à l'aide d'une règle.

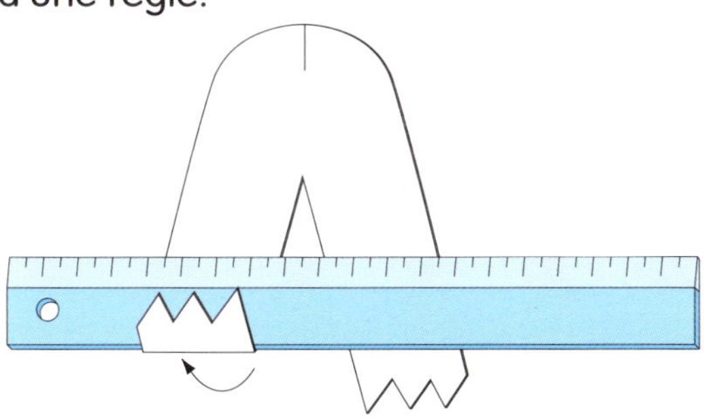

③ Peindre les éléments avec des couleurs vives. Laisser sécher.

④ Ajouter les motifs : taches, rayures, poils.

⑤ Pour les yeux, tracer et découper des gros ronds dans du papier blanc et d'autres plus petits dans du papier de couleur. Les coller de chaque côté de la tête.

⑥ Assembler les éléments à l'aide des encoches.

Meubles de poupée

Matériel : 2 boîtes de lessive en tablettes, boîte d'allumettes, bristol, 8 boules de cotillon, cure-dents, 2 attaches parisiennes, peinture et pinceaux, cutter, éponge, patrons p. 174.

Le lit

① Demander à un adulte de découper le couvercle et les bords de la boîte. Conserver le couvercle pour l'armoire.

② Peindre le lit en blanc. Piquer 4 boules de cotillon sur des cure-dents, les peindre en blanc et les laisser sécher en les piquant sur une éponge. Retirer les boules et les coller sous le lit.

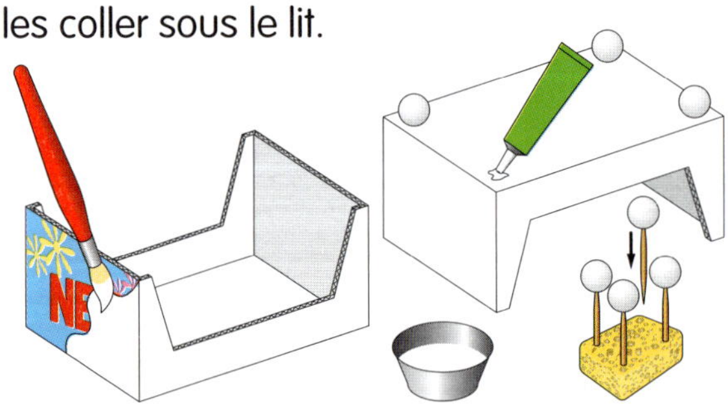

L'armoire

① Peindre la boîte et 4 boules de cotillon en rose. Laisser sécher et coller les boules sous l'armoire.

② Reporter le patron de la corniche sur le couvercle restant de la première boîte, découper et peindre en rose. Laisser sécher et coller sur l'armoire.

③ Couper la pique en bois à la largeur intérieure de l'armoire + 2 mm. La peindre en blanc et la coller. À l'aide du patron, découper plusieurs cintres dans du bristol.

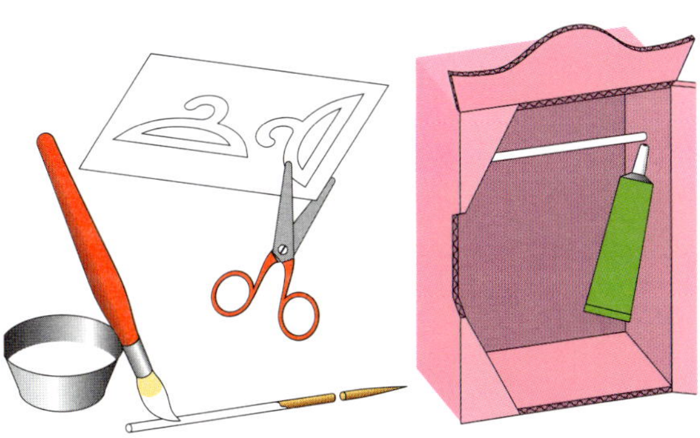

La commode

① Découper la boîte d'allumettes et son tiroir en deux parties égales. Les coller l'une sur l'autre. Enfoncer une attache parisienne au milieu de chaque tiroir.

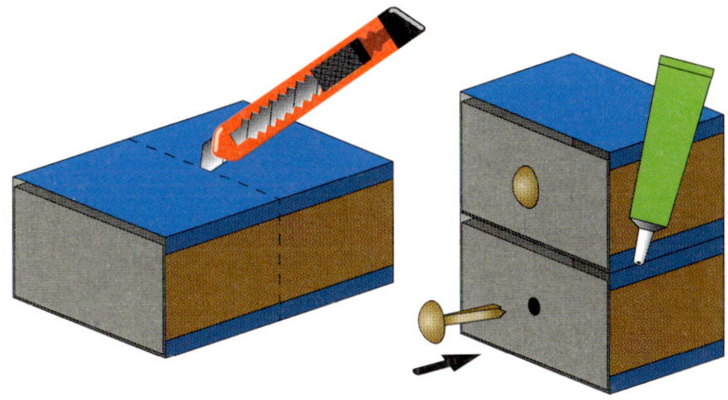

② Pour le fond, reporter les contours de la commode sur du bristol. Découper en laissant des languettes de 1 cm et coller le fond de la commode.

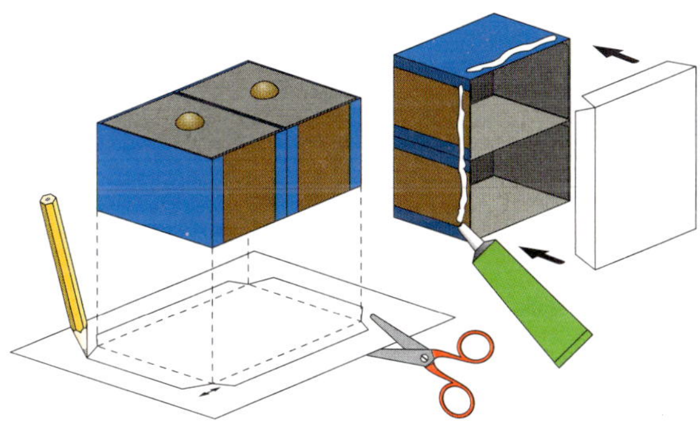

③ Découper une bande de papier de la largeur du meuble et la coller autour. Retirer les tiroirs pour les peindre en rose.

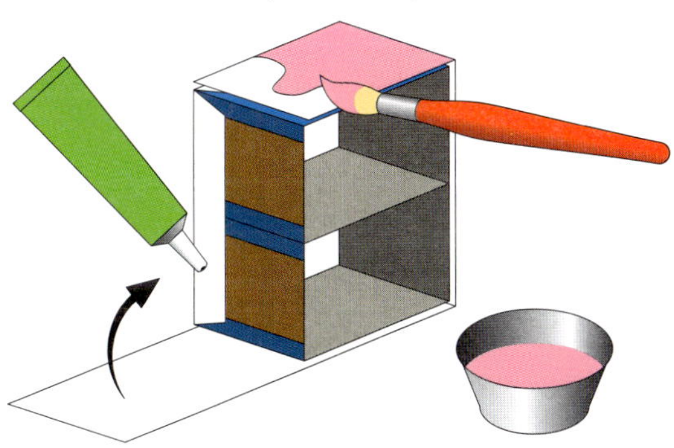

Bâton de pluie

Matériel : long tube en carton, rouleau de papier kraft de couleur (ou de papier cadeau), papier métallisé de couleur, raphia, ruban adhésif, colle, compas, riz ou lentilles, clous, marteau.

(1) Recouvrir le tube d'une longue bande de papier. La maintenir avec du ruban adhésif en le cachant au fur et à mesure de l'enroulement.

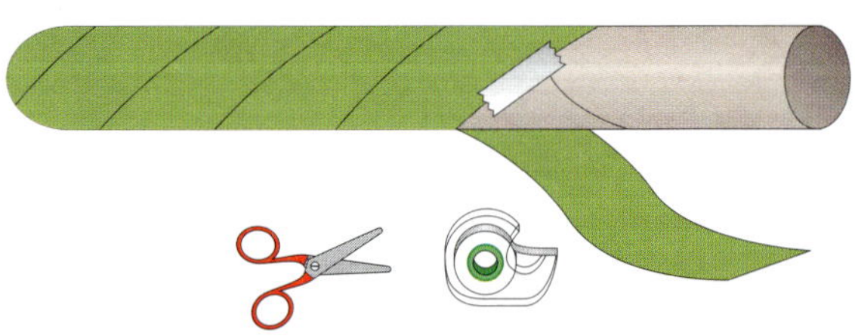

② Tracer des ronds de tailles différentes sur les papiers de couleur, les découper.

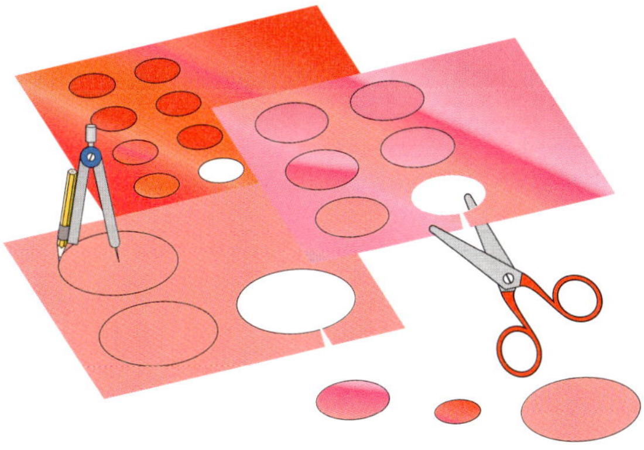

⑤ Boucher une extrémité du tube à l'aide de ruban adhésif. Verser 1/2 verre de lentilles ou de riz et boucher l'autre extrémité.

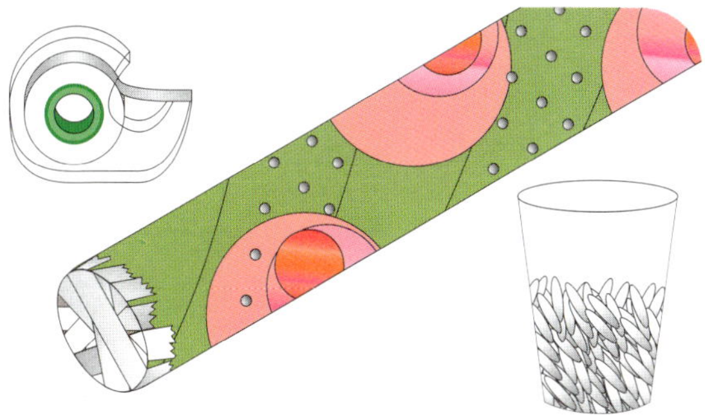

③ Coller les gros ronds sur le tube, puis les petits par-dessus.

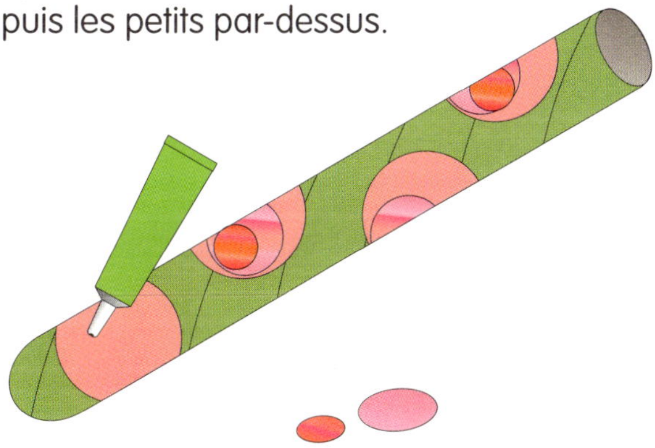

⑥ Tracer 2 disques de papier au diamètre suivant : diamètre du tube + 1 cm. Découper des encoches de 1 cm tous les cm. Recouvrir les 2 extrémités avec les disques en collant les encoches.

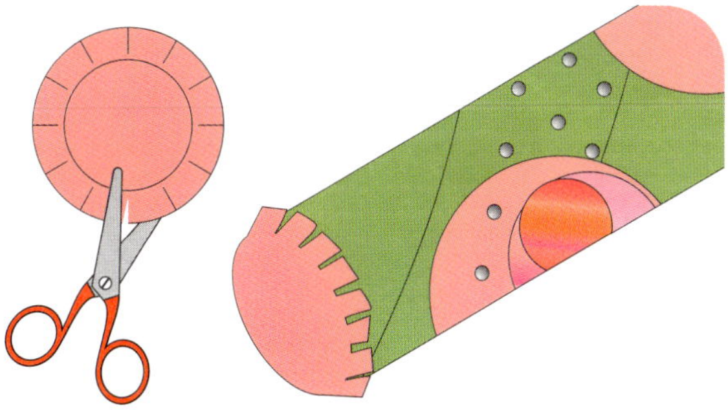

④ Demander à un adulte d'enfoncer des clous dans le tube en suivant l'enroulement du premier papier collé et en évitant les ronds métallisés.

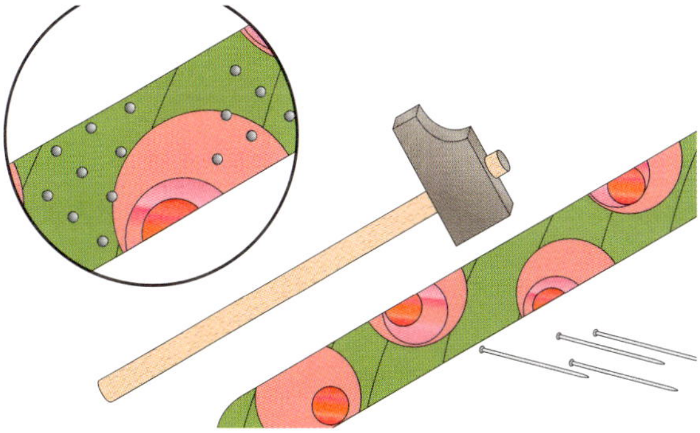

⑦ Enrouler du raphia autour du papier.

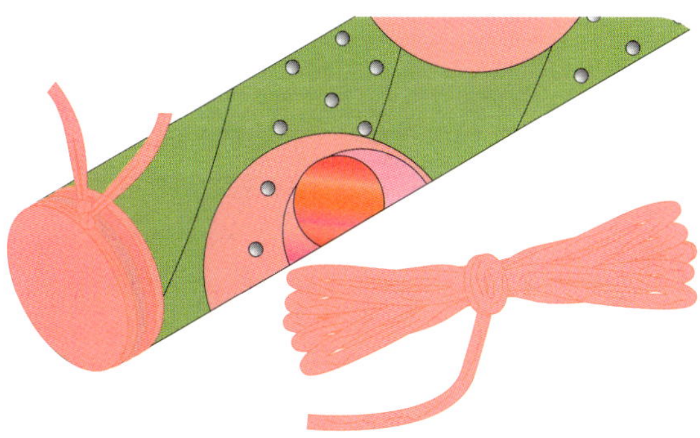

Château chamboule-tout

① Tracer le contour d'un rouleau de papier toilette sur le carton fin. Découper ainsi plusieurs rondelles.

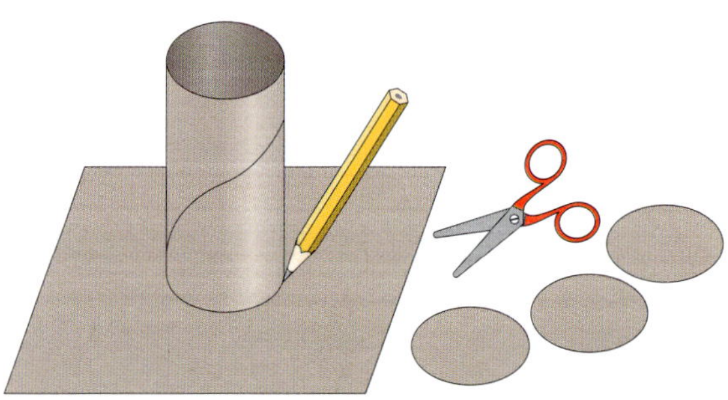

Matériel : rouleaux de papier toilette et d'essuie-tout, boîtes d'emballage en carton, carton fin, papier fort rouge, peinture beige et pinceaux, légumes secs (lentilles ou riz), compas, chaussettes.

② Coller les rondelles au fond des tubes et coller le fond des boîtes. Verser quelques poignées de légumes secs dans les éléments et bien les refermer en les collant.

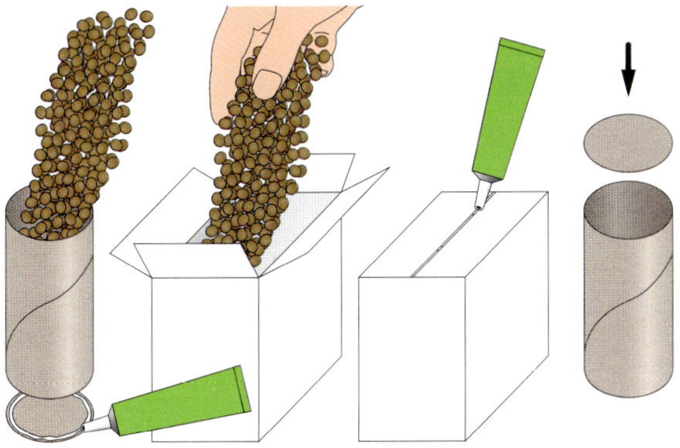

③ Découper des créneaux dans certaines des boites et des rouleaux. Coller un fond aux rouleaux.

④ Peindre tous les éléments en beige. Laisser sécher.

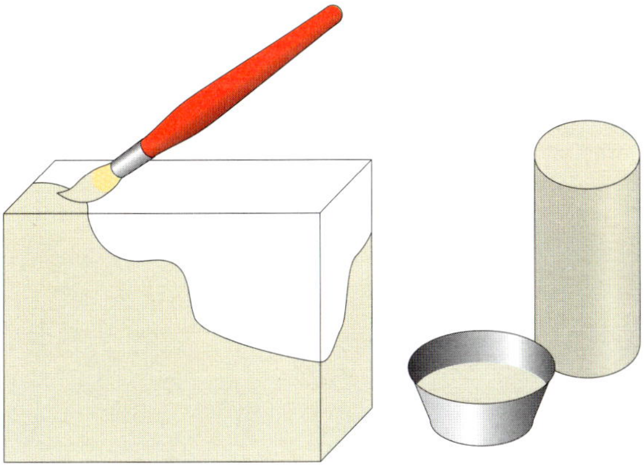

⑤ Dessiner les pierres. Pour qu'elle soient bien droites, utiliser une règle pour les murs et une bande de carton fin pour les tours.

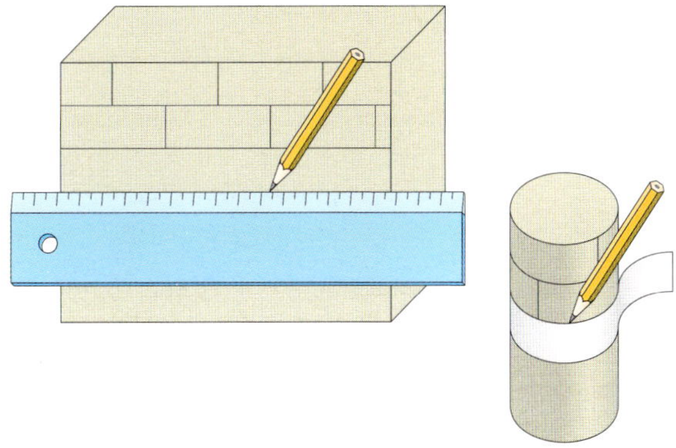

⑥ Tracer et découper des demi-cercles de 9 cm de rayon dans du papier rouge. Les rouler et coller leur tranche.

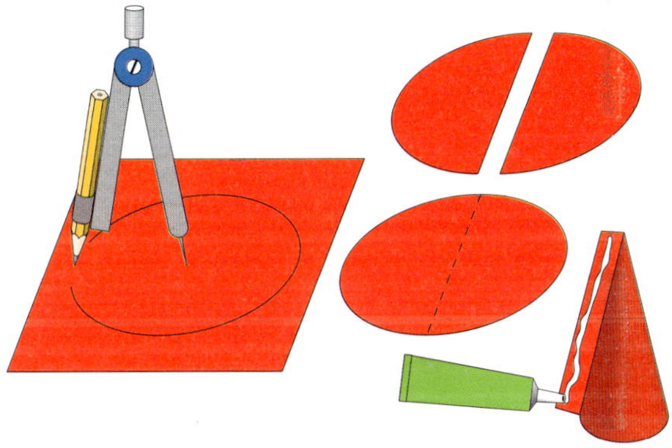

⑦ Disposer les éléments du château. Pour jouer au chamboule-tout, utiliser des chaussettes roulées en boule.

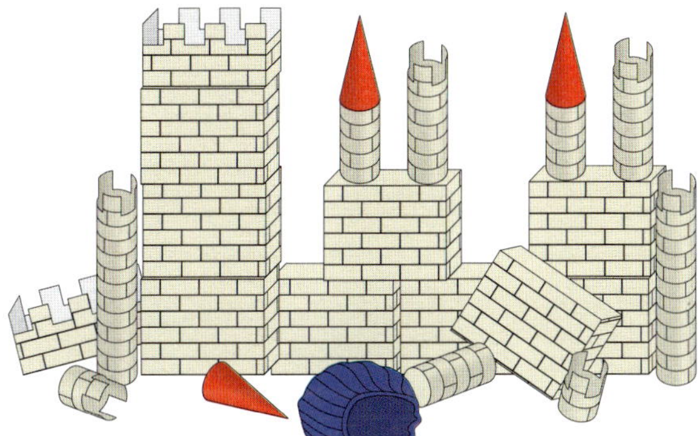

Jolis Cadeaux

Fabriqué avec amour et joliment empaqueté, voilà les clefs d'un cadeau à succès ! Boîtes, sacs, étiquettes décorées… plus le paquet est soigné, plus le cadeau fait plaisir. Que glisser à l'intérieur ? Des bijoux pour maman, un bouquet pour grand-mère, des magnets pour papa et bien d'autres petites surprises pour faire plaisir à toute la famille !

Papier cadeau

Matériel : papier kraft (beige, jaune, bleu ciel), papier de soie (rose clair et foncé, turquoise, violet, orange, rouge), colle en bombe, compas, patrons p. 180.

Modèle fleuri

① Sur des papiers de soie roses, reporter le patron de la fleur et tracer des ronds de 4 cm de diamètre. Découper plusieurs épaisseurs en même temps.

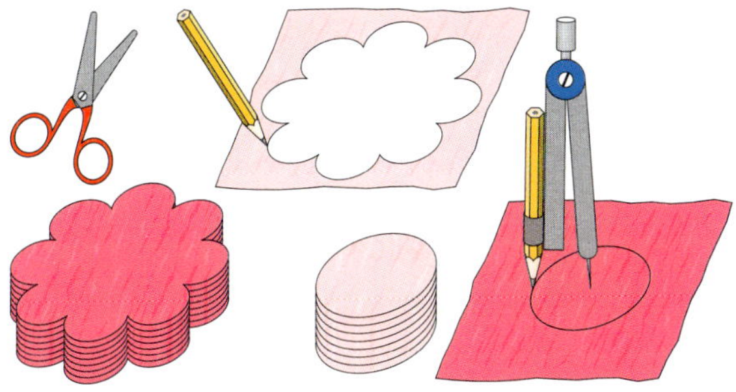

② Dérouler un morceau de papier kraft beige. Coller les fleurs, puis les ronds par-dessus. Alterner les teintes.

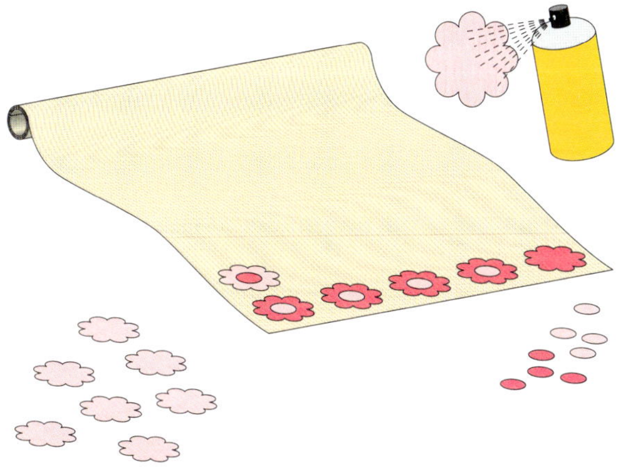

Modèle quadrillé

① Tracer et découper de longues bandes de papier de soie violet et turquoise de 3,5 cm de large.

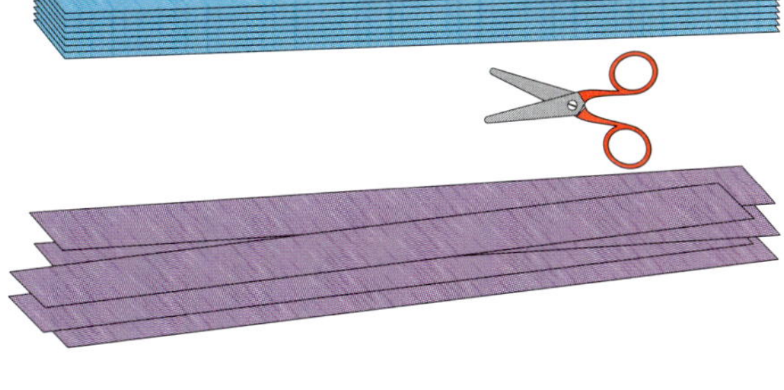

② Dérouler le papier kraft bleu ciel et coller les bandes dans la largeur, puis dans la longueur.

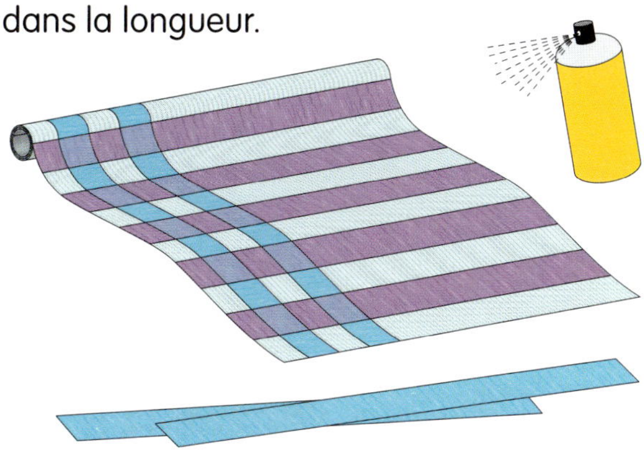

Modèle étoilé

① Tracer et découper des ronds de papier de soie orange de 13 cm de diamètre. Reporter le patron des étoiles sur du papier rouge. Les découper.

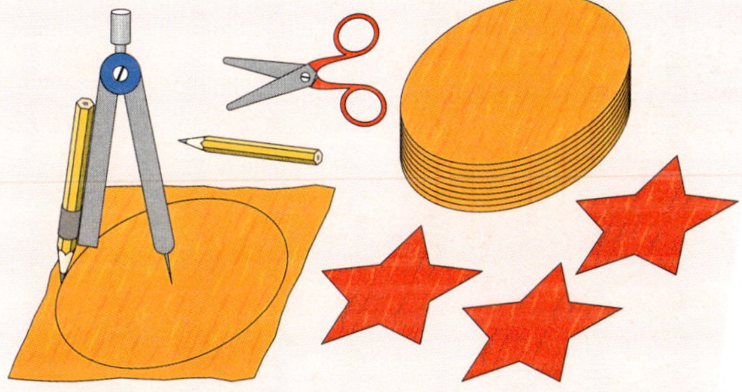

② Dérouler le morceau de papier kraft jaune. Coller les ronds orange, et coller les étoiles rouges par-dessus.

Boîtes-gâteaux

Matériel : boîtes à fromage, papier fin de couleur, papier de soie de couleur, boules de cotillon, colle.

(1) Tracer et découper une bande de papier beige de la hauteur du couvercle et la coller dessus.

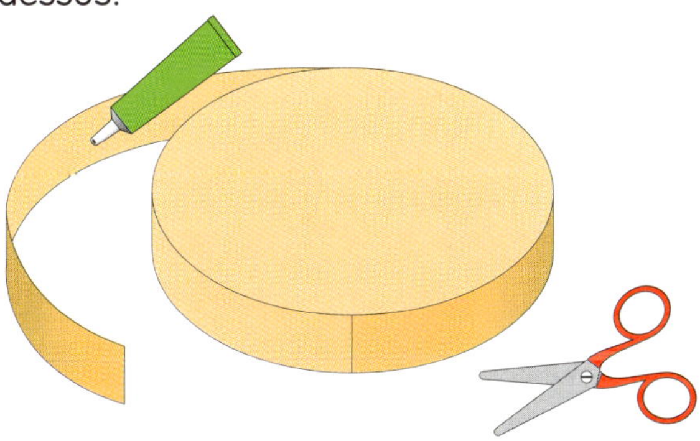

(2) Tracer et découper une bande ondulée plus mince dans du papier rose clair et une bande rose foncé encore plus mince. Les coller par-dessus.

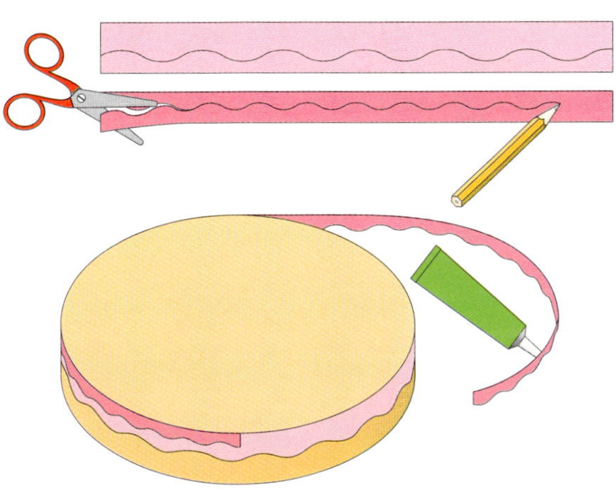

(3) Reporter le contour du couvercle sur le papier rose clair. Découper et coller le disque sur le couvercle. Découper une forme dans le papier beige, la coller au centre.

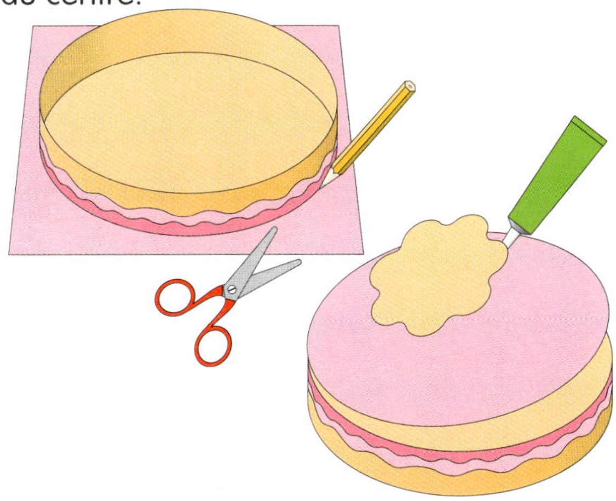

(4) Découper un rectangle de papier rose foncé de 12 x 7 cm. Le plier en accordéon et le découper en tronçons de 1 cm de large.

(5) Former des boules de papier de soie. Les coller sur la boîte en les atlernant avec les accordéons. Ajouter une boule de cotillon.

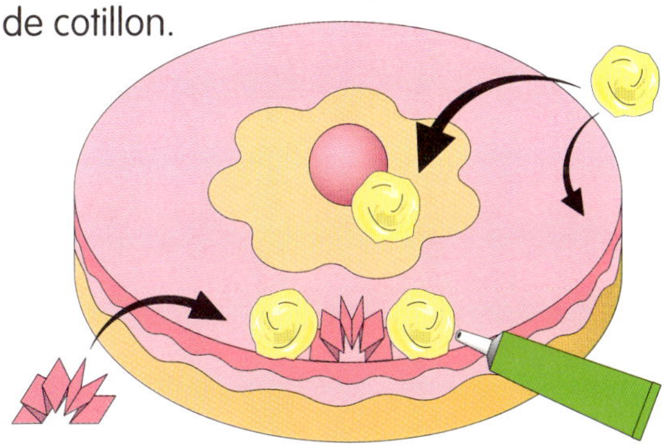

Sacs disco

① Sur le papier-calque, tracer et découper un rectangle de 82,5 x 43 cm. Tracer des repères en pointillés comme sur le schéma.

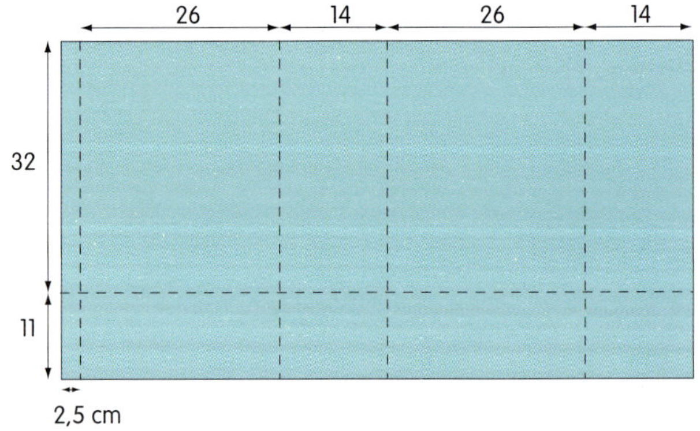

Matériel : feuilles de papier-calque de couleur (64 x 92 cm), ruban adhésif double face, pinceau, patron p. 188.

(2) Passer l'extrémité du manche d'un pinceau sur tous les repères pour marquer les plis.

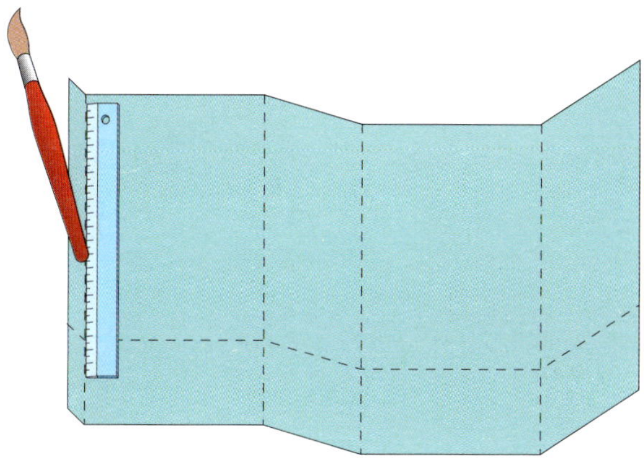

(3) Appliquer de l'adhésif double face sur le rabat puis coller pour former le sac.

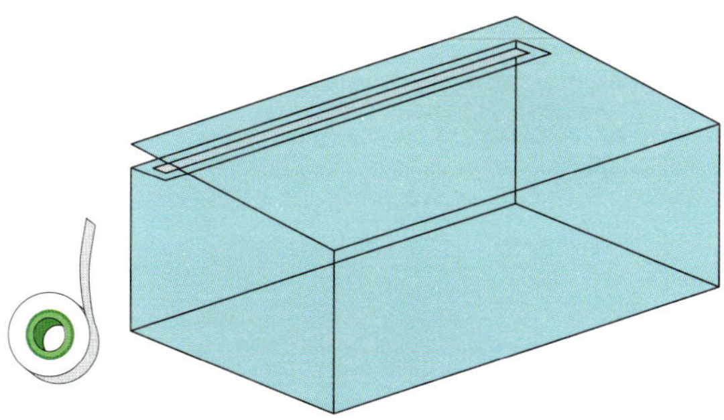

(4) Plier délicatement le fond du sac en rabattant les petits côtés, puis les grands. Fixer avec l'adhésif.

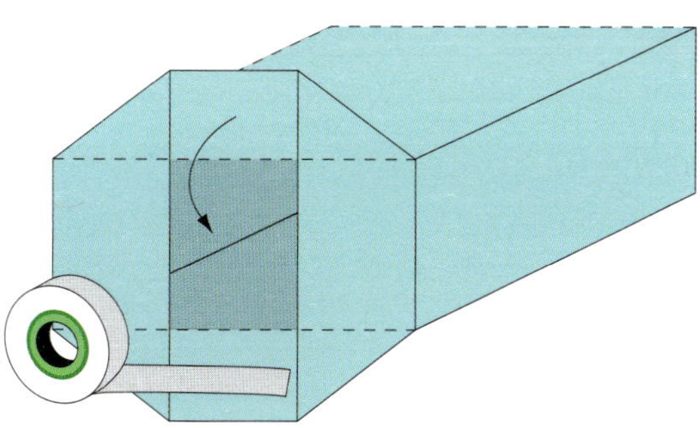

(5) Dans le papier-calque, tracer et découper 2 rectangles de 18 x 7 cm et 2 bandes de 40 x 4,5 cm. Plier les bandes en trois, puis les replier pour leur donner une forme d'anse.

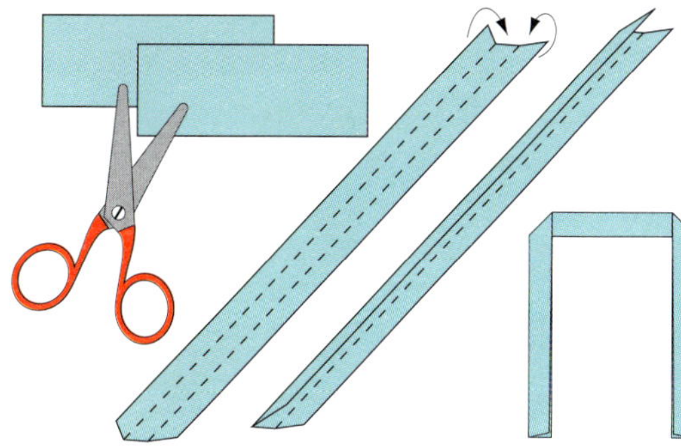

(6) Fixer les anses à l'adhésif à l'intérieur du sac et les maintenir en appliquant les rectangles par-dessus.

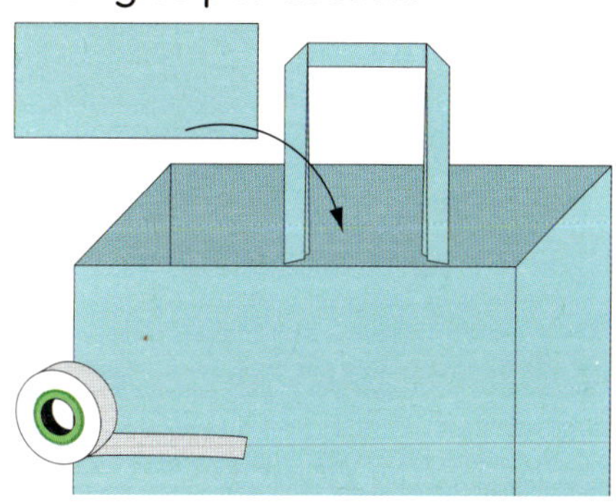

(7) Reporter plusieurs fois le patron des fleurs sur du calque de couleur ou tracer des cercles de plus en plus larges. Découper les éléments, former les pétales et les fixer sur les sacs avec l'adhésif.

Étiquettes scoubidous

Matériel : papier fort de couleur, papier-calque assorti, papier fin blanc, pinceau, fils à scoubidous, perforatrice.

① Poser le papier-calque sur un papier fort assorti. Tracer un carré ou un rectangle et découper les 2 épaisseurs en même temps.

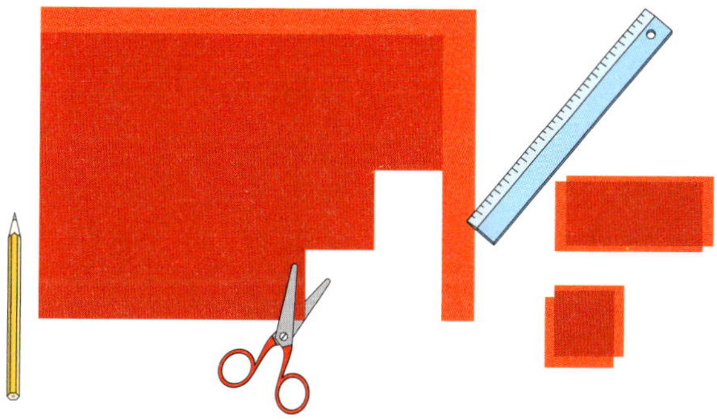

② Perforer les 2 feuilles dans un coin.

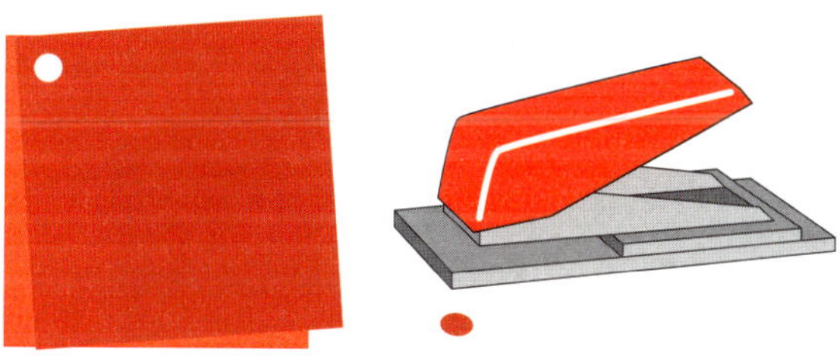

③ Écrire le message choisi ou faire un dessin sur du papier fin. Retourner le papier et repasser sur les traits par transparence.

④ Poser le papier-calque dessus et repasser sur les traits avec l'extrémité d'un pinceau. Bien appuyer.

⑤ Retourner le papier-calque, attacher les 2 papiers avec du fil à scoubidou.

Boîtes surprise

Matériel : papier Chromolux rouge (50 x 65 cm), papier fort vert anis et orange, colle, patrons p. 178.

(1) Agrandir et reporter le patron de la boîte au dos du papier rouge. Découper au niveau des traits pleins.

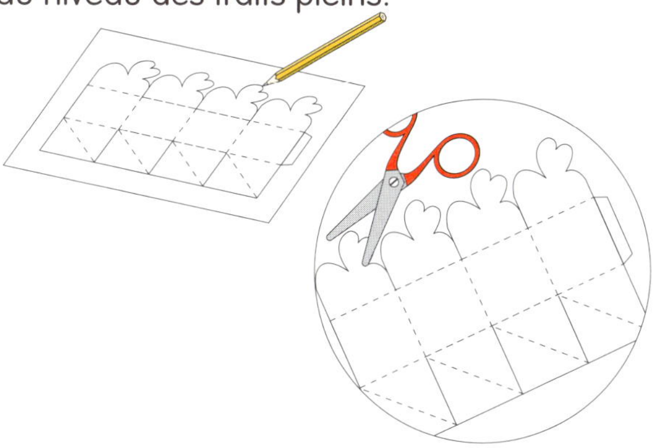

(2) Plier les carrés du bas suivant les pointillés, pour obtenir des triangles. Marquer les autres plis.

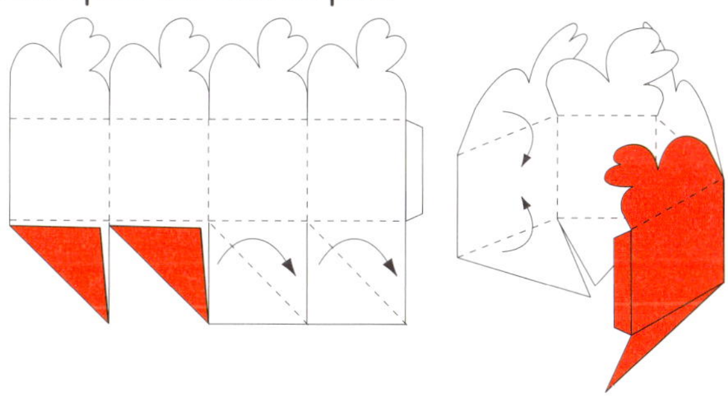

(3) Pour former la boîte, coller la languette.

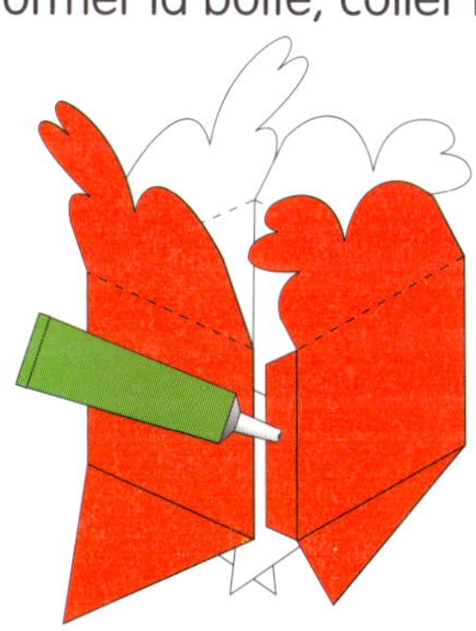

(4) Replier, un par un, les 4 triangles dans le sens inverse des aiguilles d'une montre. Pour fermer le fond de la boîte, le 4e triangle doit être glissé sous le 1er, comme pour fermer un colis.

(5) Glisser les cadeaux dans la boîte. Pour la fermer, replier de la même façon les 4 volets du dessus en glissant les encoches arrondies les unes sous les autres. Faire plusieurs essais pour bien comprendre le système.

(6) Reporter 4 fois le patron de la fleur ou du cœur sur du papier de couleur. Découper les motifs et les coller sur les côtés de la boîte.

Sachets parfumés

Matériel : feuilles de papier fin de couleur (format A4), grosse aiguille à bout rond, morceau de tissu, patron p. 187.

① Sur une feuille de papier, tracer des pointillés comme sur le schéma.

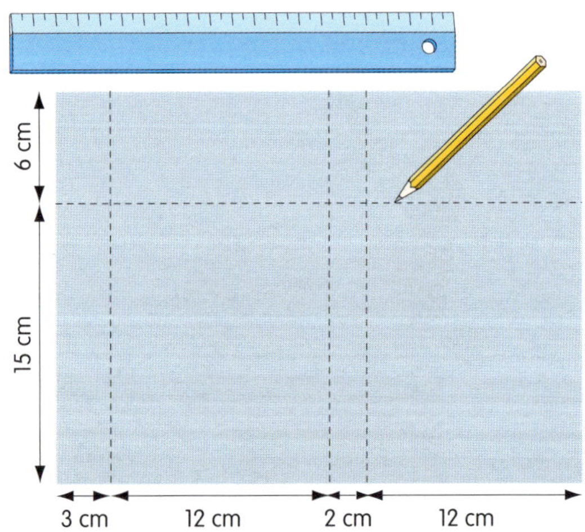

(2) Découper la partie en haut à gauche. Reporter le patron de l'arabesque sur le volet droit et découper les contours.

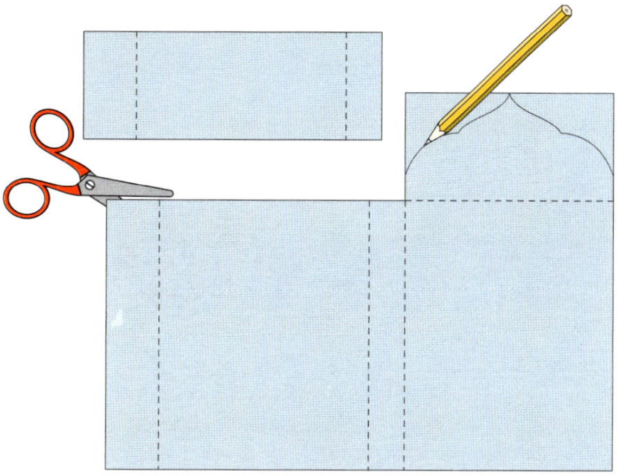

(3) Plier les soufflets comme sur le schéma : En trois à gauche et en deux au milieu.

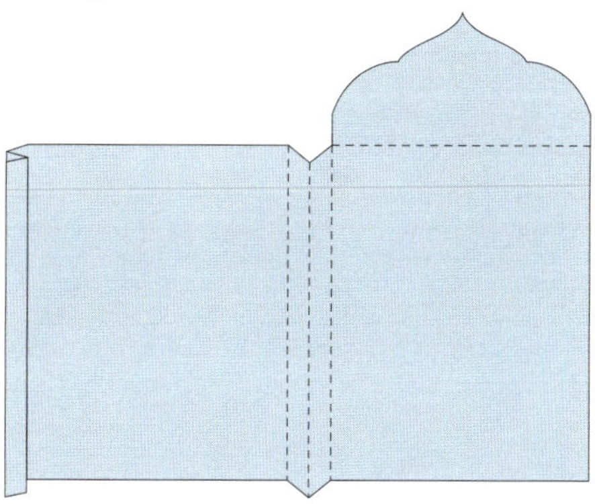

(4) Coller le soufflet et le bas de la pochette.

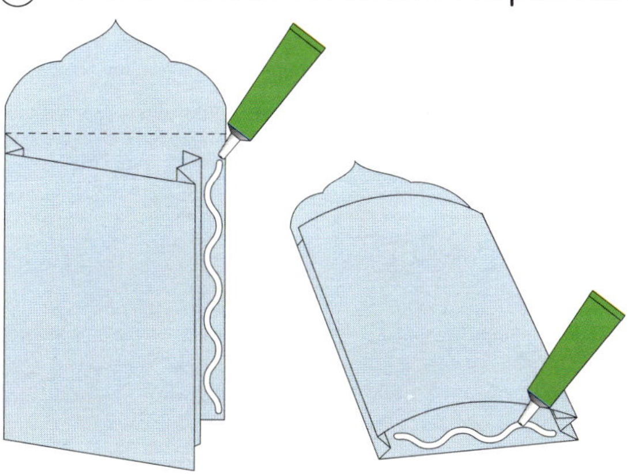

(5) Faire un pli sur l'envers de la pochette et le coller.

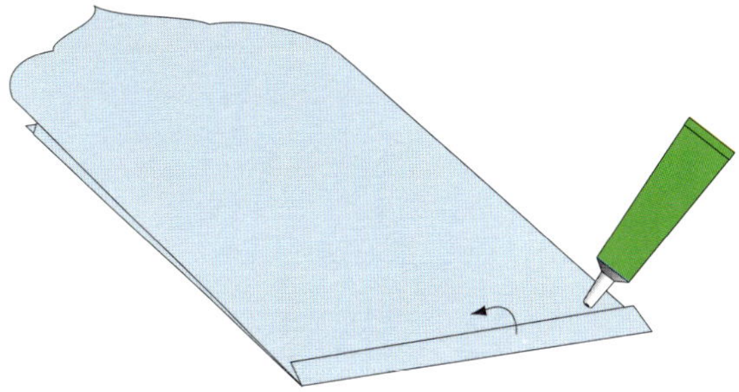

(6) Reporter le patron du motif sur le devant à l'aide d'un crayon tendre.

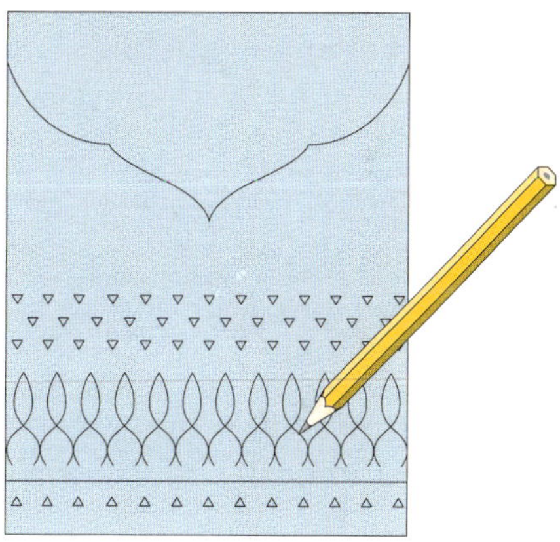

(7) Disposer la pochette sur un tissu plié en 8. Percer les 2 épaisseurs de papier avec l'aiguille, en espaçant les trous de 2 à 3 mm. Gommer les traces de crayon. Remplir les sachets de lavande.

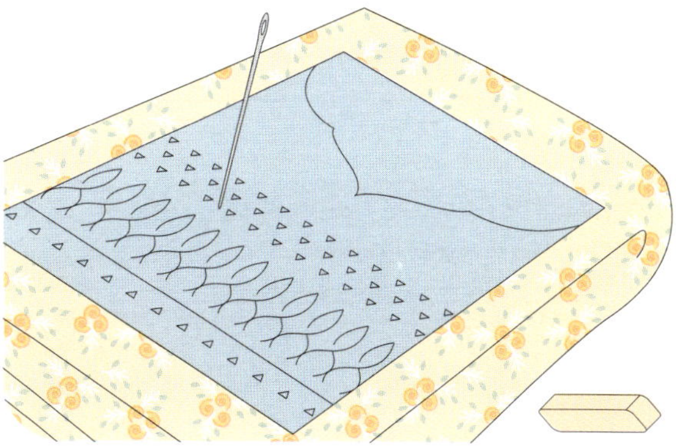

Jolis bouquets

Matériel : papier crépon et papier de soie de couleur, coton, fil à coudre, fil de fer épais, ruban de couleur, ruban floral, feutre noir, patrons p. 183.

(1) Tracer et découper un carré de crépon vert de 4 x 4 cm. Poser une petite boule de coton au milieu et la recouvrir avec le crépon. Coller et enrouler le fil à coudre sans faire de nœud. Dessiner des traits.

(2) Découper une bande de 3 x 20 cm dans du crépon jaune ou noir. La franger finement sur toute la longueur. L'enrouler autour du cœur, coller et nouer du fil.

③ Reporter 4 fois le patron du pétale et découper. Creuser les pétales avec le doigt et les coller autour du cœur.

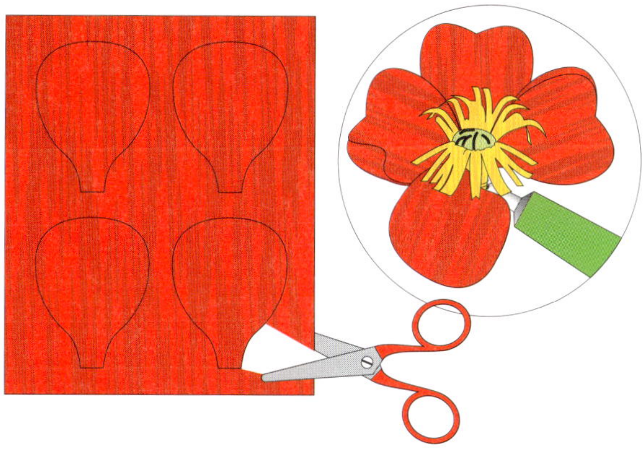

④ Pour réaliser un bouton, découper 2 pétales, les enrouler sur eux-mêmes. Lier avec du fil. À l'aide du patron, découper 2 petites feuilles vertes et les coller à la base du bouton.

⑤ Enrouler l'extrémité d'un morceau de fil de fer autour de chaque fleur et de chaque bouton. Puis, recouvrir le fil de fer avec du ruban floral.

⑥ Reporter plusieurs fois le patron des feuilles. Les découper et les fixer sur les tiges avec du ruban floral.

⑦ Réunir les fleurs en bouquet, les envelopper dans un papier de soie et nouer un ruban.

Papillons multicolores

① Reporter les patrons des ailes et des corps des papillons sur des papiers de couleur. Découper les éléments.

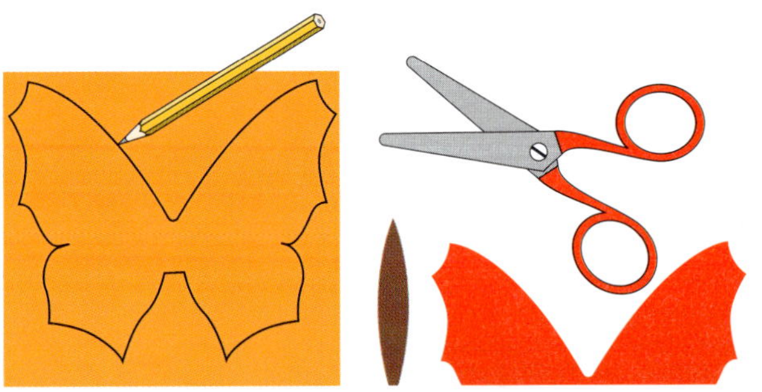

Matériel : papier fort de couleur, piques à brochettes en bois, colle à bois, patrons p. 135.

② Superposer les éléments, les coller. Laisser sécher.

③ Fixer le papillon sur la pique avec de la colle à bois. Laisser sécher. Tordre légèrement les ailes avec les doigts pour les incliner.

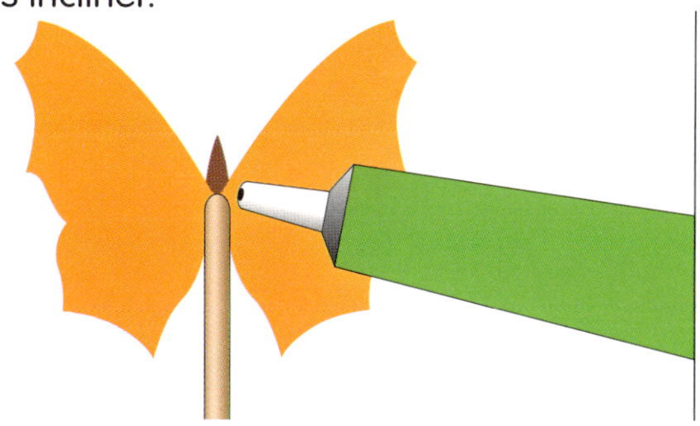

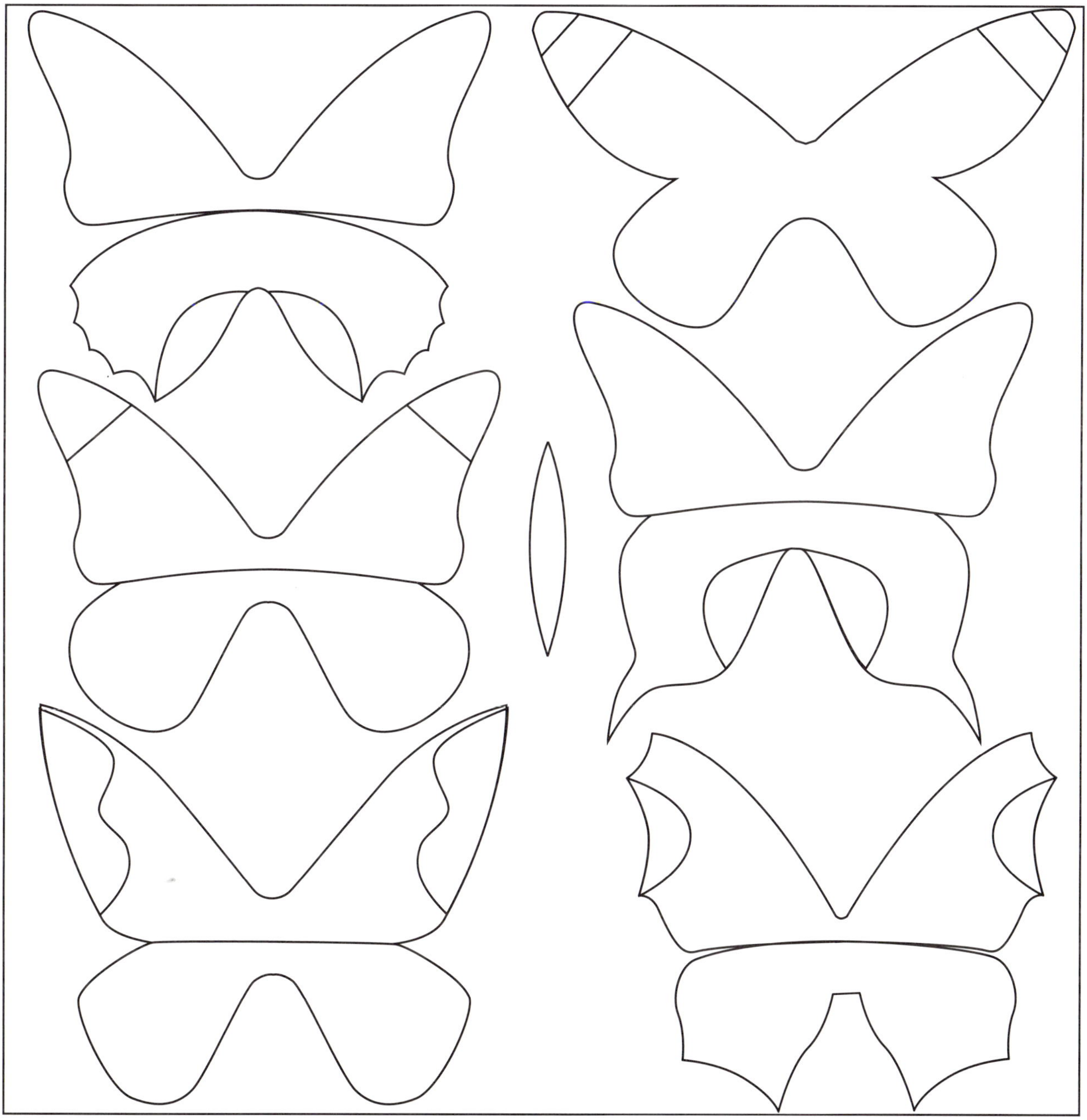

Bijoux de papier

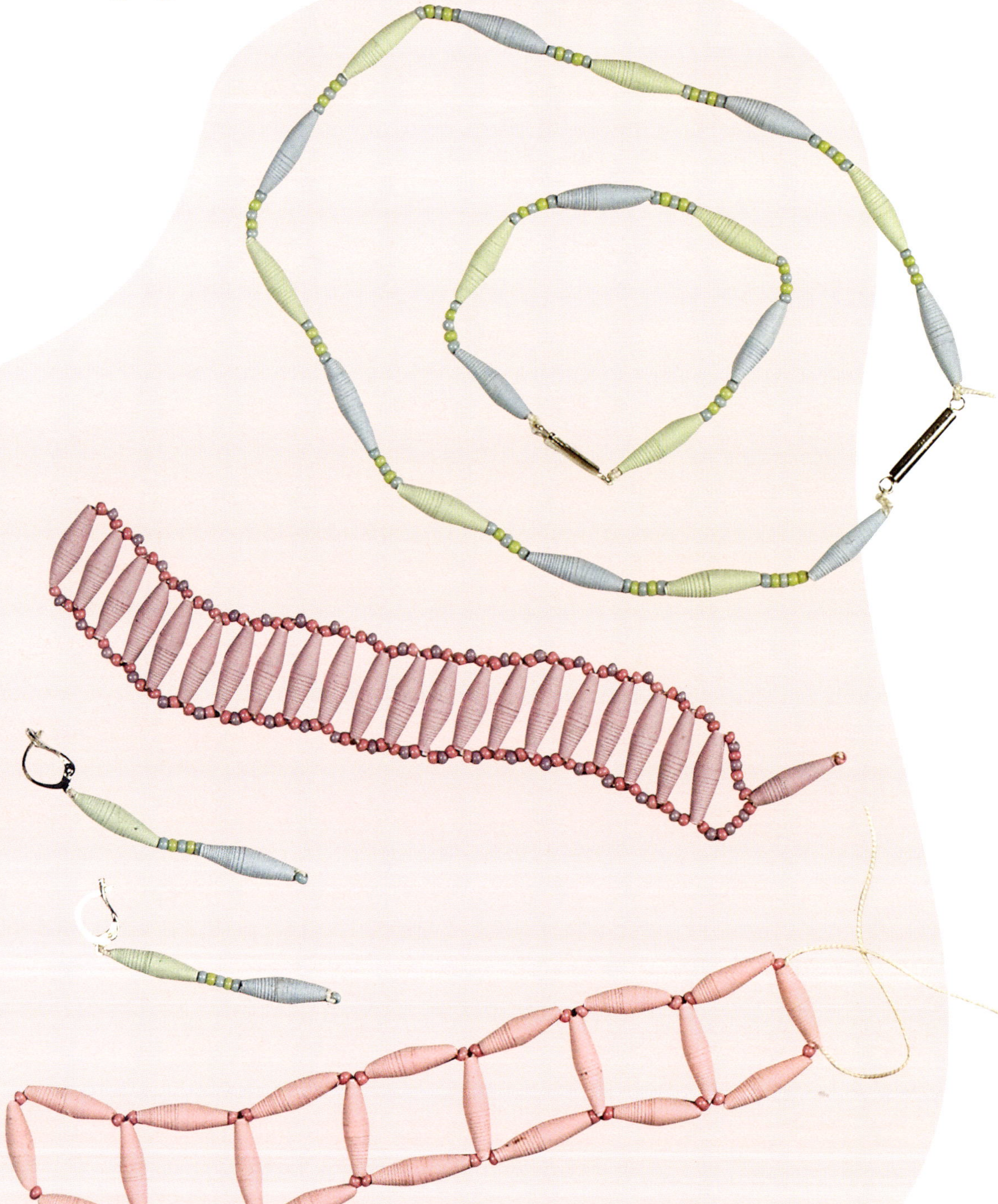

Matériel : papiers fins de couleur, perles de rocaille, pique en bois, ficelle fine, fermoirs.

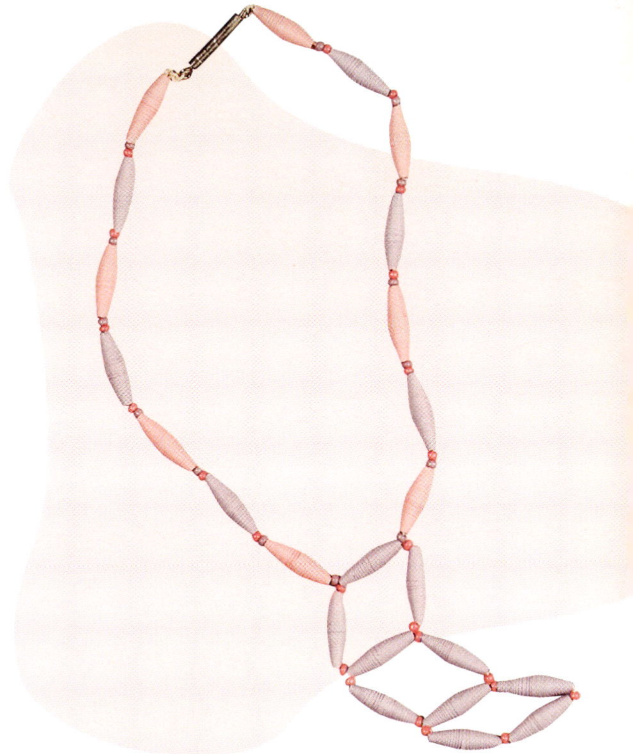

① Tracer et découper des bandes de papier de 20 x 2 cm. Y découper de longs triangles.

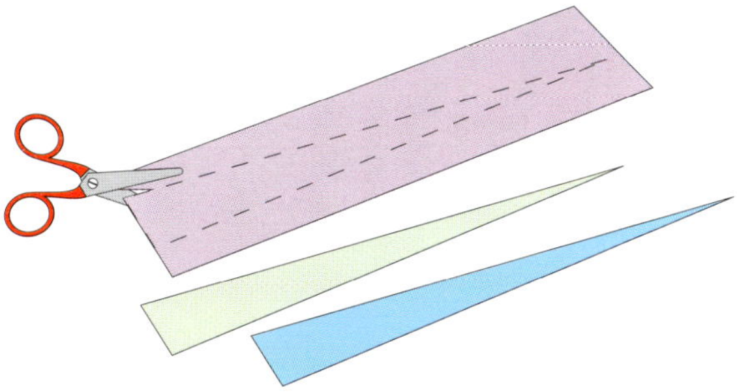

② Les rouler sur une pique, de la base à la pointe, et coller la pointe. Retirer la pique.

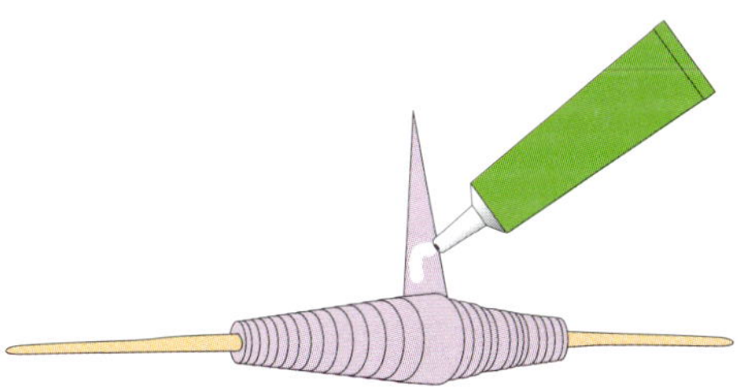

③ Pour les bijoux à rang simple, enfiler des perles sur une ficelle. Nouer la ficelle au fermoir et la cacher dans la dernière perle.

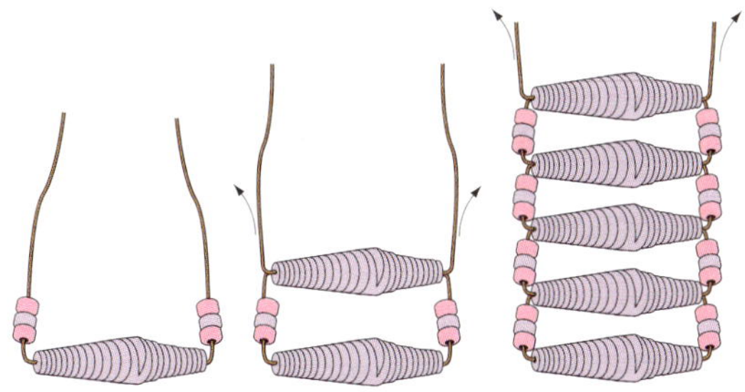

④ Pour le bracelet mauve, enfiler une perle de papier et 3 perles de rocaille de chaque côté au milieu d'une ficelle de 1 m. Croiser les fils dans une nouvelle perle de papier et continuer ainsi de suite.

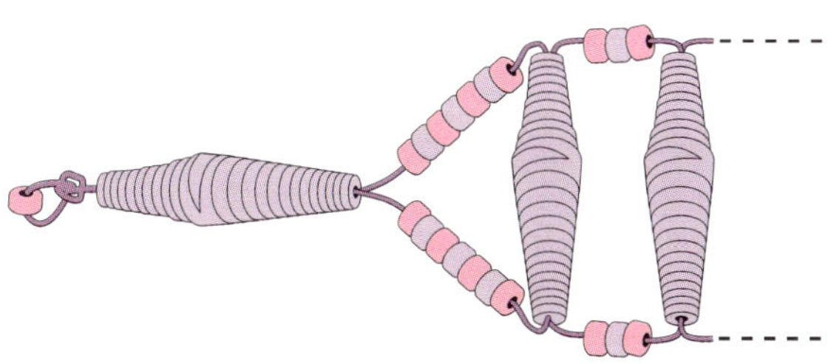

⑤ Pour terminer, insérer les deux fils dans une perle de papier. Ajouter une perle de rocaille et nouer.

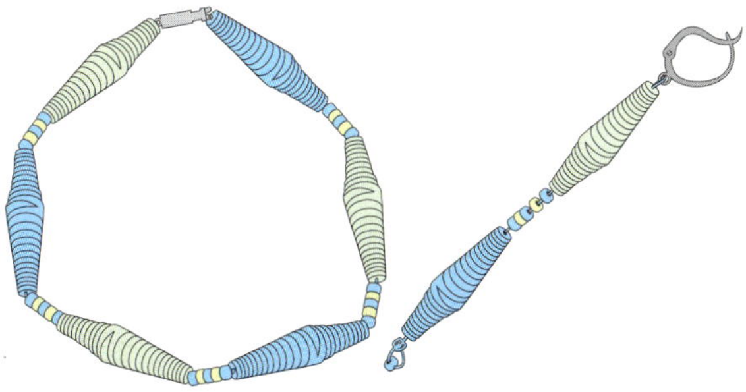

Ribambelle de photos

① Tracer un rectangle de 48 x 8 cm sur le papier fort et le diviser en 6 carrés. Découper le rectangle et le plier en accordéon. Pour un pliage net, marquer le papier avec le dos des ciseaux.

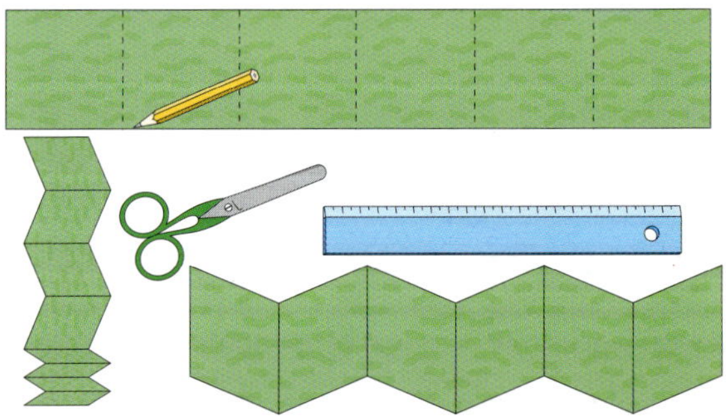

Matériel : papier fort vert (50 x 65 cm), papiers de couleur, ruban fin, feutres, compas, cutter, colle.

② Tracer et découper 6 carrés de 7 x 7 cm dans du papier de couleur. Dessiner des motifs simples au centre. Demander à un adulte d'évider les formes au cutter.

③ Encoller 3 côtés de chaque carré. Coller ainsi les 6 carrés sur l'accordéon en laissant l'ouverture en haut. Décorer au feutre.

④ Placer un ruban de 42 cm autour de l'accordéon. Tracer et découper un gros cœur vert foncé et un plus petit vert clair. Les coller l'un sur l'autre sur la couverture de l'accordéon, sur le ruban.

⑤ Découper les photographies et les insérer sous les cadres de couleur.

Magnets pense-bêtes

Matériel : carton fin, papier à fibres et papier fin de couleur, plaque de plastique aimanté, ficelle de coton ciré blanche et noire, boules de cotillon, gommettes rondes vertes, petits crayons, compas, perforatrice, peinture, pinceau, colle en bombe, colle, patrons p.187.

① Pour le chat, par exemple, coller une feuille de papier bleu à fibres sur du carton.

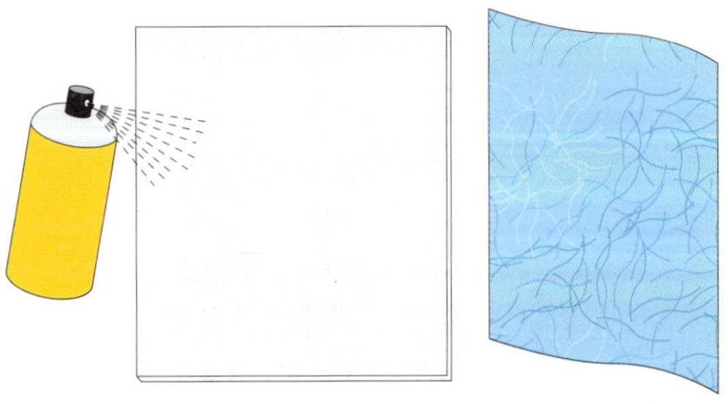

② Au dos du carton, tracer un cercle (ø = 14,5 cm). Reporter les patrons de la tête du chat, des 4 pattes, du museau et des poils. Découper les éléments. Peindre le museau, les poils et une boule de cotillon en bleu.

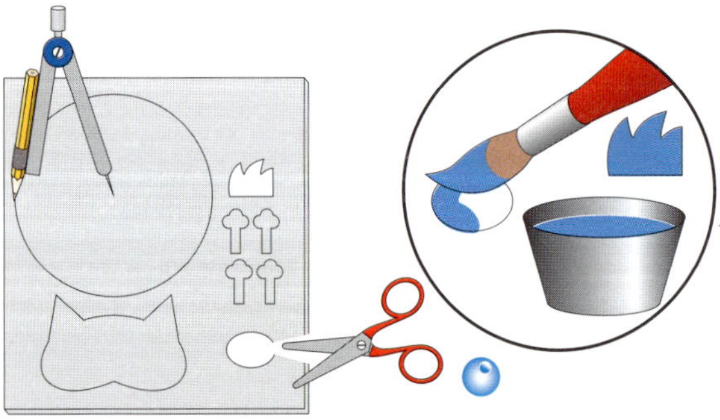

③ Coller tous les éléments. Pour les moustaches et les yeux, couper 6 morceaux de ficelle blanche de 4 cm et 2 de ficelle noire de 2,5 cm. Les coller.

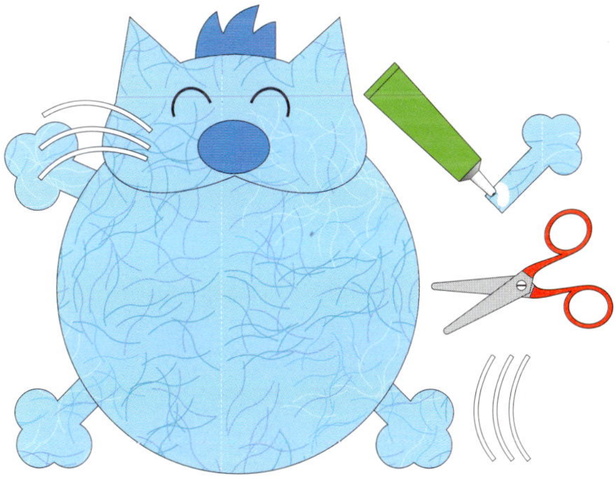

④ Découper des rectangles de papier fin bleu de 6 x 5 cm. Les empiler et les perforer dans les 2 coins du haut.

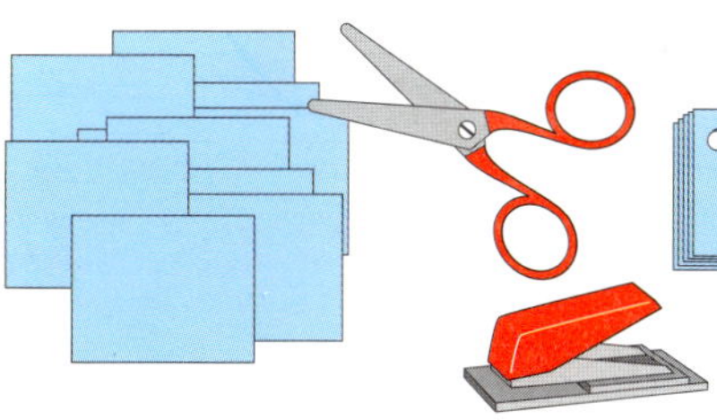

⑤ Poser les feuilles sur le corps du chat, et demander à un adulte de percer le carton au niveau des trous et au-dessus. Faire passer une ficelle blanche de chaque côté, la nouer au dos.

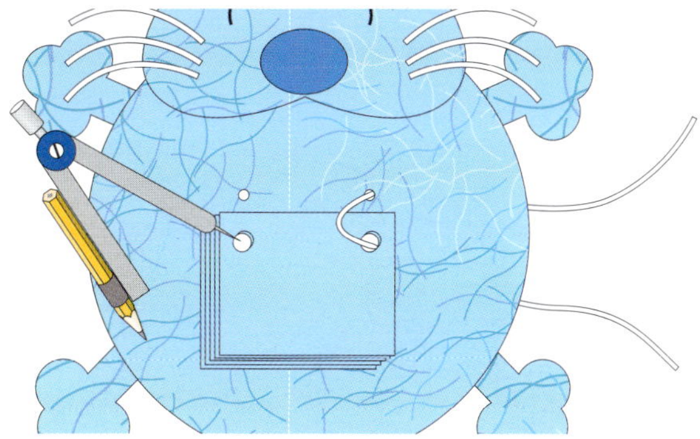

⑥ Fixer une ficelle blanche de 25 cm au dos du chat. Découper un aimant souple de 6 x 5 cm et le coller par-dessus.

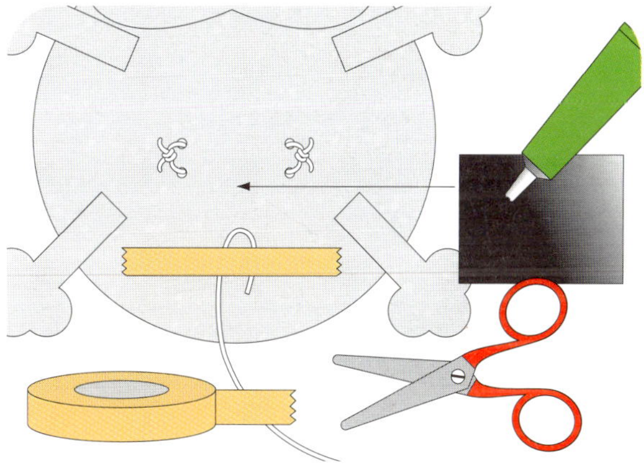

⑦ Creuser un trou dans une boule de cotillon avec la pointe d'un crayon. Coller la ficelle et le petit crayon dans le trou.

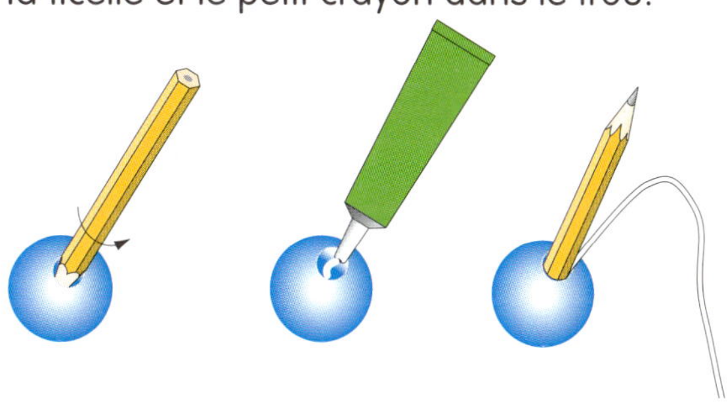

⑧ Les autres pense-bêtes se réalisent de la même façon, en ajoutant des gommettes pour la grenouille.

Les grands-parents

Matériel : œufs en styropor, papier de soie blanc, grosses boules de cotillon, cure-dents, colle à papier peint, peinture acrylique et pinceaux, feutre noir, technique du papier mâché : voir p. 9.

① Encoller les 2 pointes d'un cure-dent. Le piquer dans une boule de cotillon et piquer le tout au sommet de l'œuf.

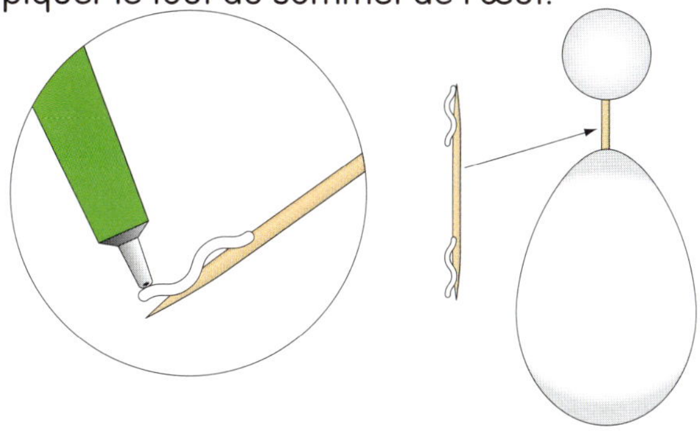

② Découper des bandes de papier de soie de 5 x 10 cm et des carrés de 2 x 2 cm et de 5 x 5 cm.

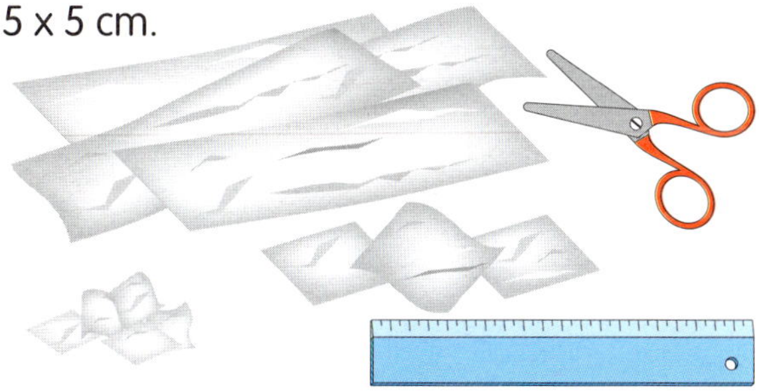

③ Encoller une bande et la rouler dans sa longueur. Rouler le boudin obtenu en spirale et le placer sous l'œuf. Recouvrir avec une bande de papier encollé.

④ Pour les cheveux et le chignon, encoller une boule de papier froissé et la recouvrir avec des carrés de papier.

⑤ Pour les vêtements, encoller des bandes grossièrement pliées, sans les aplatir. Imiter les bras à l'aide de 2 bandes roulées en boudin. Les aplatir au niveau des épaules.

⑥ Laisser sécher plusieurs jours si nécessaire, puis peindre. Dessiner les yeux au feutre noir.

C'est la fête !

Carnaval, Pâques, Halloween, Noël, sans oublier les anniversaires et les goûters, on peut faire la fête tout au long de l'année ! Voici des photophores et des marque-places pour la table, des œufs géants et des paniers tressés, des masques et des chapeaux pour se déguiser, des ribambelles et des citrouilles, des décors à suspendre et même un sapin de Noël !

Décor de table

① Selon le thème choisi, reporter plusieurs fois les patrons des fleurs sur du papier rose et ceux des feuilles sur du papier vert. Découper les éléments et coller une gommette rose au centre de chaque fleur.

Matériel : papier fort de couleur (24 x 32 cm), assiettes et gobelets en carton, pailles, serviettes en papier, petites gommettes rondes, colle universelle, ruban adhésif double face, patrons p.180.

(2) Découper un rectangle rose de 2 x 10 cm et le franger dans la longueur. Le coller au dos de la fleur et recourber les franges. Coller la fleur sur le gobelet.

(3) Pour le modèle vert, coller 3 feuilles et des gommettes. Pour décorer les pailles, fixer les éléments avec du ruban adhésif.

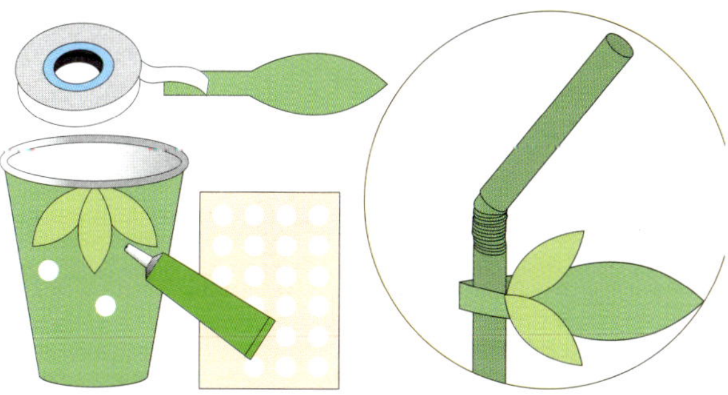

(4) Au dos d'une assiette, tracer des triangles sur le rebord en comptant les cannelures. Découper. Coller des feuilles dessous. Pour le modèle rose, coller 6 fleurs sur le rebord et ajouter une petite assiette rose en y découpant des triangles comme expliqué ci-dessus.

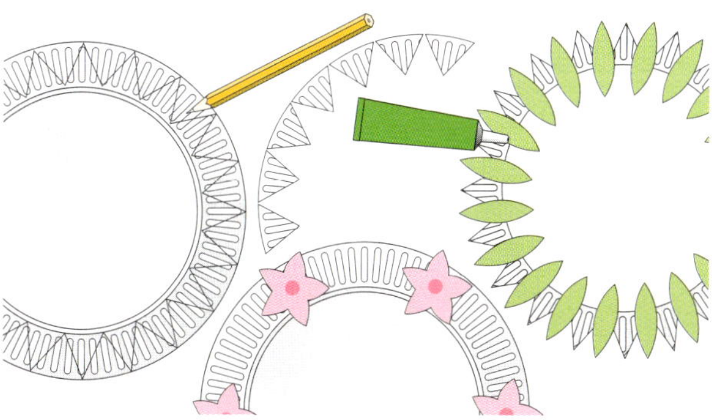

(5) Pour les sets, tracer des grandes arabesques sur les côtés des feuilles. Décorer avec des feuilles, des fleurs et des gommettes.

(6) Découper 1 rectangle rose de 12 x 7 cm. Le plier en deux et coller une fleur au milieu. Pour les marque-places verts, coller 1 rectangle blanc de 12 x 8 cm dessous et décorer avec 2 feuilles et des gommettes.

(7) Découper une bande blanche de 21 x 4,5 cm. Coller une bande plus étroite de couleur par-dessus. Rouler en anneau, coller les bords et ajouter des décorations.

Photophores

Matériel : verres droits de différentes tailles, papier-calque de couleur, papier vitrail assorti, bougies chauffe-plats, cutter, ficelle.

① À l'aide d'une ficelle, mesurer la circonférence du verre. Sur le papier vitrail, tracer un trait horizontal à cette mesure et ajouter 1 cm. Tracer ensuite un trait vertical de la hauteur du verre, puis un rectangle à ces dimensions et le découper.

② Tracer un rectangle de même largeur sur le papier-calque et ajouter 4 cm à la hauteur. Le découper.

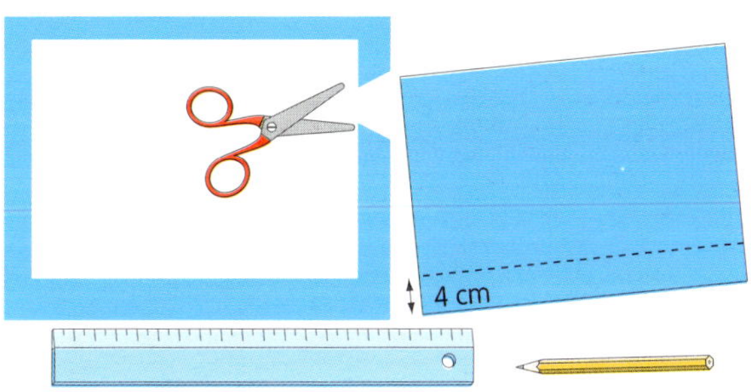

③ Tracer ensuite 2 lignes horizontales à 1 cm des bords et des lignes verticales tous les cm. Demander à un adulte de les découper au cutter.

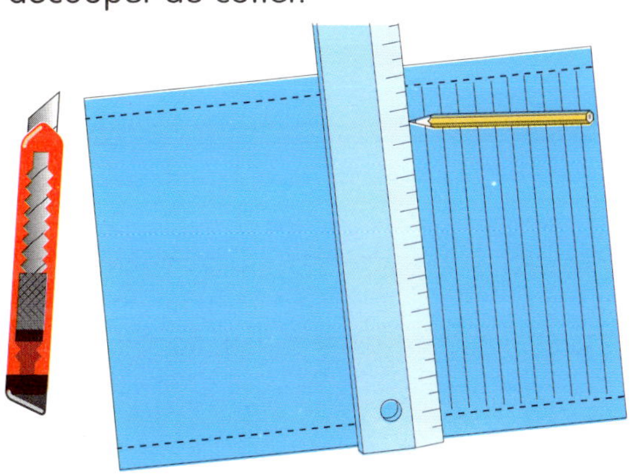

④ Coller le haut du rectangle de papier vitrail autour du verre, puis refermer en collant la hauteur.

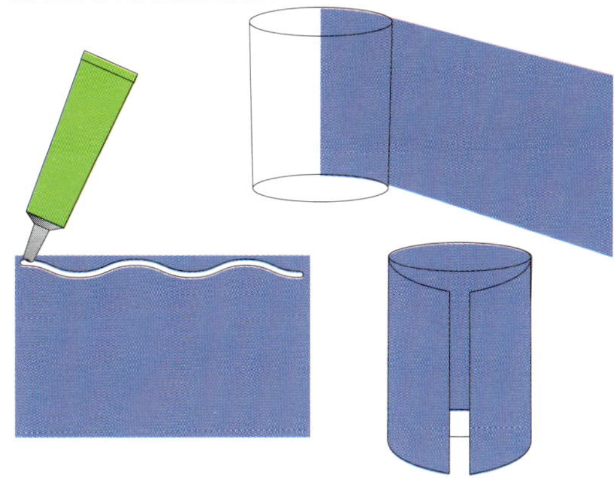

⑤ Poser le verre horizontalement. Fixer le calque de la même façon. Le bas du calque n'est pas collé. Le volume se forme tout seul en posant le verre sur la table.

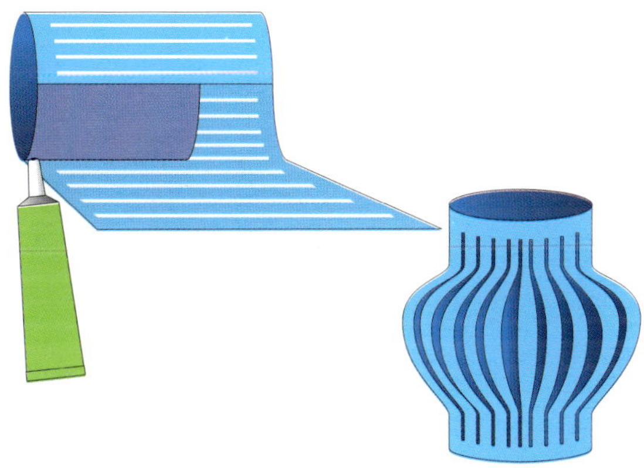

⑥ Installer une bougie dans le photophore. Si le verre est haut, le remplir d'eau à moitié pour y faire flotter la bougie.

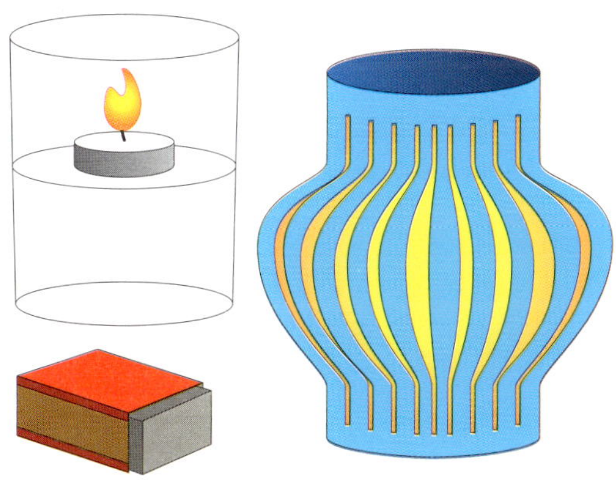

Guirlandes de cœurs

Matériel : papier de soie et papier fort de couleur, colle universelle, attaches en toile gommée, patron p. 181.

① Découper 25 carrés de papier de soie de 10 x 10 cm d'une couleur, puis 25 carrés identiques d'une autre couleur assortie.

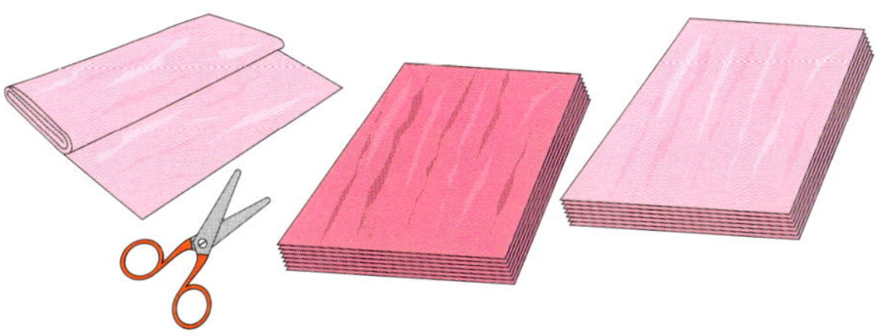

② Coller tous les carrés deux par deux, en utilisant à chaque fois 2 carrés de couleurs différentes. Poser la colle en 3 fines bandes parallèles. Laisser sécher.

③ Coller 5 paquets de deux les uns sur les autres en posant cette fois-ci seulement 2 bandes de colle comme sur le schéma.

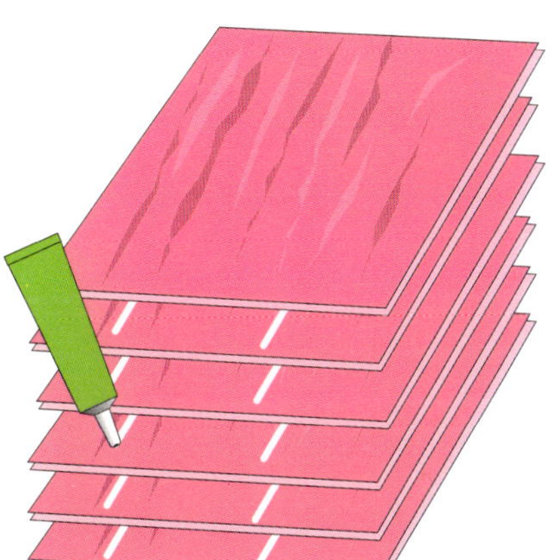

④ Reporter le patron du cœur sur le 1er carré et découper toutes les épaisseurs de papier. Assembler plusieurs paquets de cœurs pour former une guirlande.

⑤ Tracer et découper 2 cœurs dans du papier fort. Fixer une attache gommée sur chacun d'eux.

⑥ Coller un cœur à chaque extrémité de la guirlande.

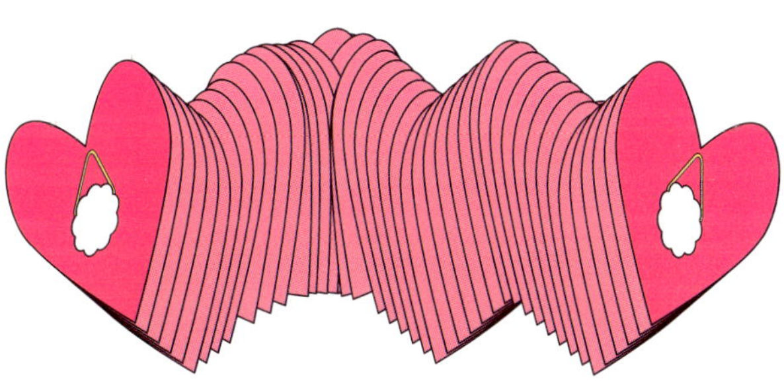

Piñata

Matériel : ballon de baudruche, papier de soie vert, papier alvéolé vert, carton ondulé (orange, violet), papier blanc et orange, grosses boules de cotillon, gommettes rondes, compas, colle à papier peint et pinceau plat, cordelette, patrons p. 190.

① Gonfler le ballon et faire 3 noeuds. L'encoller et appliquer des morceaux de papier de soie découpés, en laissant une ouverture. Laisser sécher. Répéter cette opération 4 fois.

② Laisser bien sécher, puis percer le ballon et le retirer. Avec un crayon pointu, percer 2 trous en haut de l'œuf. Y passer une cordelette et la nouer à l'intérieur.

③ À l'aide du patron, découper 2 pieds et 2 mains. Tracer et découper 4 ronds de 6,5 cm de diamètre dans le papier alvéolé.

④ Coller les bras et les jambes sur le monstre, puis les mains et les pieds.

⑤ Reporter les patrons du nez, des dents et des cornes sur du papier blanc et de couleur. Pour les yeux, découper 2 disques orange. Coller dessus une boule de cotillon et une gommette.

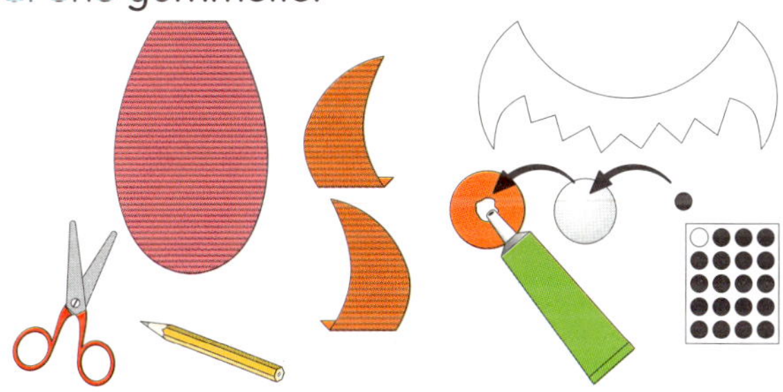

⑥ Coller tous les éléments et décorer le corps avec des gommettes.

Paniers de Pâques

Matériel : papiers forts de couleur, colle universelle.

Panier jaune

(1) Sur les papiers jaune et orange, tracer 20 bandes de 26 x 1 cm : 9 bandes jaunes et 11 bandes orange. Découper.

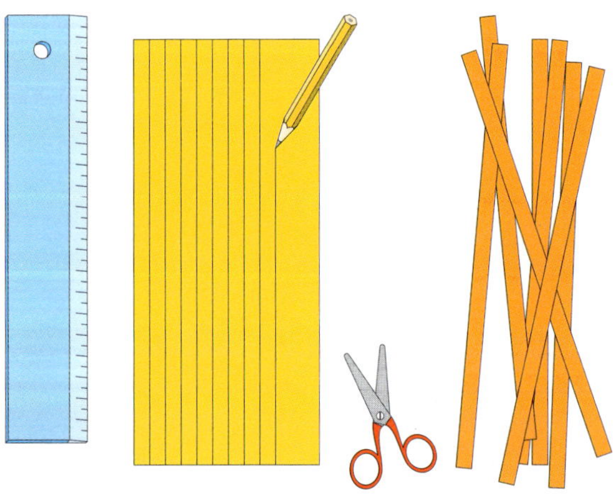

(2) Disposer 9 bandes verticales en alternant les couleurs selon le schéma. Au centre, placer une bande horizontale orange, et la glisser alternativement dessous et dessus les autres bandes.

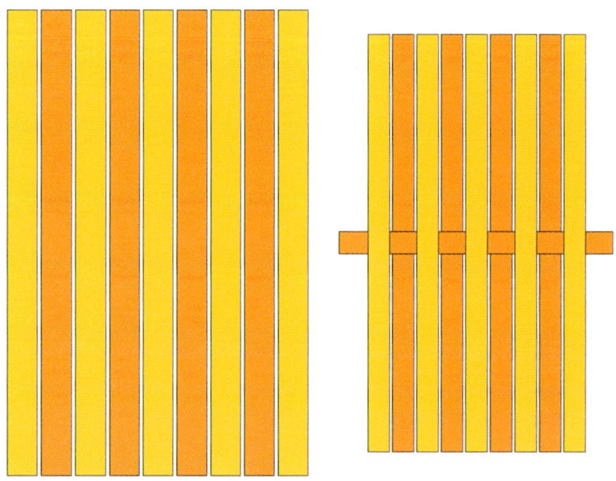

(3) Placer 3 bandes horizontales de chaque côté de la bande centrale en alternant les couleurs. Les tisser de la même façon, en passant dessus, puis dessous, etc. pour former le fond du panier rectangulaire.

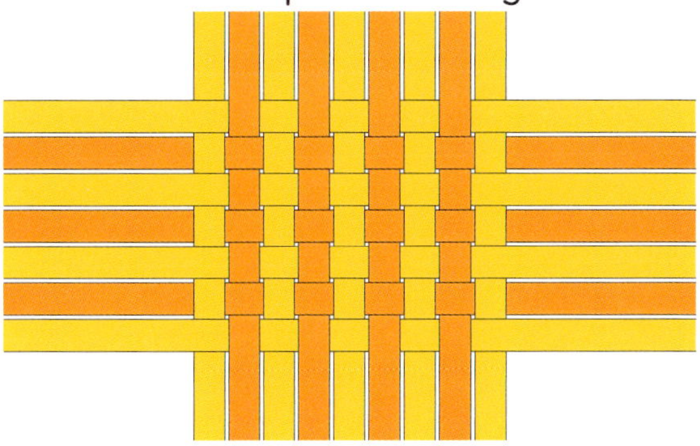

(4) Autour du rectangle tressé, plier les bandes à angle droit. Tresser une bande orange à la base, tout autour du panier. Couper à 3 cm du bout et glisser l'extrémité dans les mailles suivantes.

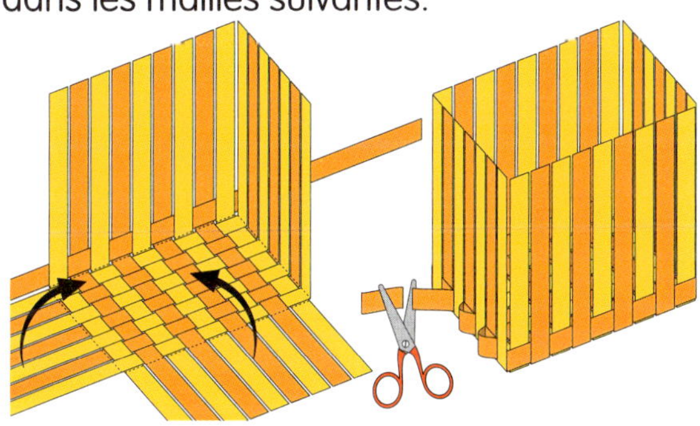

(5) Tisser de cette façon 3 autres bandes orange. Relier et coller les 2 bandes jaunes centrales. Couper les autres bandes à 3 cm du bout, les replier et glisser l'extrémité dans les mailles précédentes.

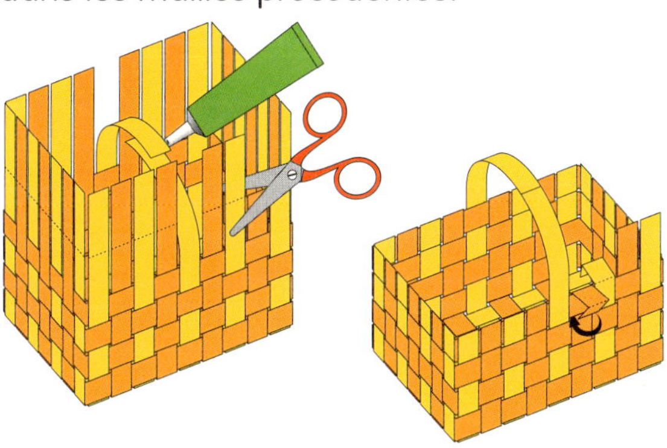

Panier bleu

(1) Suivre les mêmes étapes, en utilisant 22 bandes de 46 x 2 cm : 3 vertes, 11 turquoise et 8 bleu marine.

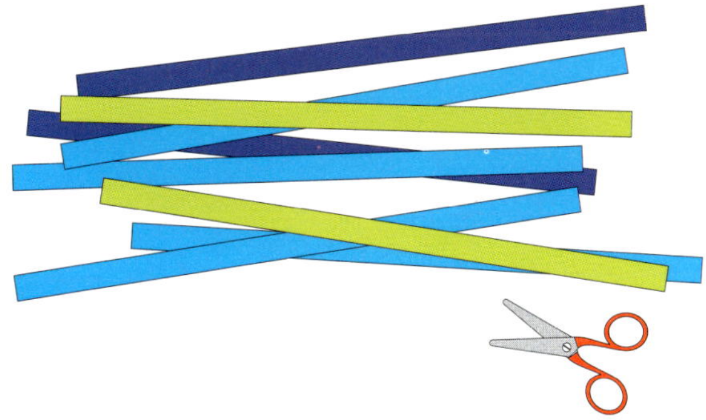

(2) Placer 11 bandes verticales : une verte au centre puis une alternance de bandes bleues. Au milieu, tisser horizontalement une bande verte puis 3 autres de chaque côté.

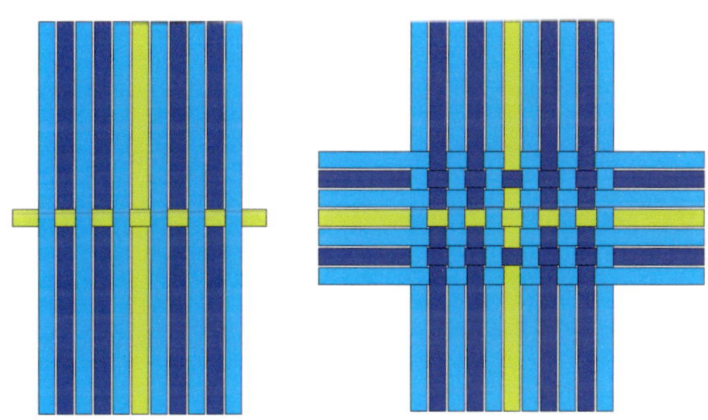

(3) Pour les côtés, tisser 4 bandes et procéder comme aux étapes 4 et 5 du panier jaune. Former les 2 anses en croisant 2 bandes turquoise.

Œufs géants

Matériel : papier de soie de couleur, ballons de baudruche, vernis colle et pinceau plat, ruban adhésif, technique du papier mâché : voir p. 9.

(1) Gonfler un ballon et faire 3 noeuds.

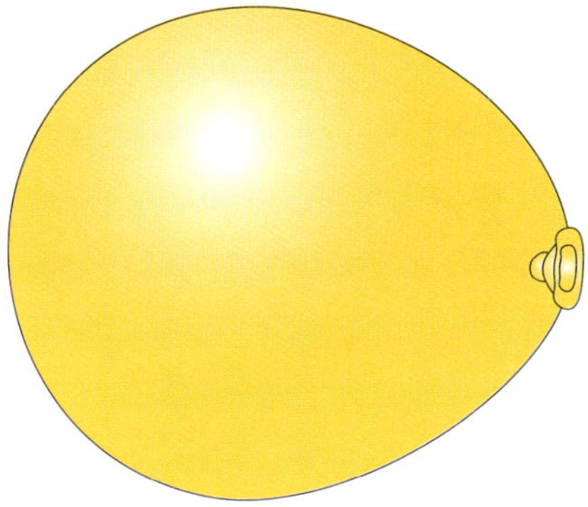

(2) Avec du ruban adhésif, recouvrir le nœud pour l'aplatir entièrement.

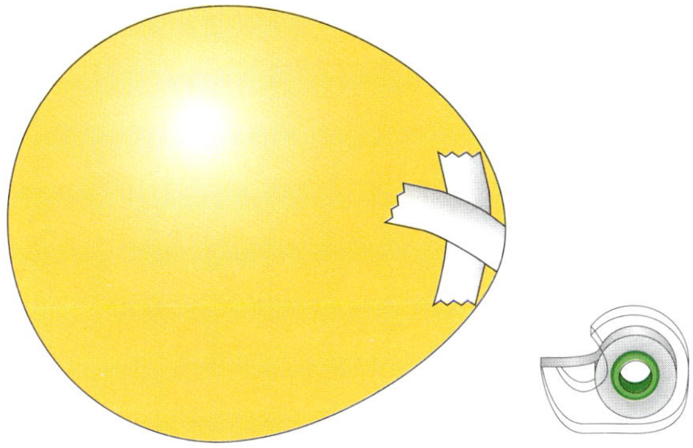

(3) Déchirer des morceaux de papier de soie. Encoller la surface du ballon au pinceau et la recouvrir entièrement de morceaux de papier. Laisser sécher.

(4) Lorsque la première couche est sèche, recommencer l'opération. Superposer ainsi plusieurs couches de papier, jusqu'à ce que l'ensemble soit rigide. Laisser sécher.

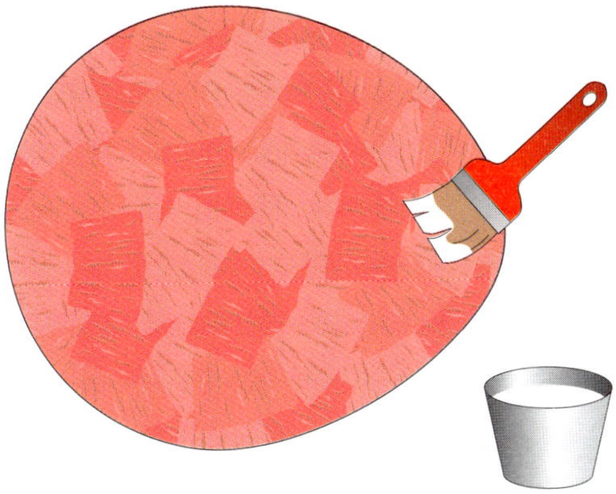

Marque-places fleuris

Matériel : papier fort blanc et de couleur, papier crépon de couleur, fil à coudre, ruban floral, ciseaux cranteurs ou fantaisie, feutres.

① À l'aide de ciseaux cranteurs ou fantaisie, découper un rectangle de papier fort de 11 x 8 cm. Le plier en deux et découper une encoche au milieu du pli.

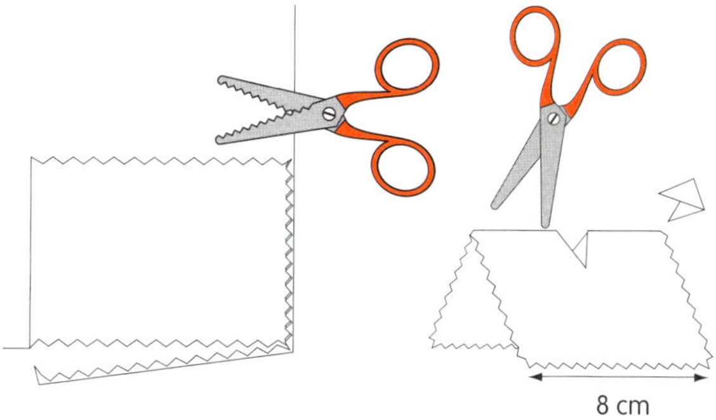

② Pour le cœur, tracer et découper une bande de crépon jaune de 15 x 3 cm. Découper des franges d'1 cm sur toute la longueur. Enrouler la bande sur elle-même et nouer un fil à la base.

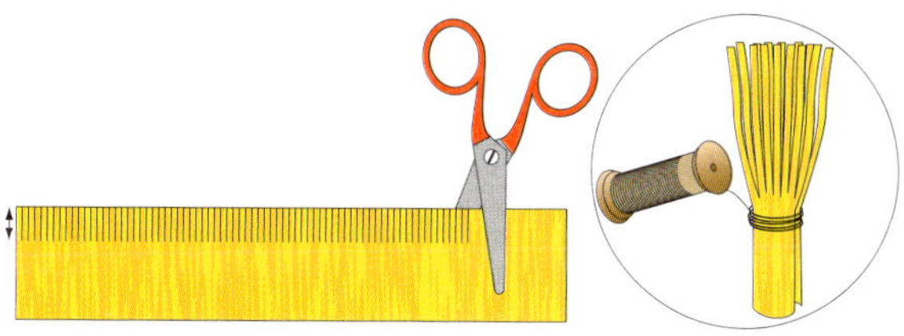

③ Tracer et découper une bande de crépon de 10 x 4 cm. La plier 5 fois en accordéon.

④ Reporter le patron du pétale sur le volet du dessus, évider les parties hachurées.

⑤ Déplier la ribambelle et l'entourer autour du coeur. Enrouler du ruban floral à la base en formant une petite tige.

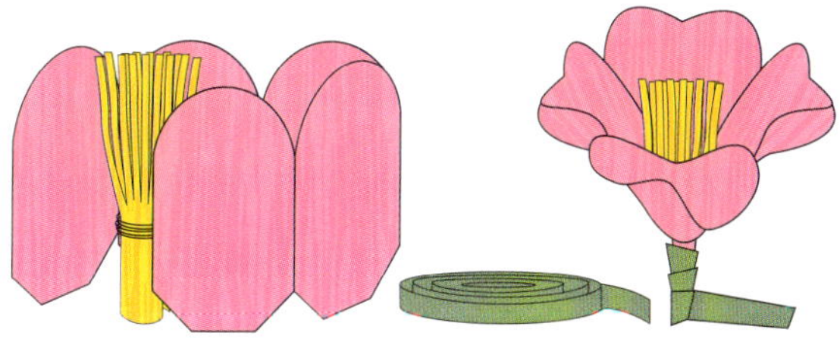

⑥ Reporter le patron de la feuille sur du crépon vert. Découper et coller la feuille sur l'étiquette, puis glisser la tige dans l'encoche.

Patrons

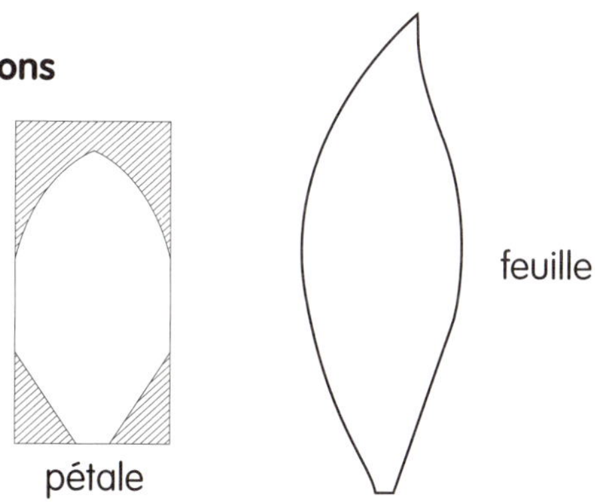

Loups-animaux

Matériel : papier fort de couleur, colle universelle, fil élastique, gommettes, agrafeuse, patrons p. 189.

Loup-poule

① Reporter le patron du loup sur du papier jaune. Découper. Évider les yeux et les mettre de côté.

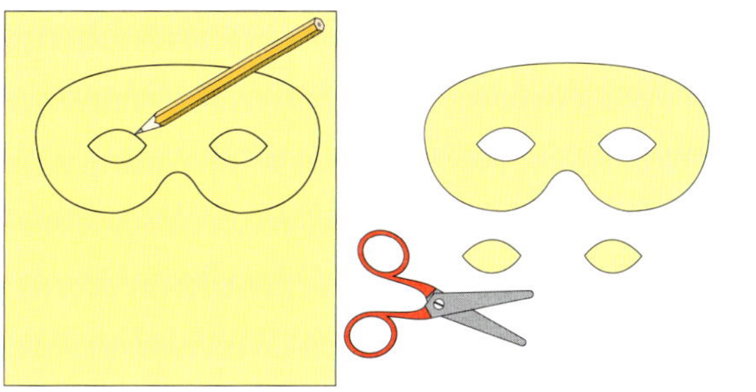

② Couper 25 cm de fil élastique. Agrafer les extrémités de chaque côté du masque.

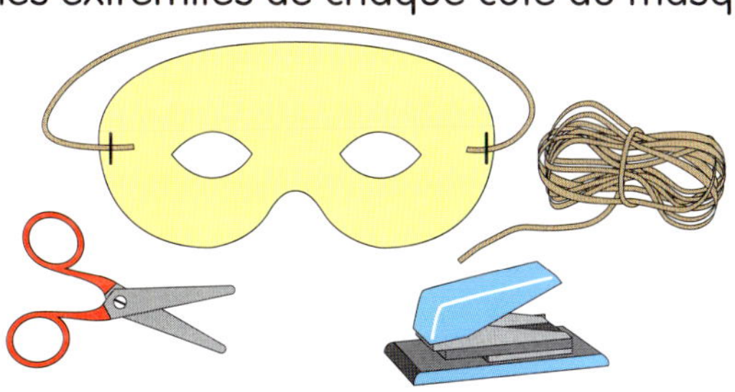

③ Reporter sur des papiers de couleurs variées les différents patrons : crête, sourcils, bec et plumes. Découper les éléments.

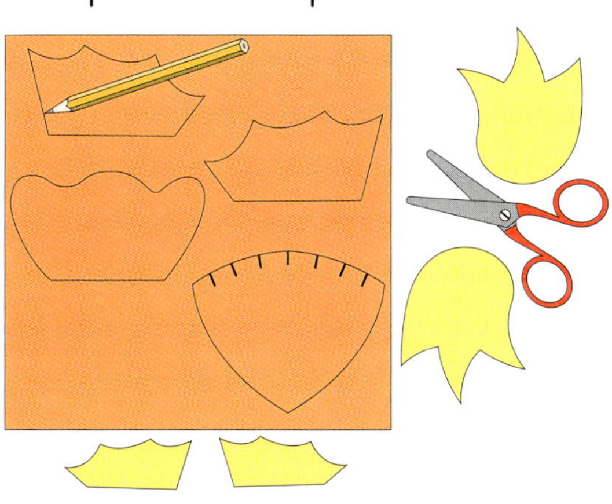

④ Coller les sourcils au-dessus des yeux et découper le bas pour l'ajuster à la forme arrondie des yeux. Coller les plumes pour cacher les agrafes. Coller des gommettes.

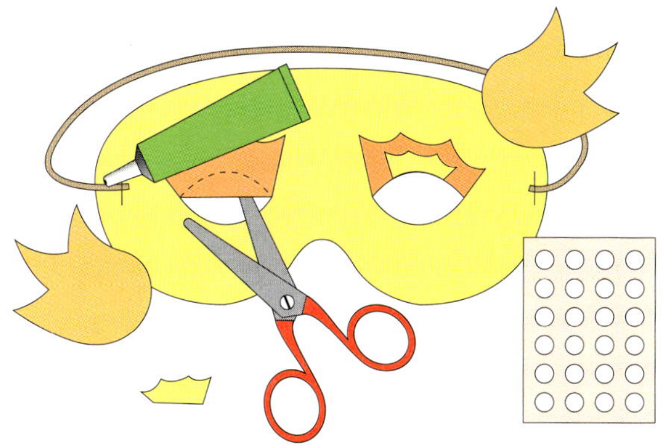

⑤ Courber le bec et coller les petites languettes au dos du masque.

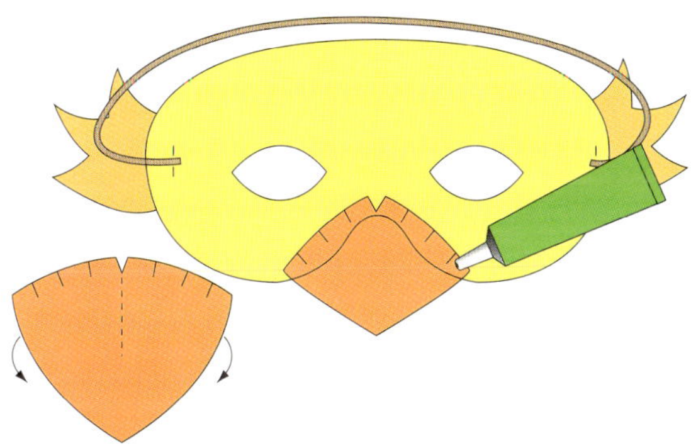

⑥ Au dos du masque, coller la crête, puis coller les yeux évidés pour cacher les agrafes. Pour réaliser les autres masques, procéder de la même façon.

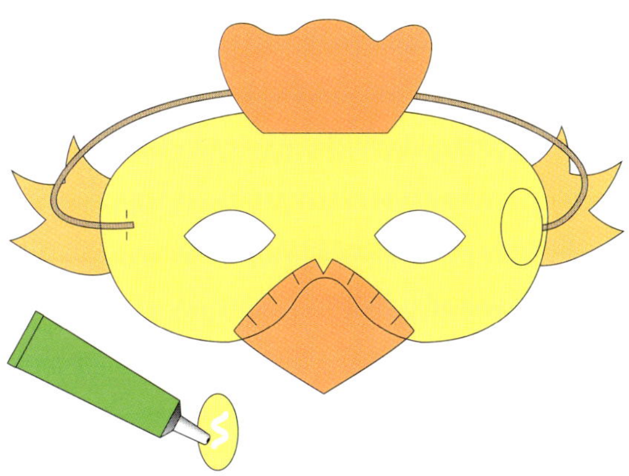

Toques scintillantes

Matériel : papier métallisé de couleur, papier irisé de couleur, ciseaux cranteurs, ruban adhésif double face, strass autocollants, ficelle, perforatrice à motif coeur.

(1) À l'aide d'une ficelle, mesurer le tour de tête. Sur le papier métallisé, tracer un trait horizontal à cette mesure et ajouter 1,5 cm. Tracer ensuite un trait vertical de 10 cm. Terminer le rectangle et le découper. Cranter une longueur.

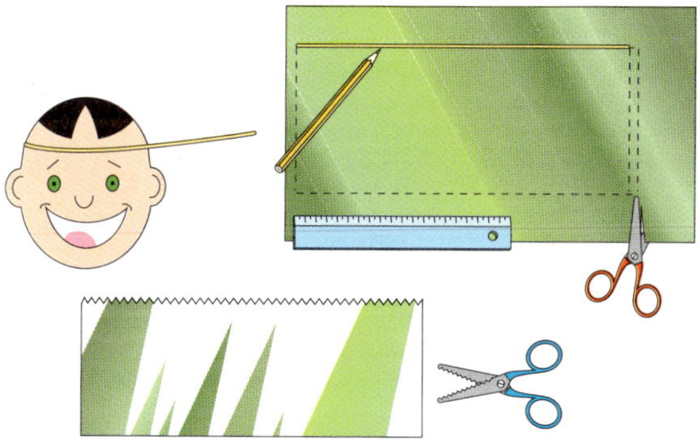

(2) Sur le papier irisé, tracer un rectangle de même longueur et de 15 cm de large. Le découper. Coller une bande de ruban adhésif double face sur les 2 longueurs. Fixer sur l'une d'elles la partie crantée du carton métallisé.

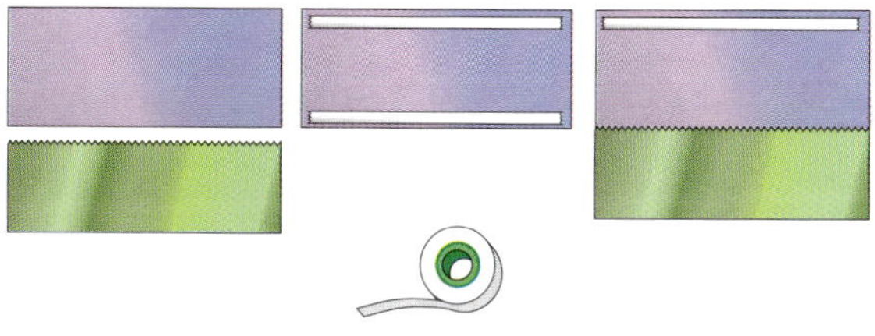

(3) Couper des fentes régulières dans le papier irisé. Fermer la couronne et la fixer à l'aide de ruban adhésif double face.

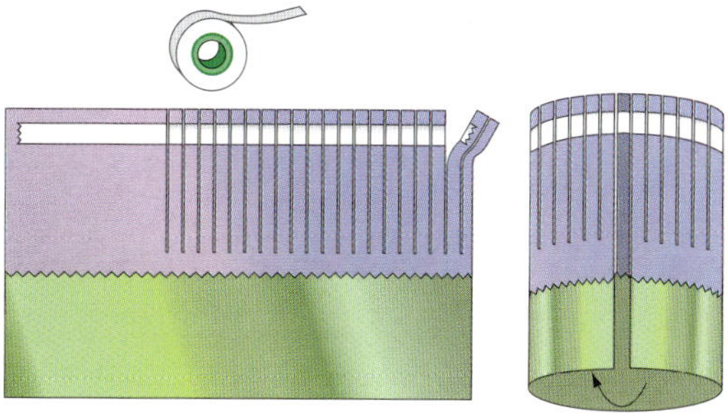

(4) Passer une main dans la toque, ramener au centre une bandelette de papier irisé, puis coller à son extrémité la bande voisine. Fixer ainsi toutes les bandes les unes après les autres.

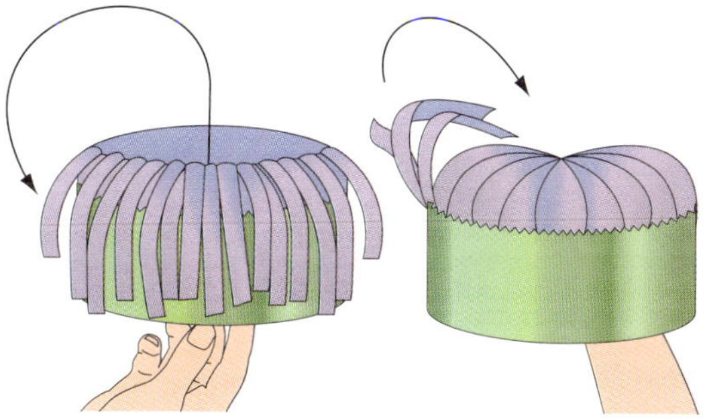

(5) Décorer la toque avec des cœurs et des strass autocollants. Pour la seconde toque, coller 2 rectangles de papier métallisé l'un sur l'autre : l'un de 10 cm de large, l'autre de 5 cm.

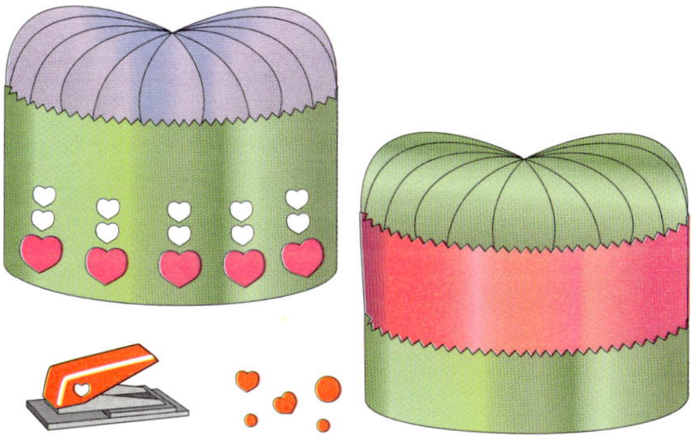

Farandole d'Halloween

① Tracer et découper de longues bandes de papier de 12 cm de largeur.

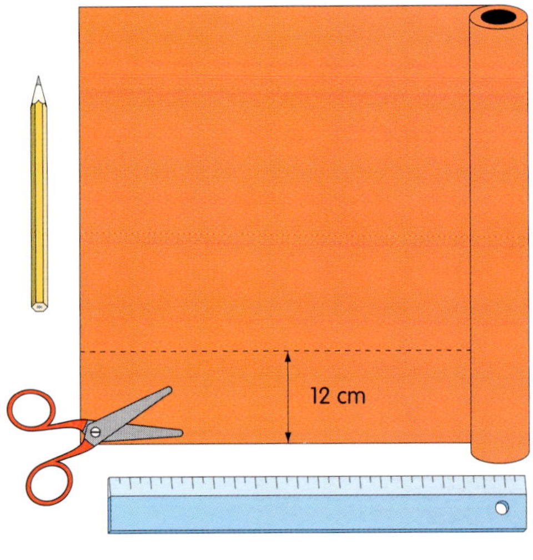

Matériel : rouleaux de papier fin de couleur, ruban adhésif, patrons p. 188.

② Plier les bandes en accordéon de 8,5 cm de large pour le chat et la citrouille, et de 11 cm de large pour la chauve-souris.

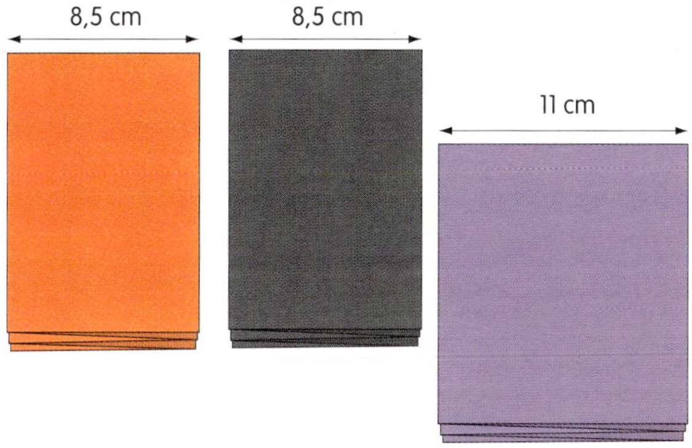

③ Reporter le patron sur le premier volet de l'accordéon.

④ Évider les parties hachurées, sans découper les plis indiqués en pointillés. Déplier.

⑤ Pour obtenir une grande guirlande, assembler plusieurs petites à l'aide de ruban adhésif.

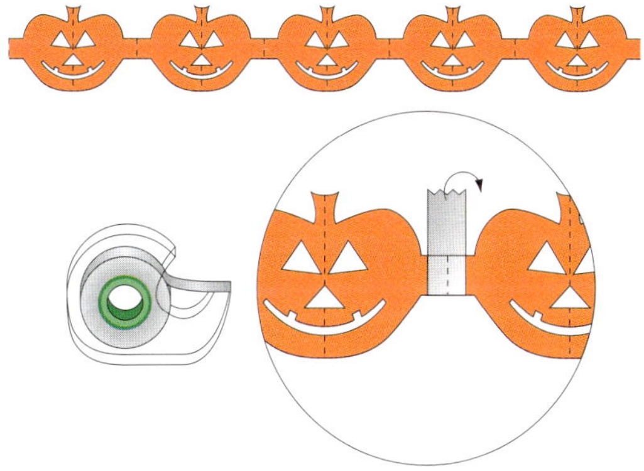

Citrouilles

Matériel : Papier crépon orange, noir et vert, papier journal, fil de fer fin, ruban floral, colle universelle, ciseaux, ciseaux cranteurs, patron p. 180.

Citrouilles

① Déchirer le papier journal. Froisser une feuille en boule, puis l'entourer de plusieurs feuilles jusqu'à obtenir la taille désirée.

② Découper un grand carré de papier crépon pour en recouvrir la boule.

③ Couper un fil de fer de 30 cm, le recouvrir de ruban floral. L'enrouler au sommet de la citrouille puis entortiller l'extrémité autour d'un crayon.

④ Tracer sur du papier crépon noir une bouche et des triangles ou des ronds. Découper aux ciseaux droits ou cranteurs. Coller sur la citrouille.

Feuilles

① Plier 1 rectangle de crépon vert. Y reporter le patron de la feuille, en plaçant les pointillés sur le pli. Découper. Coller l'extrémité d'un fil de fer de 30 cm entre les deux faces. Enrouler l'autre extrémité au sommet d'une citrouille.

② Découper 2 bandes de papier crépon de 8 x 25 cm. Franger 2/3 de la hauteur. Enrouler les bandes au sommet de la citrouille. Encoller l'extrémité et ficeler de fil de fer.

Sapin de Noël

Matériel : carton mousse 10 mm (65 x 50 cm), papier matière vert en rouleau, colle à papier peint, peinture acrylique, pinceaux, cure-dents, boules de cotillon de tailles diverses, colle universelle, adhésif double face, cutter.

① Placer le carton verticalement. Repérer le milieu pour tracer un triangle, comme sur le dessin. Demander à un adulte de découper pour obtenir 3 triangles.

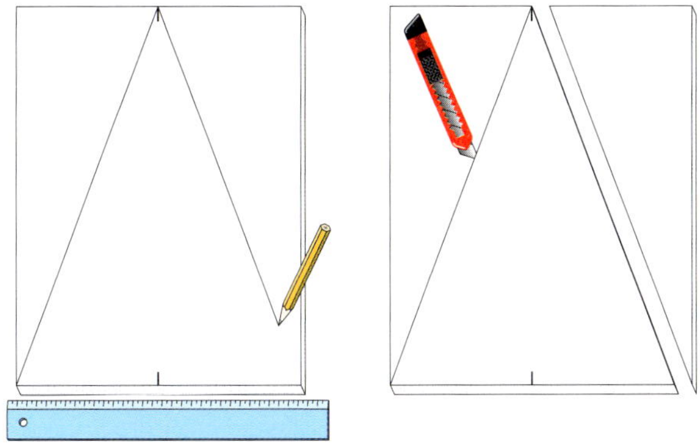

② Peindre la tranche du carton et laisser sécher. Pour habiller les triangles, découper des rectangles de papier plus larges et coller avec la colle à papier peint. Lisser. Recouper les bords aux ciseaux. Laisser sécher entre chaque face.

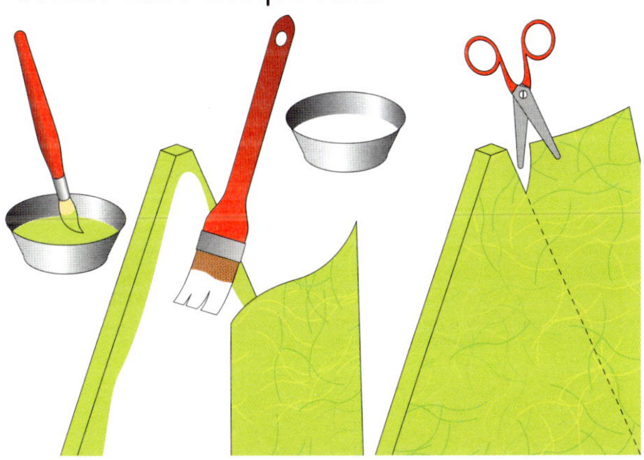

③ Coller de l'adhésif double face sur la tranche verticale des 2 petits triangles. Enlever le ruban de protection et planter 4 cure-dents dans l'épaisseur du 1er triangle.

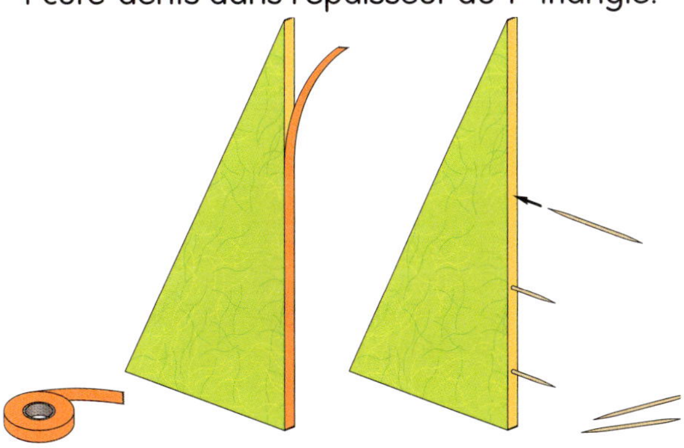

④ Centrer ce petit triangle sur le grand et appuyer pour que les cure-dents transpercent le carton.

⑤ Enfoncer la tranche du 2e triangle sur les cure-dents qui dépassent pour fixer le tout.

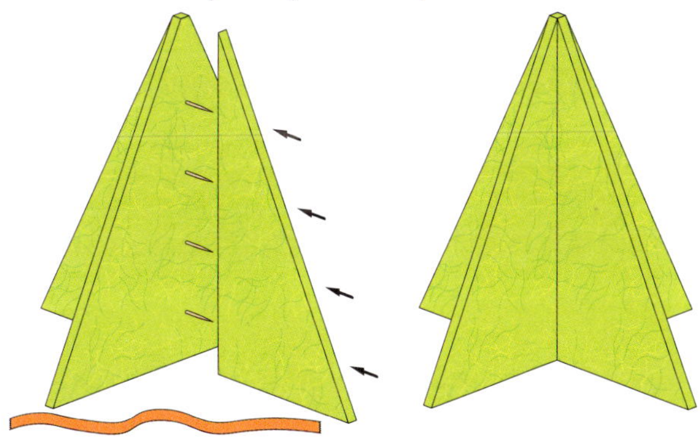

⑥ Peindre les boules de cotillon. Transpercer le sapin avec des cure-dents. Encoller les pointes pour y fixer les boules.

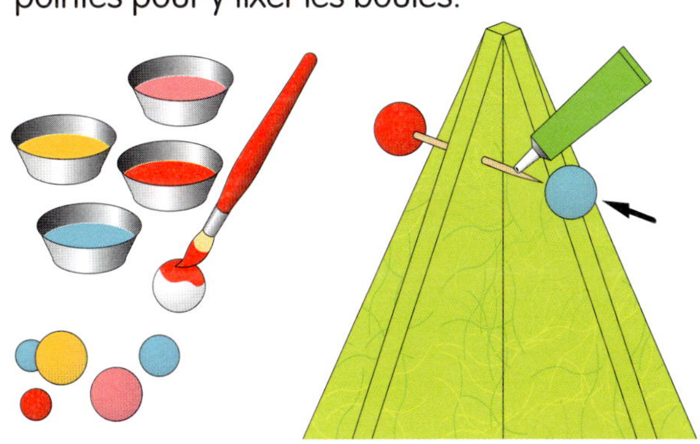

Boules de Noël

Matériel : papier fort doré, uni ou à motifs, compas, rubans, colle.

① Tracer un cercle au dos du papier doré et conserver l'écartement du compas.

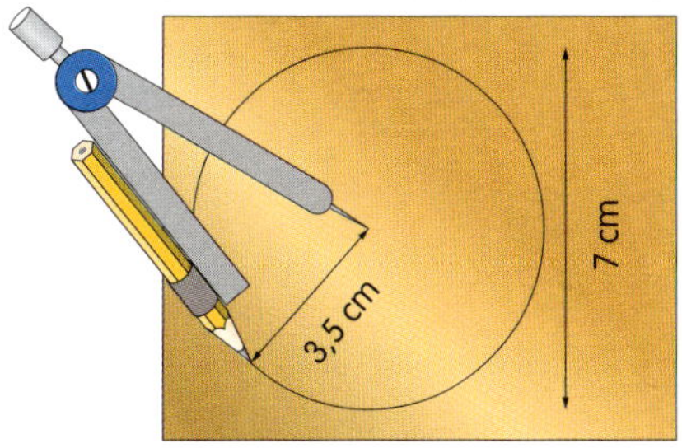

② Poser la pointe sur le cercle et faire une marque là où la mine de crayon croise le cercle. Poser ensuite la pointe sur cette marque et inscrire un nouveau repère. Diviser ainsi le cercle en six.

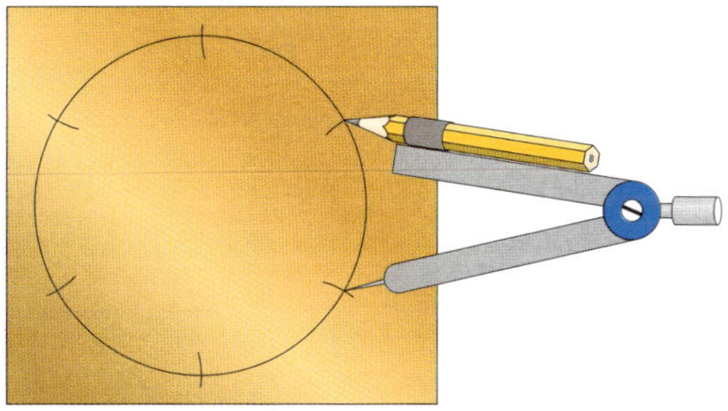

③ Tracer 1 triangle en reliant 3 des six marques. Découper le disque et marquer les plis sur les 3 côtés du triangle. Réaliser 20 formes identiques.

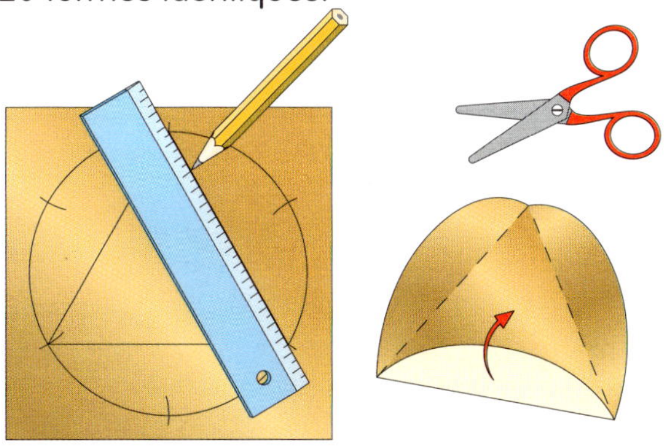

④ Assembler les triangles en collant les bords les uns contre les autres.

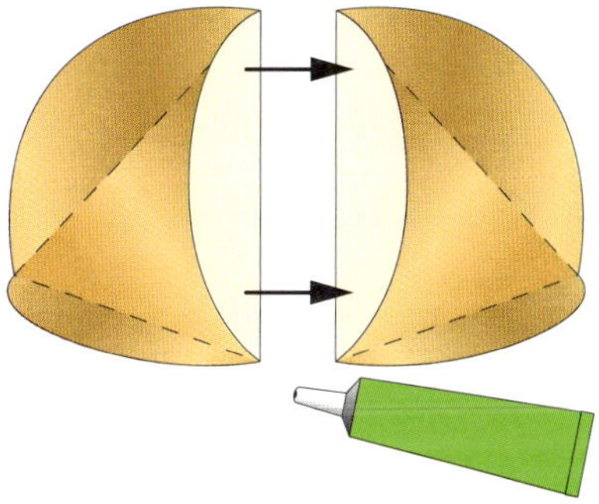

⑤ Assembler ainsi 5 triangles et faire passer les 2 extrémités du ruban au centre. Nouer pour fixer le ruban.

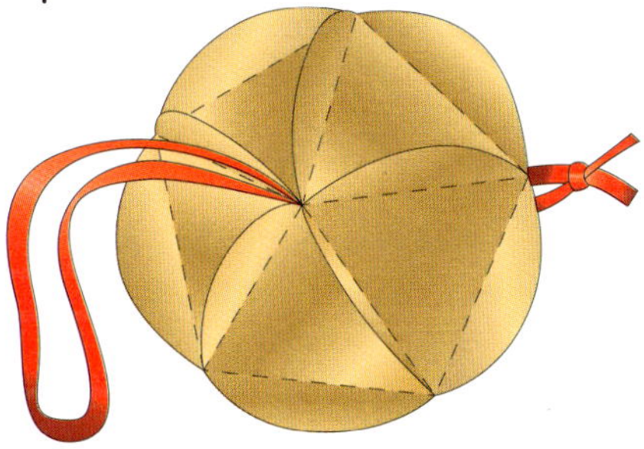

⑥ Assembler les 20 triangles pour obtenir une boule complète. Réaliser d'autres boules de différentes tailles en variant le diamètre des disques.

Shuriken de Noël

① Choisir un papier vitrail et un papier cadeau assortis. Dans chaque papier, découper un carré de 15 cm de côté. Sur chaque carré, marquer le pli central.

Matériel : papier vitrail, papier cadeau imprimé, colle universelle, aiguille à coudre et fil épais.

(2) Plier les bords en alignant le côté sur le pli central. Replier : on obtient 2 bandes de papier.

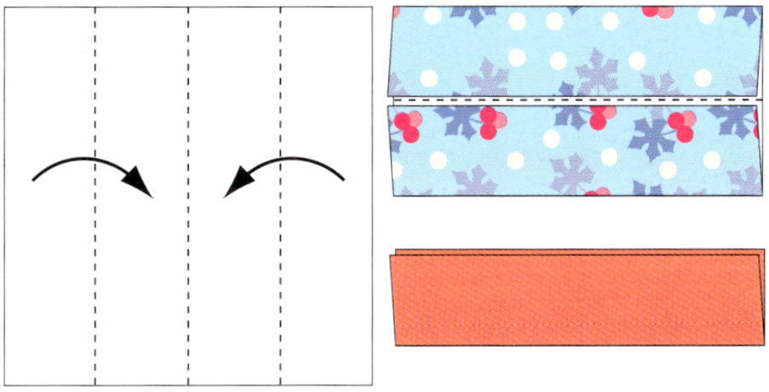

(3) Plier les coins de la bande de papier cristal en pliant le coin gauche vers le bas et le coin droit vers le haut. Pour le papier imprimé, c'est l'inverse.

(4) Repérer le milieu et replier suivant les pointillés pour former 2 triangles.

(5) Retourner le modèle en papier vitrail suivant le schéma et poser le modèle imprimé par-dessus. Plier les 2 pointes de papier cristal et les glisser entre les 2 épaisseurs de papier imprimé.

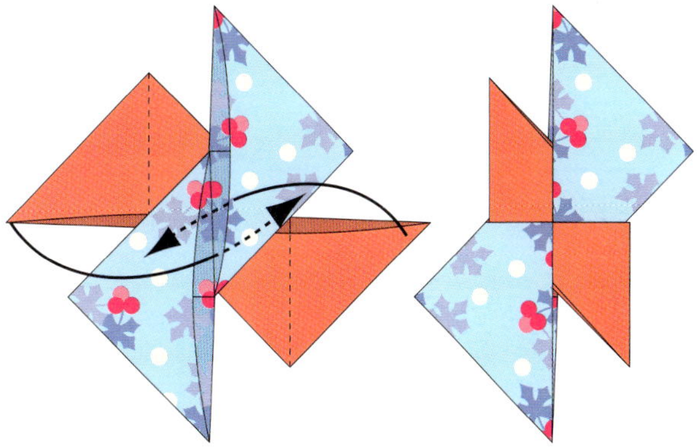

(6) Retourner le modèle et procéder de même avec les pointes de papier imprimé.

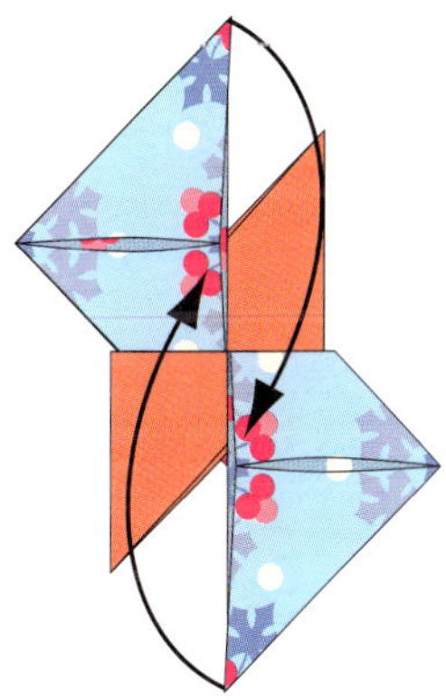

(7) Préparer une aiguillée de fil de 15 cm. Piquer au sommet d'une pointe, former une boucle et nouer l'extrémité du fil à la base.

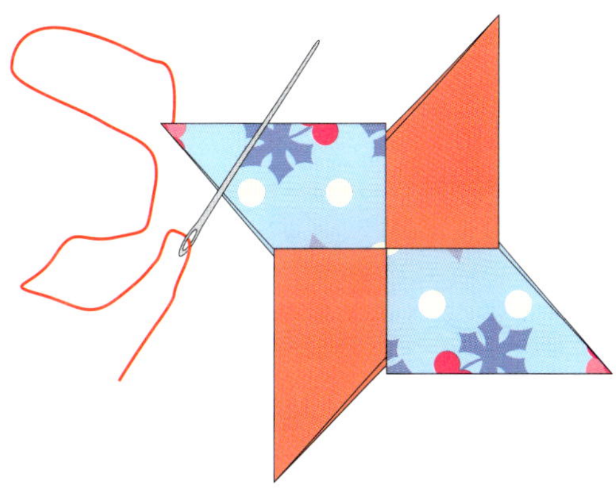

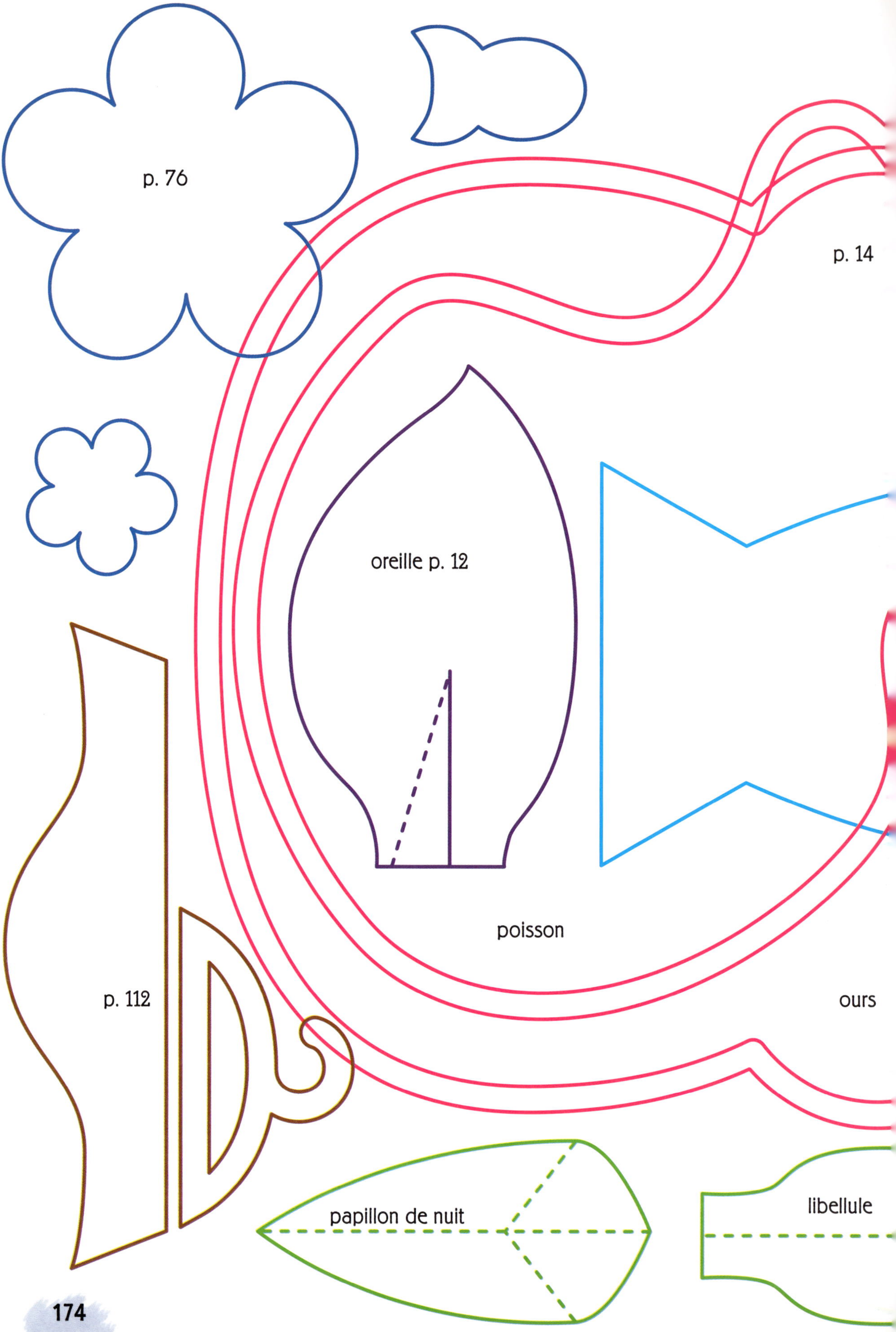
p. 76
p. 14
oreille p. 12
poisson
p. 112
ours
papillon de nuit
libellule

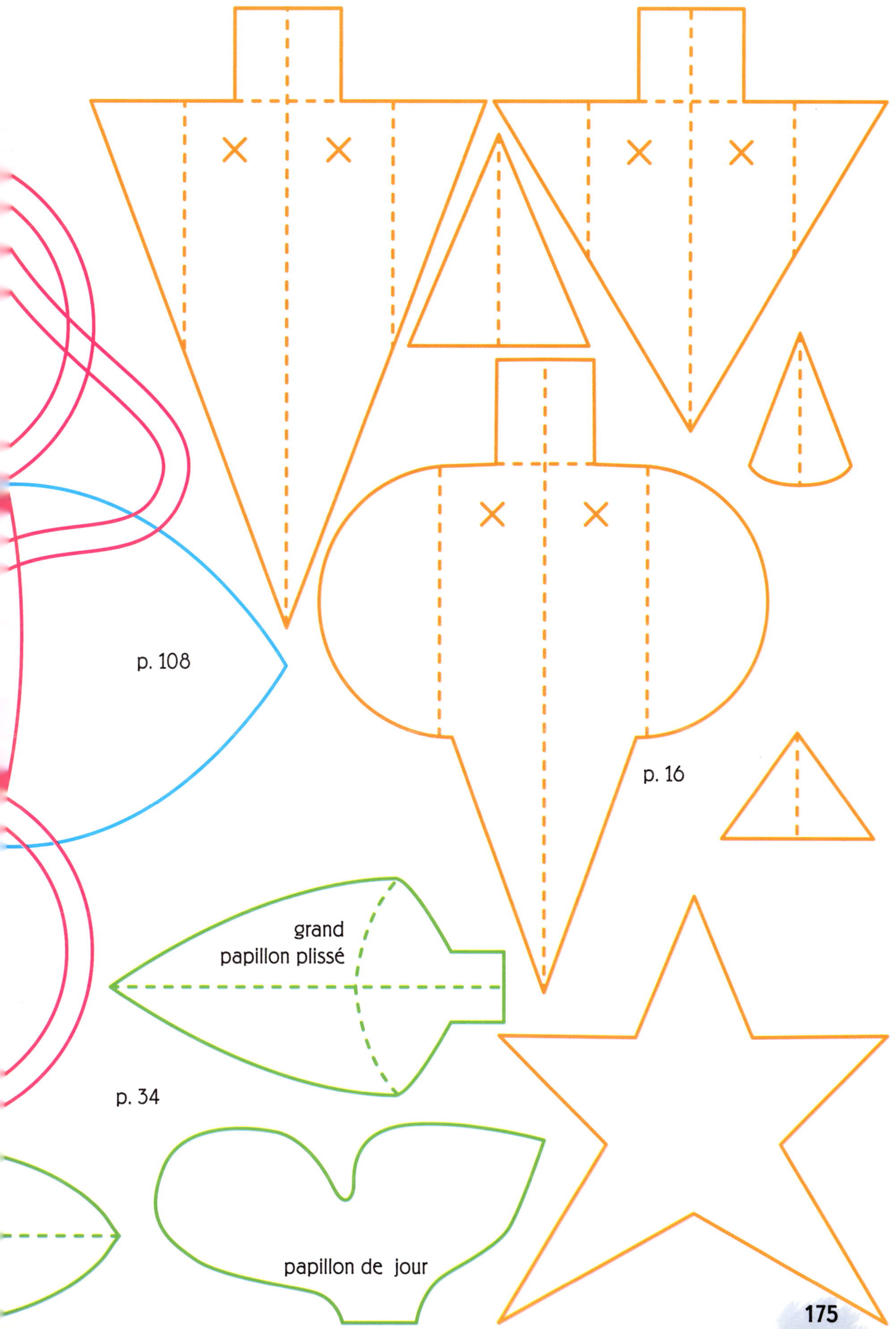
p. 108
p. 16
grand
papillon plissé
p. 34
papillon de jour

p. 38

girafe

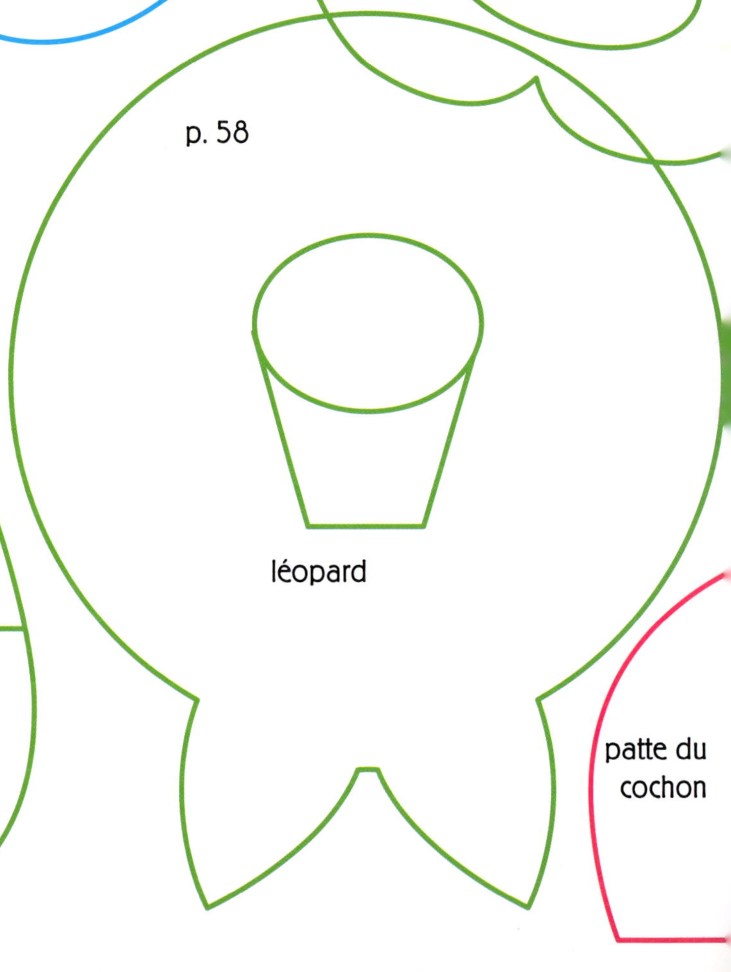
p. 58
léopard
patte du cochon

zèbre

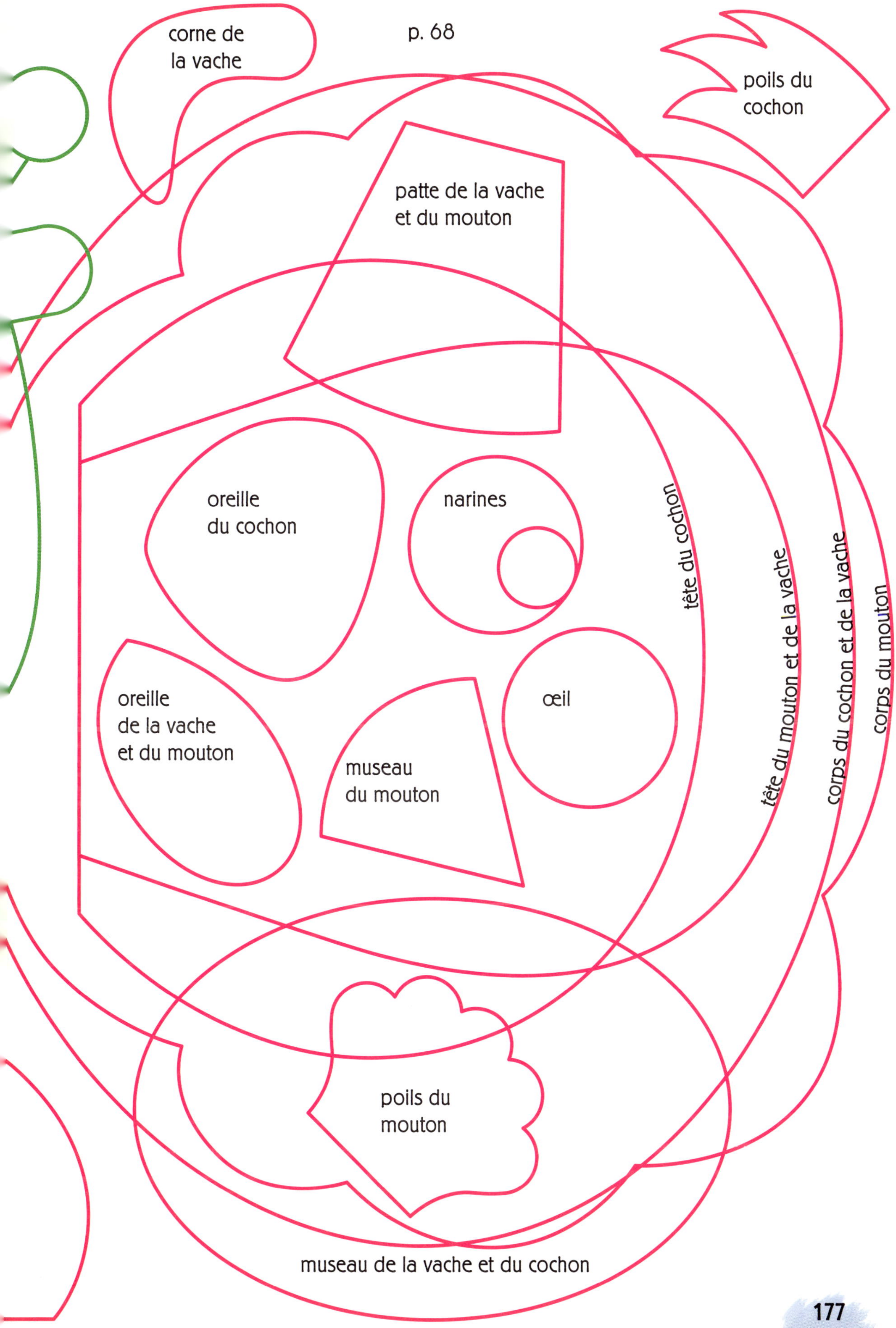
corne de la vache
p. 68
poils du cochon
patte de la vache et du mouton
oreille du cochon
narines
tête du cochon
tête du mouton et de la vache
corps du cochon et de la vache
corps du mouton
oreille de la vache et du mouton
œil
museau du mouton
poils du mouton
museau de la vache et du cochon

Les patrons des boîtes p.128
sont à agrandir 4 fois.

fond du pot p. 52
p. 128
p. 54
squelette
monstre,
vampire
ou sorcière
p. 56

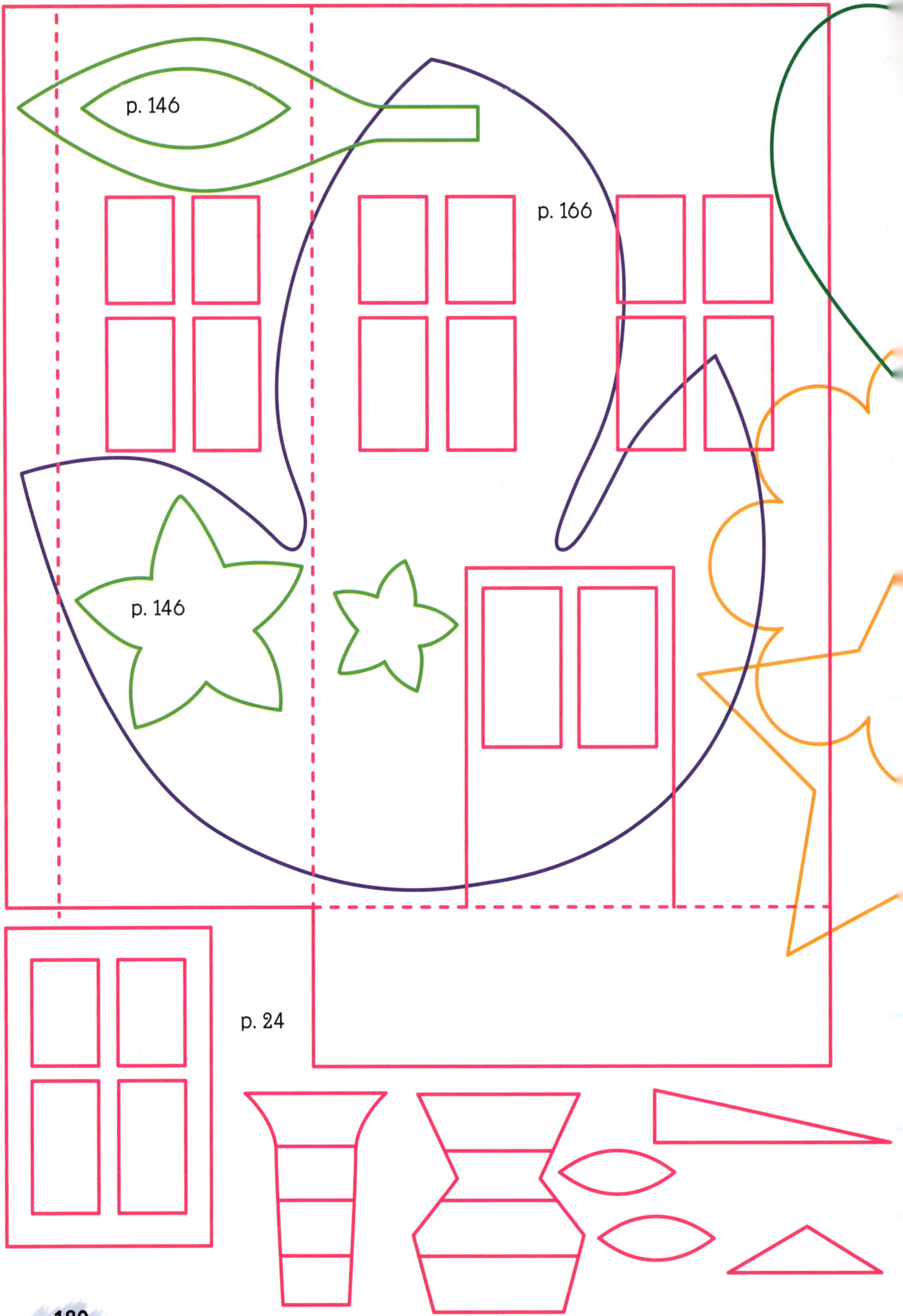
p. 146
p. 166
p. 146
p. 24

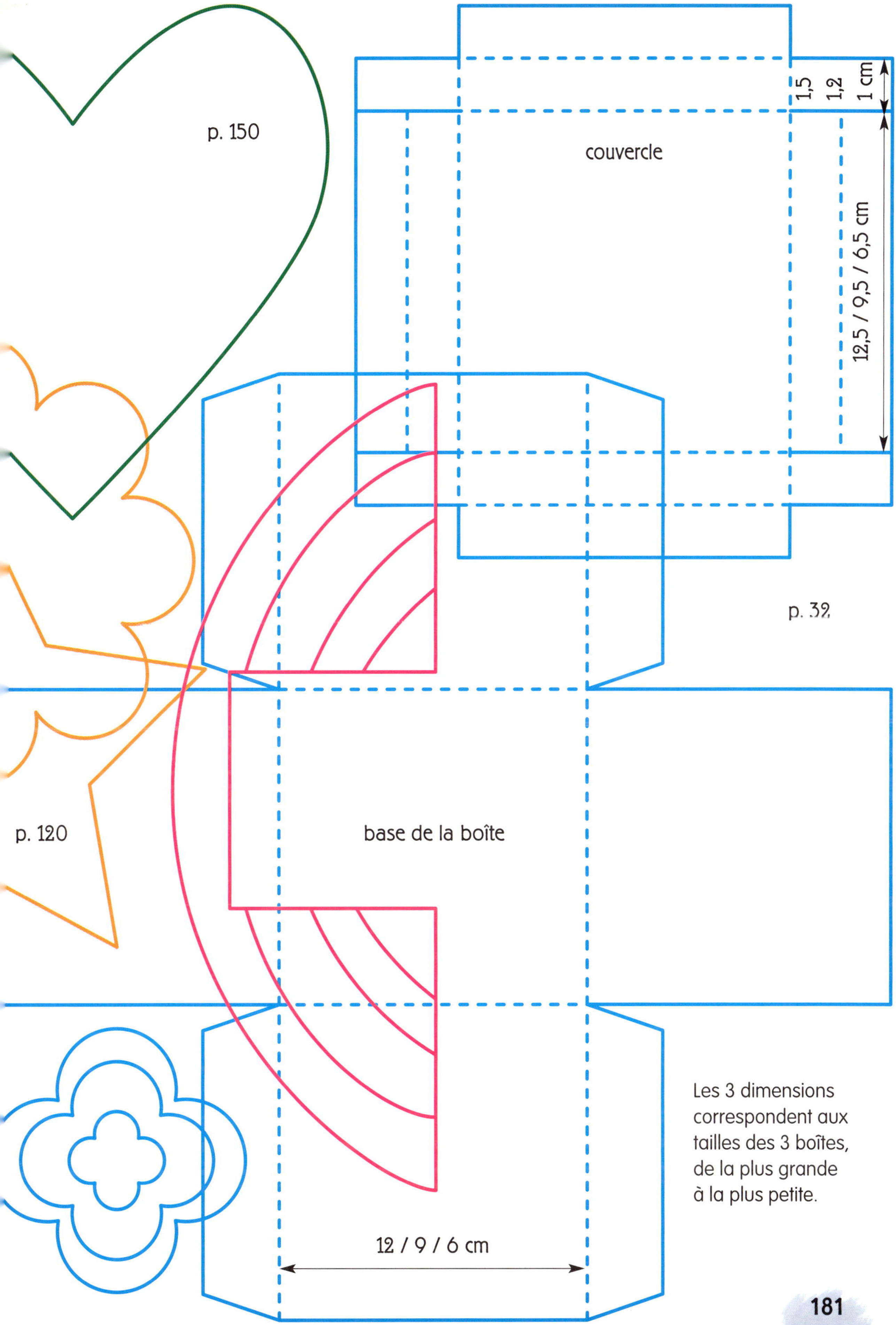

Les 3 dimensions correspondent aux tailles des 3 boîtes, de la plus grande à la plus petite.

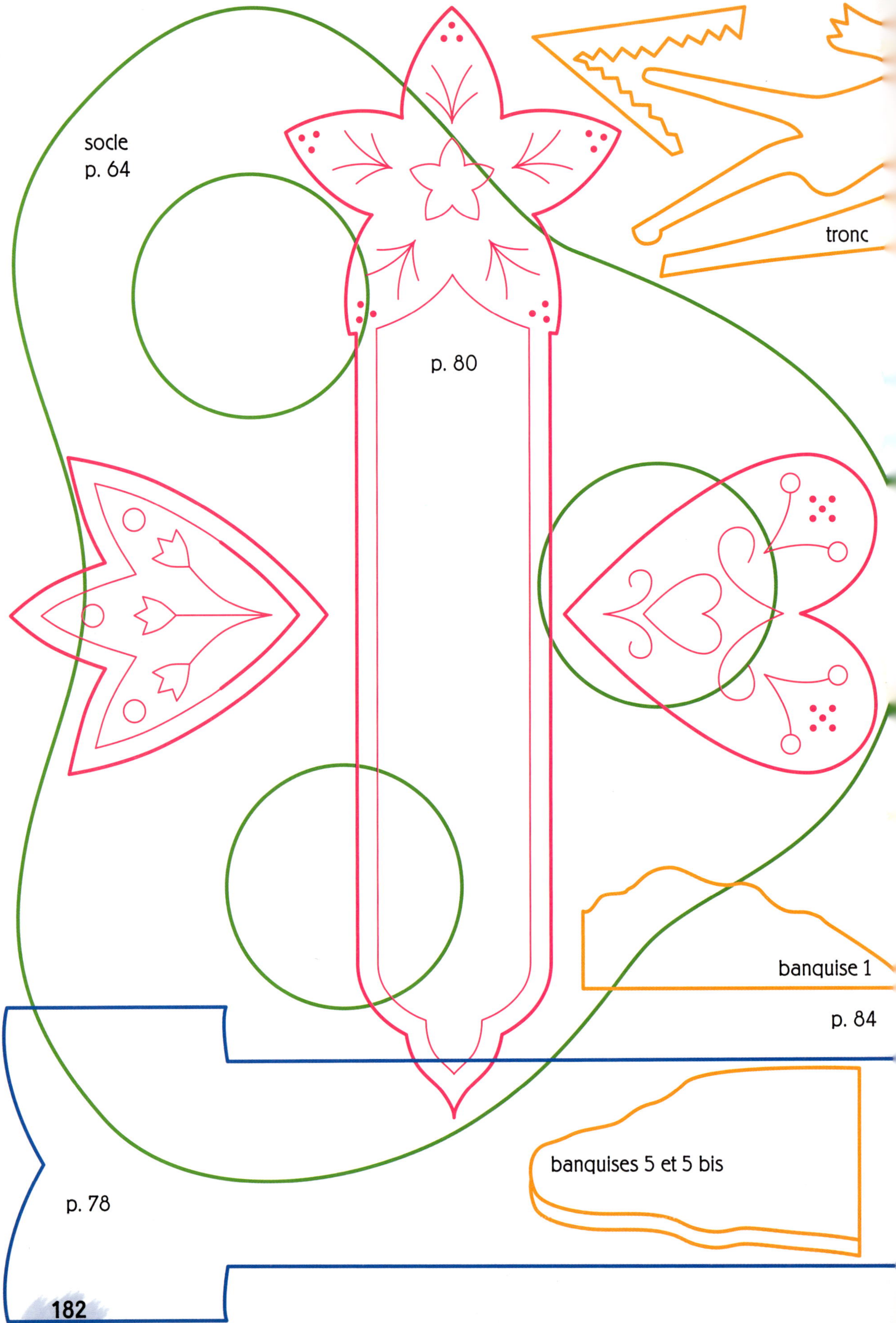
socle
p. 64
p. 80
tronc
banquise 1
p. 84
banquises 5 et 5 bis
p. 78

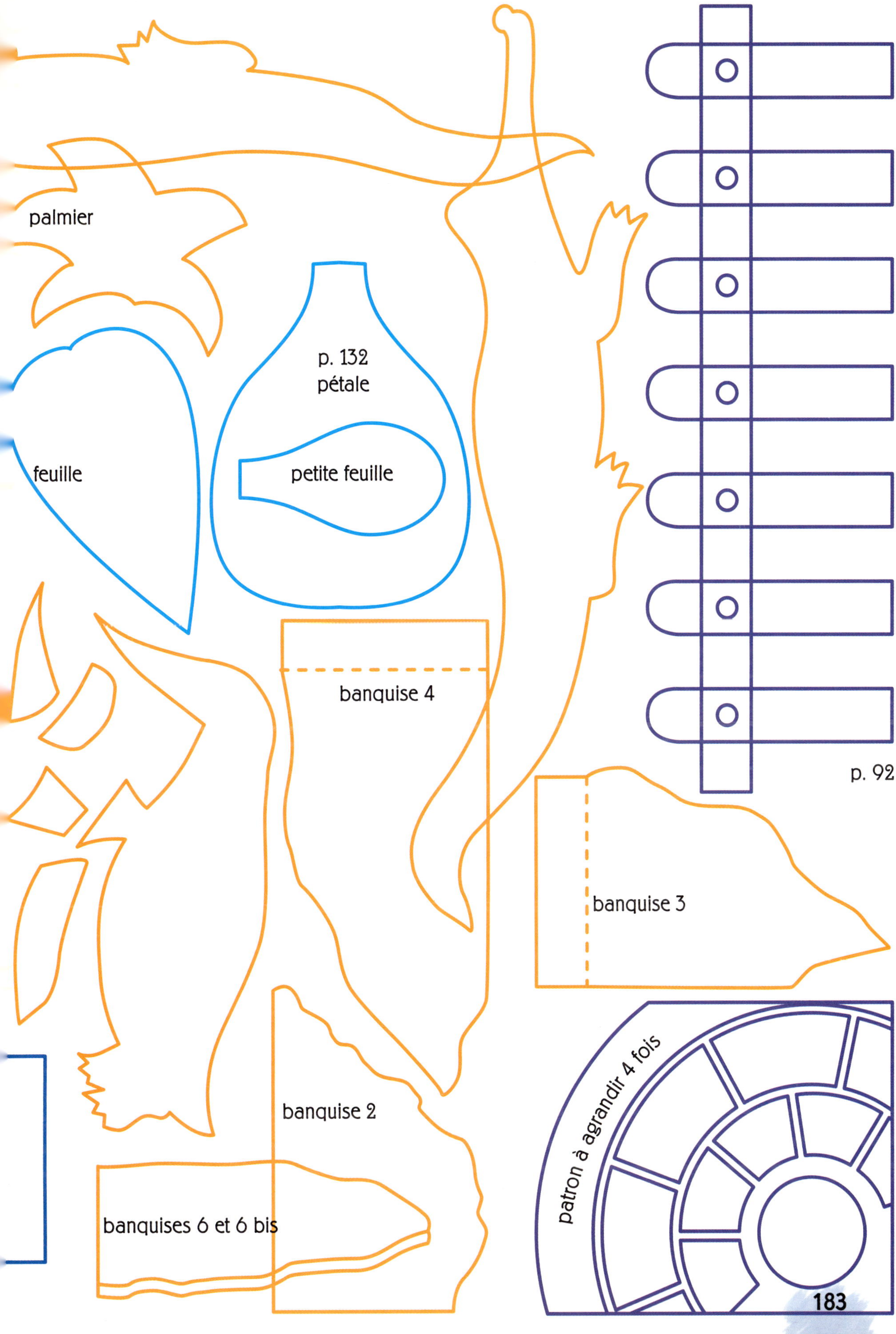
palmier
p. 132
pétale
feuille
petite feuille
banquise 4
p. 92
banquise 3
banquise 2
banquises 6 et 6 bis
patron à agrandir 4 fois

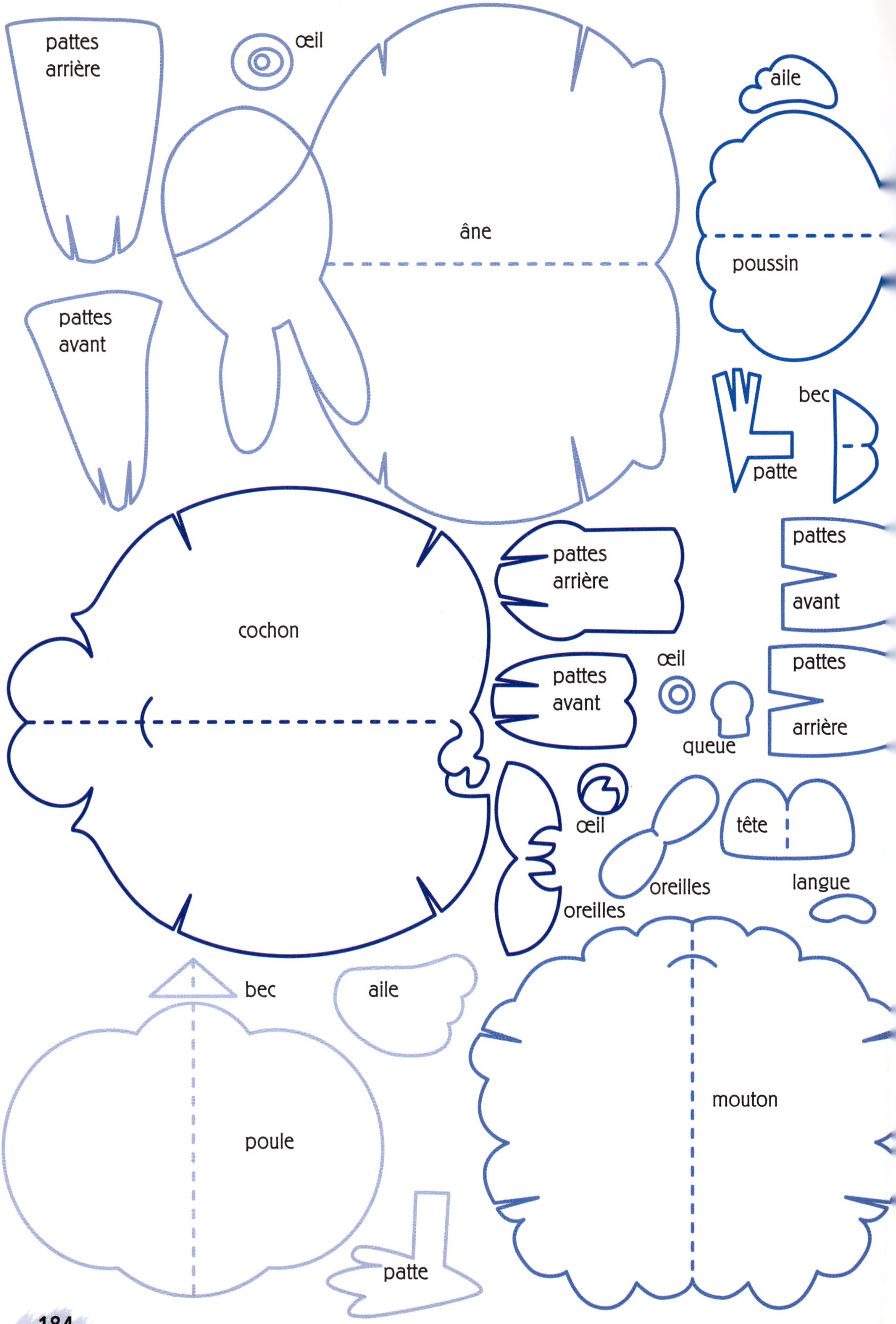
pattes arrière
œil
âne
aile
poussin
pattes avant
bec
patte
cochon
pattes arrière
pattes avant
pattes avant
œil
pattes arrière
queue
œil
tête
oreilles
oreilles
langue
bec
aile
poule
mouton
patte

Les patrons de la p. 96 sont bleus. À chaque animal correspond une nuance.

Tous les patrons des pages 96 et 100 sont à agrandir 2 fois.

Les patrons de la p. 100 sont verts.
À chaque personnage correspond une nuance.

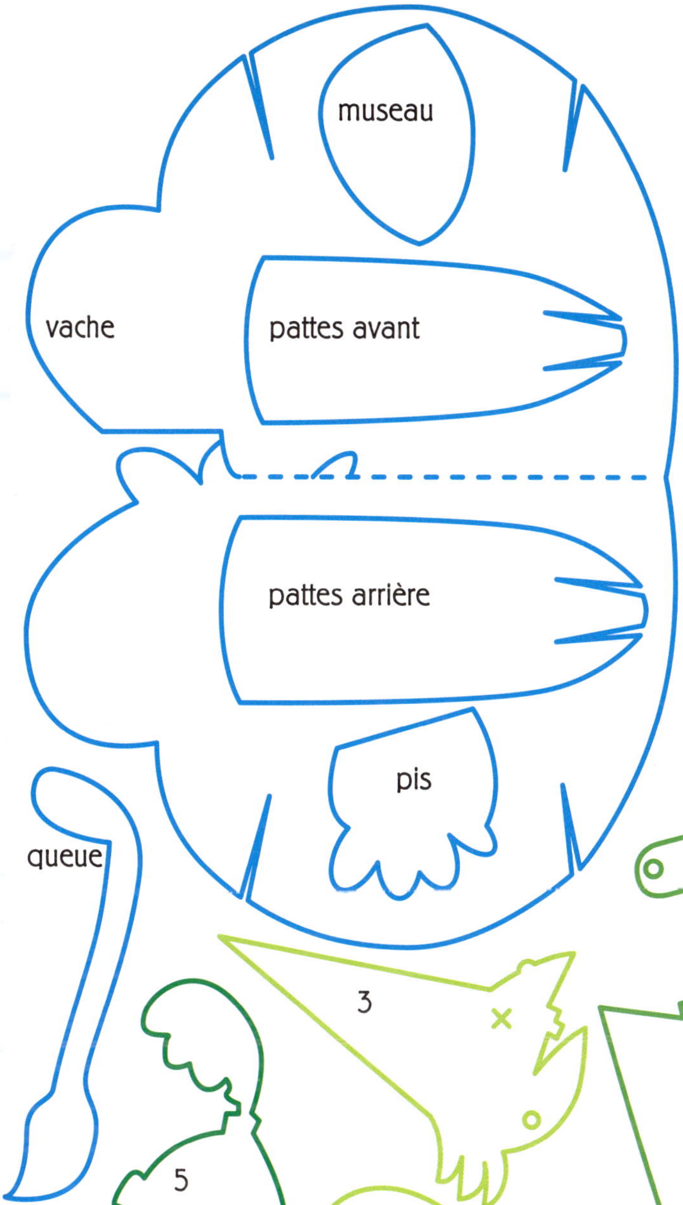

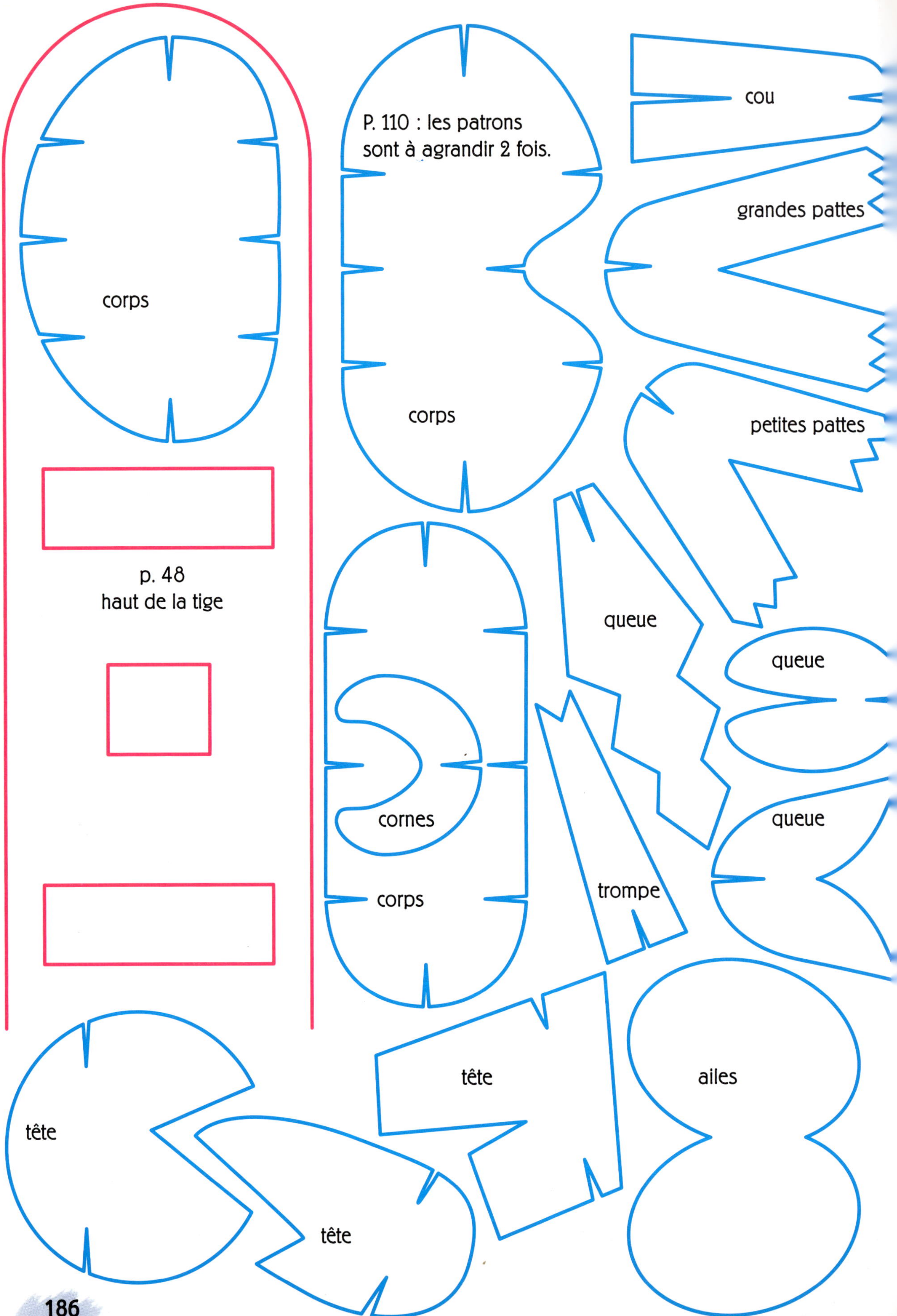
corps
p. 48
haut de la tige
P. 110 : les patrons sont à agrandir 2 fois.
corps
cou
grandes pattes
petites pattes
queue
queue
queue
cornes
corps
trompe
tête
tête
tête
ailes

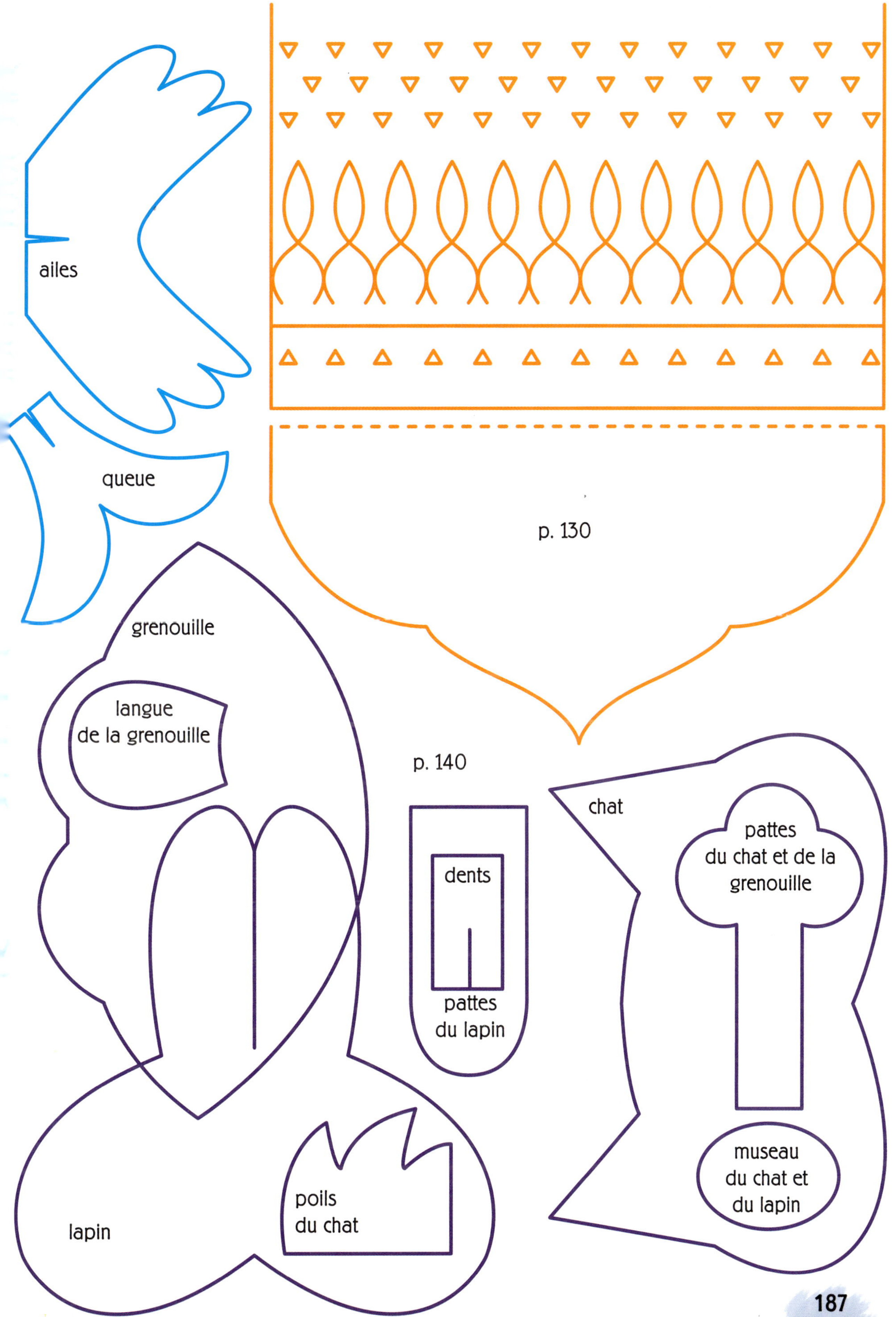
ailes
queue
p. 130
grenouille
langue
de la grenouille
p. 140
dents
pattes
du lapin
chat
pattes
du chat et de la
grenouille
museau
du chat et
du lapin
poils
du chat
lapin

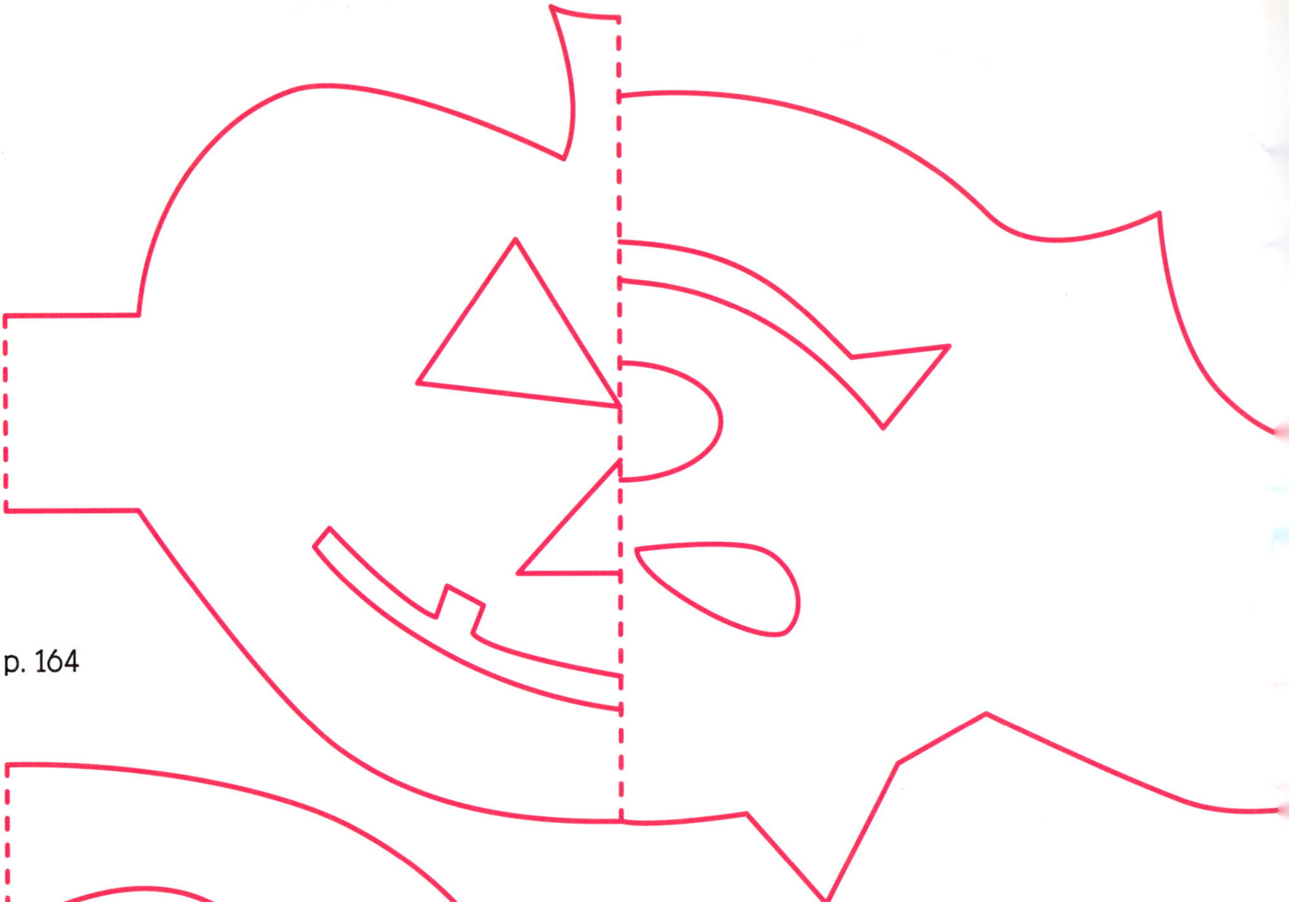

p. 164

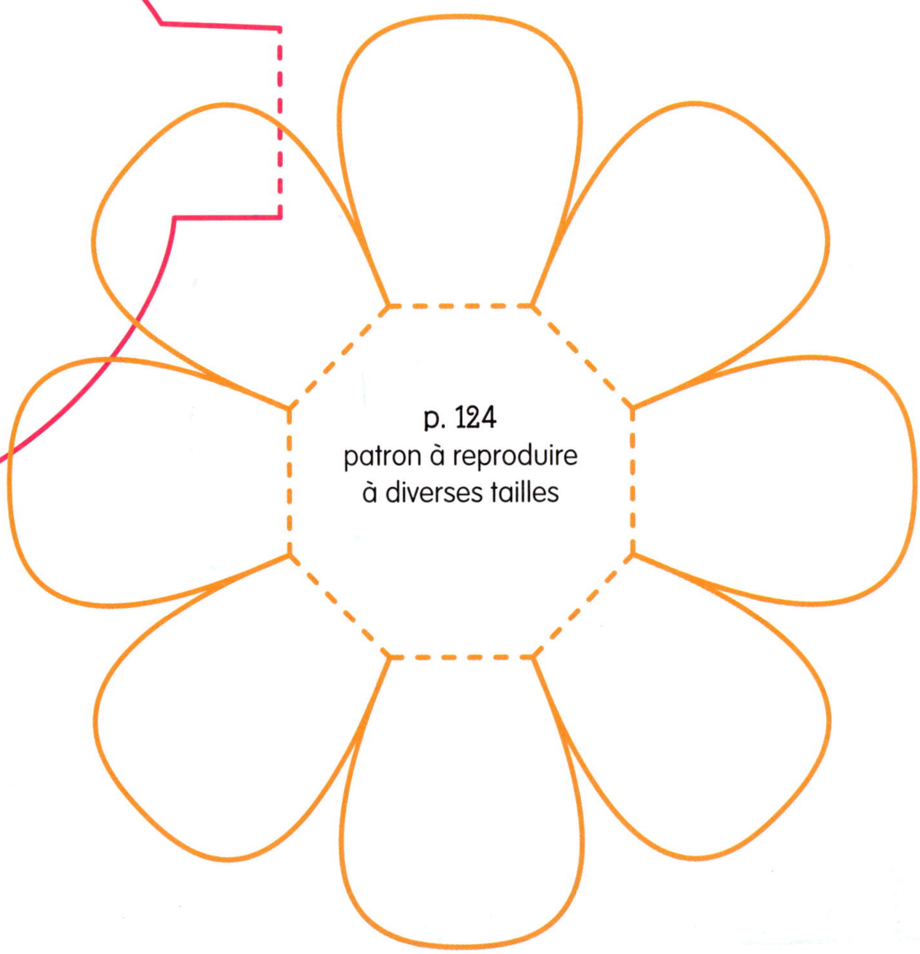

p. 124
patron à reproduire
à diverses tailles

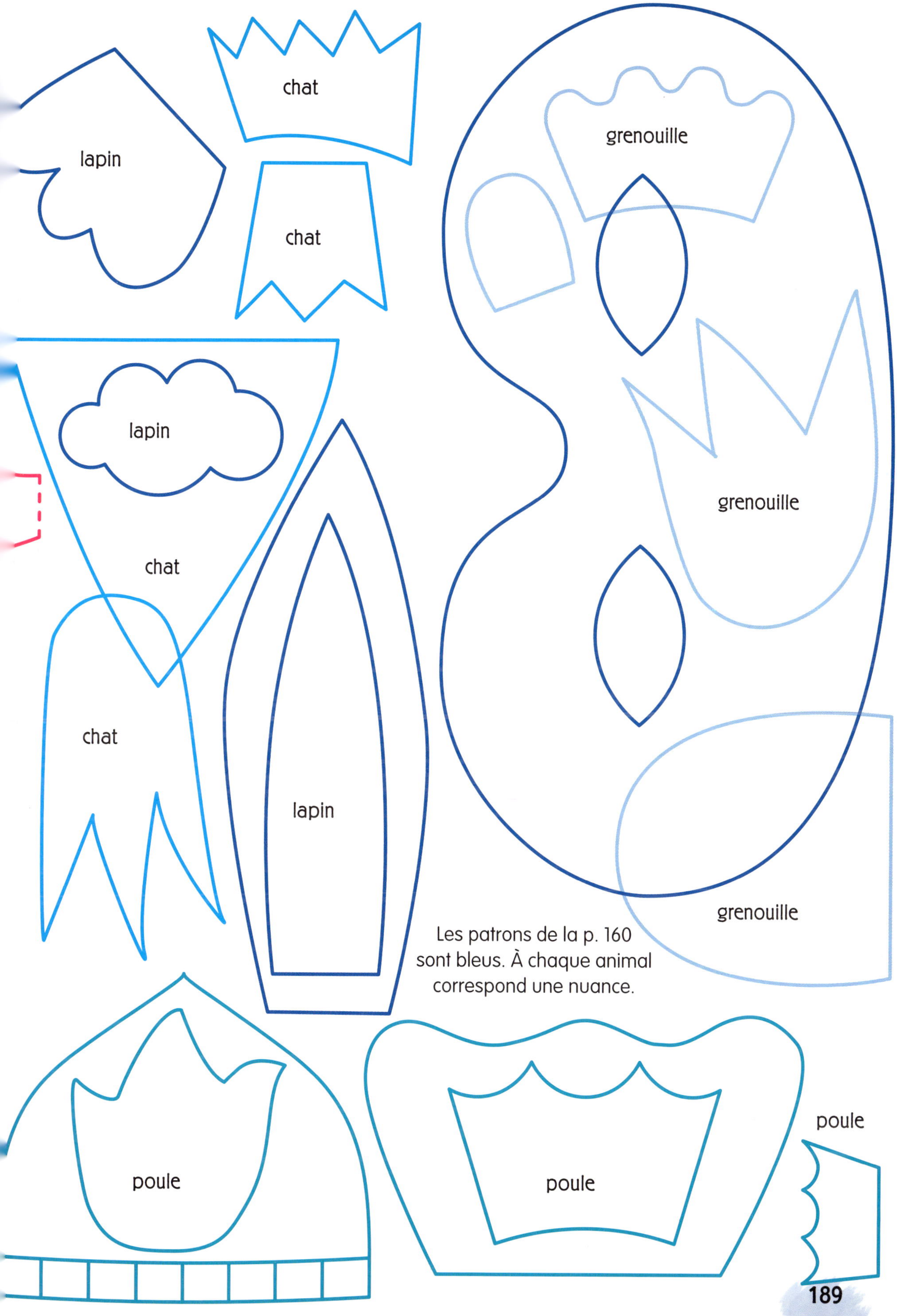

Les patrons de la p. 160
sont bleus. À chaque animal
correspond une nuance.

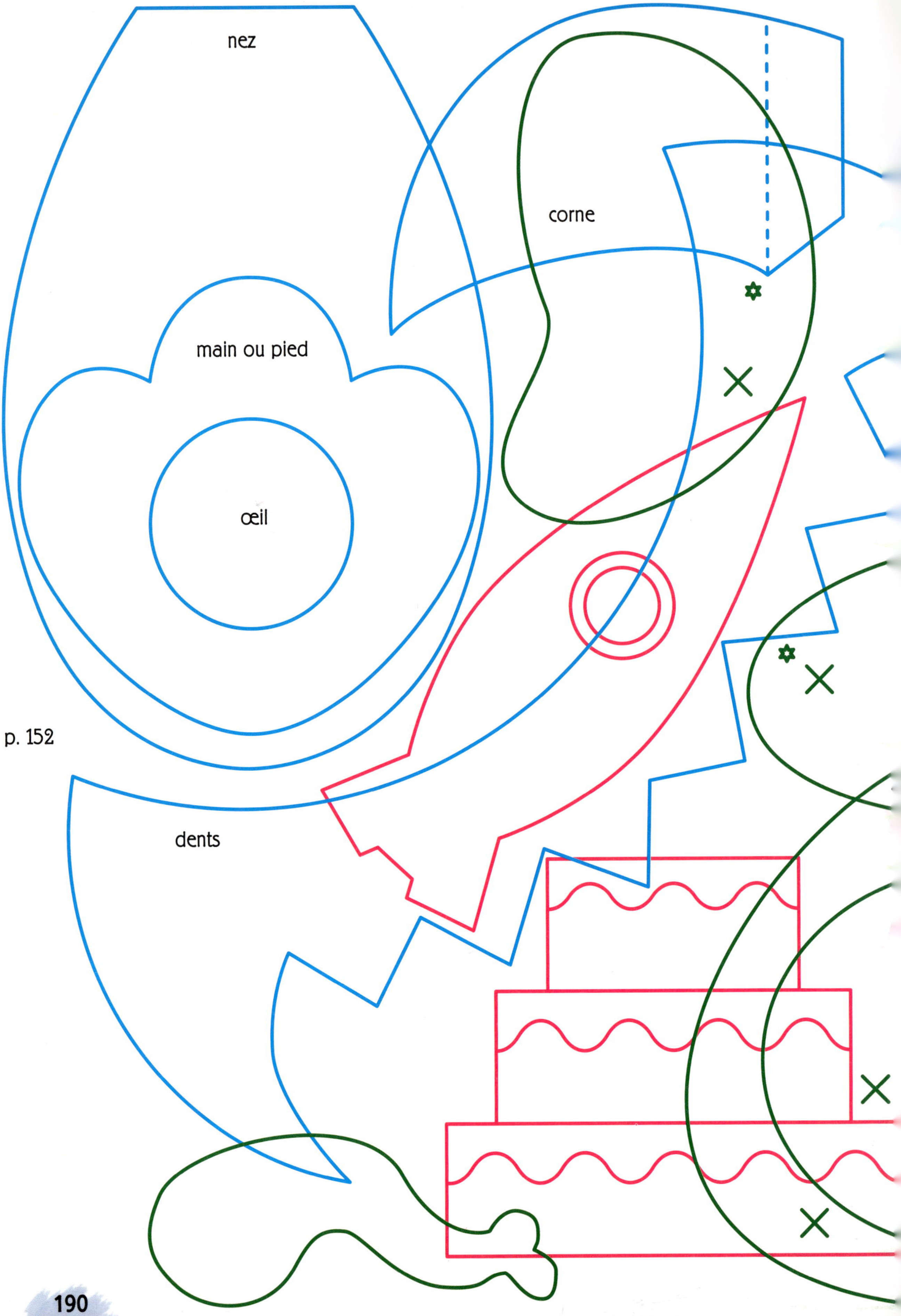

p. 152

Les patrons de la p. 104 sont verts. À chaque éléphant correspond une nuance.

p. 86